U0526420

金陵智库丛书

中国特大城市经济转型发展研究

黄南 等◎著

中国社会科学出版社

图书在版编目（CIP）数据

中国特大城市经济转型发展研究 / 黄南等著 . —北京：中国社会科学出版社，2017.11
（金陵智库丛书）
ISBN 978 - 7 - 5203 - 1192 - 2

Ⅰ.①中… Ⅱ.①黄… Ⅲ.①特大城市—城市经济—转型经济—经济发展—研究—中国 Ⅳ.①F299.2

中国版本图书馆 CIP 数据核字（2017）第 248068 号

出 版 人	赵剑英
责任编辑	王 茵　孙 萍
责任校对	胡新芳
责任印制	王 超

出　　版	中国社会科学出版社
社　　址	北京鼓楼西大街甲 158 号
邮　　编	100720
网　　址	http://www.csspw.cn
发 行 部	010 - 84083685
门 市 部	010 - 84029450
经　　销	新华书店及其他书店
印　　刷	北京君升印刷有限公司
装　　订	廊坊市广阳区广增装订厂
版　　次	2017 年 11 月第 1 版
印　　次	2017 年 11 月第 1 次印刷
开　　本	710×1000　1/16
印　　张	15.75
插　　页	2
字　　数	242 千字
定　　价	68.00 元

凡购买中国社会科学出版社图书，如有质量问题请与本社营销中心联系调换
电话：010 - 84083683
版权所有　侵权必究

金陵智库丛书编委会

主　编　叶南客
副主编　石　奎　张石平　张佳利
编　委　邓　攀　朱未易　黄　南
　　　　谭志云　周蜀秦

总　　序

　　加强智库建设、提升智库的决策服务能力，在当今世界已经成为国家治理体系的重要组成部分。十八届三中全会通过的《中共中央关于全面深化改革若干重大问题的决定》明确强调，要"加强中国特色新型智库建设，建立健全决策咨询制度"。2015年，中共中央办公厅、国务院办公厅据此印发了《关于加强中国特色新型智库建设的意见》。2016年，习近平总书记在哲学社会科学工作座谈会上的重要讲话，鲜明地提出了"加快构建中国特色哲学社会科学"这一战略任务，为当前和今后一个时期我国哲学社会科学的发展指明了方向。2017年，在党和国家事业发生历史性变革之际，习近平总书记在党的十九大报告中深刻阐述了新时代坚持和发展中国特色社会主义的一系列重大理论和实践问题，提出了未来一个时期党和国家事业发展的大政方针和行动纲领，进一步统一了全党思想，吹响了决胜全面建成小康社会、夺取新时代中国特色社会主义伟大胜利、实现中华民族伟大复兴中国梦的号角！在这一关键阶段，充分发挥新型智库的功能，服务科学决策，破解发展难题，提升城市与区域治理体系与治理能力的现代化，对促进地方经济社会的转型发展、创新发展与可持续发展，加快全面建成小康社会，实现中华民族伟大复兴的中国梦，具有重要的战略价值导向作用。

　　南京是中国东部地区重要中心城市、特大城市，在我国区域发展格局中具有重要的战略地位，其现代化国际性人文绿都的定位已经被广为知晓、深入人心，近年来在科教名城、软件名城、文化名城以及幸福都市的建设等方面，居于国内同类城市的前列。在全力推进全面深化改革的新阶段，南京又站在经济社会转型发展和加速现代化的新的制高点上，围绕江苏"两聚一高"和本市"两高两强"新目标要求，加快建设"强富美高"新南京。如何在"五位一体"的总布局下，落实全面深化改革的各项举措，聚力创新加快转型，亟需新型智库立足时代的前沿，提供战略的指点与富有成效的实践引导，对一些发展难题提出具体的政策建议和咨询意见。

值得称道的是，在国内社科系统和地方智库一直具有重要影响力的南京市社会科学院及其主导的江苏省级重点培育智库——创新型城市研究院，近年来围绕南京及国内同类城市在转型发展、创新驱动、产业升级、社会管理、文化治理等一系列重大问题、前沿问题，进行富有前瞻性的、系统的研究，不仅彰显了资政服务的主导功能，成为市委、市政府以及相关部门的重要智库，同时建立起了在省内和全国具备话语权的研究中心、学术平台，形成了多个系列的研究丛书、蓝皮书和高层论坛品牌，在探索新型智库、打造一流学术品牌、城市文化名片方面，取得了令人瞩目的成绩，走出了地方智库开拓创新、深化发展的新路径。自2014年以来打造的《金陵智库丛书》，则是南京市社会科学院、创新型城市研究院的专家们近年资政服务与学术研究成果的集成，不仅对南京的城市转型以及经济、社会、文化和生态等多个方面进行了深入、系统的研究，提出了一系列富有建设性的对策建议，而且能立足南京、江苏和长三角，从国家与区域发展的战略层面破解了城市发展阶段性的一些共同性难题，实践与理论的指导价值兼具，值得在全国范围内进行推介。

《金陵智库丛书》围绕南京城市与区域发展的新挑战与新机遇，深入探讨创新驱动下的当代城市转型发展的路径与对策，相信对推动南京的全面深化改革，提升南京首位度，发挥南京在扬子江城市群发展中的带头作用，具有一定的战略引导与实践导向作用。一个城市的哲学社会科学发展水平和学术地位是衡量这座城市综合竞争力的代表性指标，是城市软实力的重要组成部分。要做好南京的社会科学工作，打造学术研究高地，必须始终坚持正确的政治方向和学术导向，必须始终坚持高远的发展目标，必须始终坚持面向社会、面向实践、面向城市开展研究，必须始终坚持特色发展打造优势学科，必须始终坚持高端人才培养优先的战略，必须始终坚持全社会联动增强社科队伍凝聚力和组织性。我们南京社科系统的专家学者，要以服务中心工作为使命，在资政服务、学术研究等方面，具有更强的使命感、更大的担当精神，敢于思考、勇于创新，善于破解发展中的难题，多出精品，多创品牌，为建设高质量、高水平的新型地方智库，为建设社科强市做出新的更大的贡献。

叶南客

（作者系江苏省社科联副主席、南京市社会科学院院长、
创新型城市研究院首席专家）

目　录

第一章　国内外特大城市经济转型发展的经验与启示 …………（1）
　第一节　国内外城市转型的模式、规律与启示 ……………（1）
　　一　世界城市转型的类型 ………………………………（1）
　　二　城市转型的基本规律 ………………………………（4）
　　三　国内外城市转型的成功经验 ………………………（6）
　第二节　世界城市转型模式 …………………………………（8）
　　一　世界级城市转型——面向全球中心城市定位的发展
　　　　模式 …………………………………………………（8）
　　二　老工业城市转型——单一产业转向多元化经济的产
　　　　业重塑模式 …………………………………………（13）
　　三　科技型城市转型——自主创新主导的新型城市发展
　　　　模式 …………………………………………………（19）

第二章　南京推动城市经济转型发展的战略思考 …………（24）
　第一节　新常态时期中国城市发展面临的主要困境及
　　　　　转型趋势 …………………………………………（24）
　　一　新常态时期中国城市发展面临的主要困境 ………（24）
　　二　新常态时期中国经济面临的转型趋势 ……………（30）
　第二节　南京经济发展面临的机遇、挑战与问题 …………（34）
　　一　南京经济发展面临的机遇 …………………………（34）
　　二　南京经济发展面临的挑战 …………………………（37）
　　三　南京现阶段经济发展的定位 ………………………（41）
　　四　南京目前经济发展中存在的主要问题 ……………（44）

第三节　新常态下南京经济发展的思路与对策 …………………… (47)
      一　明确南京未来经济发展的使命与思路 ………………………… (47)
      二　新常态下南京经济发展的主要对策和建议 …………………… (48)

第三章　南京建设特大城市的产业转型与优化 ………………………… (57)
   第一节　特大城市产业发展的规律和特征 ………………………… (57)
      一　国际特大城市的产业发展规律和特征 ………………………… (57)
      二　国内城市产业演进的趋势及其特征 …………………………… (60)
   第二节　南京建设特大城市的产业发展现状及差距分析 ………… (62)
      一　南京产业发展现状分析 ………………………………………… (62)
      二　南京产业发展与特大城市要求的差距 ………………………… (65)
   第三节　南京建设特大城市的产业发展定位及其目标 …………… (70)
      一　产业发展定位 …………………………………………………… (70)
      二　产业发展目标 …………………………………………………… (72)
   第四节　南京建设特大城市的产业发展路径及对策分析 ………… (73)
      一　南京建设特大城市的产业发展路径 …………………………… (73)
      二　南京建设特大城市的产业发展对策 …………………………… (75)

第四章　南京建设特大城市的开放经济转型发展 ……………………… (95)
   第一节　南京开放型经济发展面临的国内外新态势 ……………… (95)
      一　世界经济发展的新态势 ………………………………………… (95)
      二　中国开放型经济发展的新要求、新目标和新举措 …………… (98)
      三　长三角及江苏开放型经济发展的新动向 ……………………… (104)
   第二节　南京发展开放型经济的现实基础及存在的问题 ………… (106)
      一　南京开放型经济发展的基础分析 ……………………………… (106)
      二　南京开放型经济面临的时代机遇 ……………………………… (108)
      三　南京开放型经济发展面临的挑战 ……………………………… (109)
      四　南京开放型经济发展的主要情况及存在的不足 ……………… (110)
   第三节　南京开放经济转型发展的目标及对策 …………………… (116)
      一　南京开放经济转型发展的目标 ………………………………… (116)
      二　促进南京开放型经济转型发展的主要对策 …………………… (120)

第五章　南京建设特大城市的科技创新之路 …………………（130）
第一节　南京加快科技创新面临的形势和挑战 ……………（130）
一　南京加快科技创新面临的形势 …………………（130）
二　南京科技创新的问题及难点分析 ………………（132）
第二节　南京建设"全球有影响力的产业科技创新中心"
战略 …………………………………………………（134）
一　具有全球影响力的产业科技创新中心的内涵和特征 …（134）
二　南京建设有全球影响力的产业科创中心的条件评估 …（137）
第三节　南京建设有全球影响力的产业科创中心的目标
与对策 ………………………………………………（149）
一　南京建设有全球影响力的产业科创中心的目标 ………（149）
二　南京建设有全球影响力的产业科创中心的对策
建议 …………………………………………………（150）

第六章　南京建设特大城市的区域发展战略 ………………（163）
第一节　国家新区域战略下南京城市发展的功能定位 ………（163）
一　建设国家中心城市是中国特大城市的发展追求 ………（164）
二　"国家中心城市"的建设认知 ……………………（165）
三　南京建设国家中心城市的优劣势比较 ……………（169）
四　南京建设国家中心城市的新增长极战略路径 ……（175）
第二节　南京都市圈资源共享与整合发展战略 ……………（182）
一　资源的内涵及特征 …………………………………（182）
二　新常态下都市圈发展的最新趋势及成功经验 ………（184）
三　南京都市圈资源共享与整合的现状及制约因素 ……（189）
四　南京都市圈资源共享与整合的对策 …………………（192）
第三节　长江经济带建设中南京门户城市发展战略 …………（194）
一　南京在长江经济带战略中的发展定位 ………………（195）
二　南京在长江经济带中的综合水平比较 ………………（196）
三　提升南京在长江经济带建设中的门户城市战略路径 …（198）

第七章　南京特大城市推动供给侧结构性改革的发展探索 ……（203）

第一节　供给侧结构性改革的国际宏观背景 ………………（203）
  一　全球经济整体下行且增速放缓 ……………………（203）
  二　发达经济体复苏无法预期 …………………………（204）
  三　新兴经济体整体受挫 ………………………………（204）
  四　资本对经济的拉动作用不断下降 …………………（205）
  五　大宗商品价格在跌宕起伏中继续下行 ……………（205）

第二节　西方供给侧管理思想的发展历程 …………………（206）
  一　供给创造需求的萨伊定律 …………………………（206）
  二　"需求创造供给"的凯恩斯理论 …………………（206）
  三　供给学派社会共识 …………………………………（207）

第三节　中国供给侧结构性改革的实践 ……………………（207）
  一　中国供给侧结构性改革的现实需求 ………………（207）
  二　中国供给侧结构性改革的主要方向 ………………（212）
  三　中国供给侧结构性改革的特殊性 …………………（214）
  四　中国供给侧结构性改革的制约因素与突破战略 ………（215）
  五　规避中国行政性垄断的主要措施 …………………（217）

第四节　南京特大城市推动供给侧结构性改革的探索 ……（218）
  一　特大城市供给侧结构性改革的方向 ………………（218）
  二　中国特大城市供给侧结构性改革的实践 …………（220）
  三　南京供给侧结构性改革的现状与问题 ……………（224）
  四　推动南京市供给侧结构性改革的对策 ……………（225）

主要参考文献 …………………………………………………（229）

后　记 …………………………………………………………（237）

第一章

国内外特大城市经济转型发展的经验与启示

转型是当今世界各大城市共同面临的一个课题。一个城市经过一段时期的发展，就需要从产业结构到城市建设、社会文化等方面的全面转型。世界上伦敦、纽约、东京、芝加哥等大城市，或实现转型，或正在转型；国内的一些城市也面临同样的问题，随着我国城市资源、环境、交通、居住、产业发展以及城市管理等多方面负效应的显现，粗放型的城市经济发展模式已难以继续我国城市未来的可持续发展，实现城市发展战略、发展模式、产业结构等的转型和升级，已成为摆在我国城市面前的重大任务。

第一节 国内外城市转型的模式、规律与启示

一 世界城市转型的类型

从世界城市转型的总体情况看，根据不同的分类标准，城市的转型可以划分为不同的类型。

（一）依据城市转型动力的划分

依据城市转型的动力不同，可以分为"被动转型"和"主动转型"两种类型。"被动转型"的城市大多是由于城市难以按照已有的路径发展下去，已到了不得不转型的时期，此时的转型属于一种被动的转型。

这种转型主要出现在很多的资源型城市中。在早期的资本主义国家中，由于缺乏对城市发展规律的深刻认识，多数都是在城市发展难以为继的时候才进行转型，此时的城市转型也大多属于"被动转型"。与"被动转型"相反，"主动转型"的城市都是在城市发展还没有达到难以为继的时候，借鉴其他城市的发展经验以及城市发展的基本规律，及时对城市进行发展战略、产业结构、增长方式等方面的转型，保持城市的持续、快速发展。随着对城市发展规律认识的逐渐深刻，经济全球化对各国城市发展影响的日渐深入，城市之间竞争的升级，以及全球资源环境等约束压力的加大，很多城市都主动根据世界科技进步的发展方向、产业发展的未来走向以及城市自身发展中出现的问题和矛盾，积极推动城市的转型。现在越来越多的城市转型已进入"主动转型"的行列，其中不仅包括大量的国外城市，我国的北京、上海、广州、深圳等城市也主动提出了加快推动城市发展战略、产业结构等方面的转型目标，并出台了一系列的措施，积极推动城市的整体转型。

(二) 依据城市转型方式的划分

依据城市转型方式的不同，城市转型可以分为以下几种类型，即"产业链延伸型""整体转换型"和"混合发展型"三大类。

"产业链延伸型"就是指利用原有产业优势，在已有产业发展的基础上，通过技术进步及产业改造，从深度和广度上对原来的产业进行上下游的延伸，扩展原有产业链，增加产品的加工深度，提高资源的附加值，进而实现城市的经济可持续发展。这种类型主要出现在那些主动寻求新的发展机遇，针对城市发展中出现的一些问题及时寻找突破口，积极拓展产业优势，提升产业核心竞争力的城市。其优点在于转型的初期能够充分发挥本地原有的产业优势，上下游产业在生产、管理和技术方面具有明显的相关性，实施转型的难度较小。随着下游产业的不断发展壮大，其竞争能力和自我发展能力将逐渐增强。同时，随着产业链的延伸，下游企业和配套服务企业的数量不断增长，大量与生产经营相关联的企业在一定空间内的聚集所带来的专业化生产，低运输成本，低交易费用，便捷的沟通和配套服务将导致聚集经济。城市在产业上的规模优势及其竞争优势将更加明显。但是单纯采取"产业链延伸型"发展战略的城市并不是很多，大多数城市都是在原有产业的基础上，积极培育和发展一些新兴产业，形成多元化的产业发展模式，因此，对这类城市的划分主要是从城市发展所依据的主导产业上来进行的。美国的休斯敦是这种类型的典型代表。

"整体转换型"是城市在转型时基本脱离原有的发展资源和发展模式，积极寻找新的发展资源，实行资源转换，培育和发展新的产业（如高科技产业、生态农业、服务业等）。这种类型大多出现在资源趋于枯竭的城市，是最彻底的转型模式。随着资源的逐渐枯竭，原来依靠这些资源建立起来的产业已无法继续发展下去，在这样的情况之下，城市不得不利用原有资源开发所积累的资金、技术、人才以及国家的资金和政策支持，建立起基本不依赖原有资源的全新产业类型，把原有从事资源开发的人员转移到新产业上来，实行产业替代。但是这种转型的代价以及转型的难度是很大的，城市转型所建立的新的产业体系由于与原有产业之间的关联性不强，新产业发展的基础较弱，能否成功地替代原有产业成为城市发展的支柱产业，在很大程度上取决于产业选择的正确性以及产业发展战略的有效推动，即使如此，这样的城市仍旧会出现不同程度的增长缓慢、经济指标下滑等现象，因此，这种转型类型是应尽量避免的。在世界城市中，美国的纽约、匹兹堡，英国的伦敦，德国的鲁尔是"整体转换型"的典型案例。

"混合发展型"亦称多角化型，是以上两种类型的综合，"混合发展型"的城市具有一部分资源依赖性较强的产业，但同时还有一些具有一定优势的其他产业，城市综合化发展趋势比较明显。通常是在转型初期会以产业链的延伸发展为主，随着加工业的不断发展，城市功能的逐步完善以及新兴产业的不断发展，城市会逐渐实现产业的整体转型与升级。发达国家的很多城市都采取了这样的转型模式，美国的纽约、芝加哥等城市都是这种转型的成功案例。这些城市在依靠原有产业的基础上进行产业链的延伸发展，并推动产业的整体转型与升级，从而使这些城市成功地由制造业城市转变为世界服务业的中心城市，城市的集聚力、扩散力以及整体的竞争实力也在转型的同时得到了极大提升。

此外，依据城市转型时间周期的长短，也可将城市转型划分为"渐进式转型"和"激进式转型"两种类型。前者转型时间较长，对城市内部各产业、各部门的影响虽然较小，但持续时间较长，需要城市政府部门不懈的努力才能实现；后者转型时间较短，对城市内部各产业以及各部门的影响较大，但持续时间短，强势的政府部门可能在较短的时间内就可以达到既定的转型目标。从城市转型的推动力上，还可以分为"自然演进型"和"改革演进型"或叫"自觉选择型"等。

二 城市转型的基本规律

从以上对国内外城市转型情况的分析中可以发现，国内外城市在转型的过程中大多遵循着一些基本的规律，这些规律主要表现在以下几个方面：

（一）从发展阶段看，转型是城市周期性发展中必然经历的阶段

城市生命周期理论是美国学者路易斯·苏亚泽维拉（Luis Suazervilla）提出的。城市的发展是多种因素共同作用的结果，由于影响因素对城市发展贡献作用发生变化，城市的发展就会呈现出一定的周期性。在众多的影响因素中，产业是城市发展的主导力量，因而对城市的生命周期的影响也是最大的。在工业化时期，工业是城市发展的主导产业，是推动城市进步的根本力量，那么工业产业中各部门的生命周期就会对城市的生命周期产生影响。对于任何一座城市而言，当它所采用的支柱产业正好符合城市的发展阶段时，这一产业就会推动城市的快速进步，但是每一种产业所使用的生产要素是不同的，随着城市的不断进步，这些要素的比较优势也会发生相应的变化，这就需要进行产业结构的调整，如果产业调整不及时，支柱产业与城市的发展阶段不相符合，那么产业对城市发展的贡献作用就会逐渐缩小，城市的发展就会出现滞涨的现象，也就使城市的发展呈现出周期性特征。这也就是为什么每个城市的转型都需要通过产业的结构调整来实现。

城市的周期性现象不仅出现在工业化历史较长的西方发达国家的城市中，在我国的很多城市中也已经出现。北京、上海、深圳、广州、苏州等都在城市发展达到一定阶段后不同程度地出现了经济增长缓慢的情况，南京目前也面临着同样的问题，从根本上说，都是产业结构与经济发展阶段不相符合，现有的支柱产业对城市发展的贡献作用逐渐降低而造成的。

（二）在产业发展上，遵循产业发展趋势，推动产业持续升级

产业是城市发展的支撑点，也是推动城市转型的着力点。通过对国内外城市转型情况的分析可以发现，成功的城市转型都能够遵循产业发展规律，通过适当的政策措施，促进产业结构的升级，并进而达到城市成功转型的目的。

按照克拉克等人的研究，随着经济发展以及人均收入的提高，地区产业结构会呈现出第一产业产值比重和就业比重逐渐降低，第二产业和第三产业产值比重和就业比重逐渐上升的趋势，库兹涅茨和钱纳里等人的研究则进一步说明，当经济发展达到一定阶段后，第二产业的产值比重和就业比重也会逐渐降低，第三产业将成为地区经济的主导产业。与制造业相比，服务业是周期比较小的产业，对经济周期有抑制作用，可以延长城市的生命周期。从国内外城市转型的情况来看，那些转型成功的城市，如纽约、芝加哥、伦敦、鲁尔等都是在制造业的发展已难以推动城市快速发展的时期，及时制定有效的政策措施，大力发展生产性服务业以及其他服务业，从而实现了城市产业的成功替代，并最终推动了城市由制造业城市向服务业城市或综合性城市的整体转型。

（三）在实现手段上，充分发挥市场机制和政府调控的双重作用

市场是进行资源配置的重要手段，尤其是在美国等西方发达国家中，市场在资源的配置过程中发挥着基础性的作用，产业的升级、企业的发展都是在市场机制的作用下，通过供需变动等一系列因素来实现的。但是，仔细分析这些国家中城市转型的情况就会发现，市场并没有完全替代政府的作用，政府在促进城市转型中仍旧扮演着重要的角色。一方面政府在营造有利于实现产业升级、维护良好的市场竞争环境等方面功不可没，而更重要的是，政府能够通过强有力的政策引导，解决城市在发展过程中出现的问题。一般来讲，政府在城市转型期间的作用主要表现在以下几个方面：第一，制订产业复兴计划；第二，通过税收等政策，扶持新兴产业的发展；第三，加大财政投入，促进重点领域的发展；第四，制定解决城市多方面问题的政策措施等。

（四）在环境保护上，实现由传统发展观向可持续发展观的转变

传统的城市发展片面追求 GDP 的高速增长，因而关注资本和劳动对 GDP 产出的贡献，追求的是城市经济总量的增长，忽视了对自然环

境的保护和对污染的治理。但是片面追求经济总量的发展观势必导致城市环境的破坏。纵观国内外城市，大凡积极推动转型的城市，多数都曾经经历过城市污染严重，生态环境遭到极大破坏的现象。为了治理城市的环境问题，这些城市转变发展观念，以可持续发展观作为城市发展的指导思想，提倡用资源生产率①作为衡量经济发展的重要指标。通过加大对传统产业的技术改造和产业升级，在经济增长的同时减少对资源的消耗和污染物的排放，由"过物质化"向"减物质化"转变，实现城市与环境和谐共生，达到城市健康、快速、可持续发展的目标。

（五）在发展原则上，注重社会公平，以和谐发展促进城市进步

和谐城市要求在经济发展的同时，注重社会公平，人与人和谐共存。注重产、学、研、居、游、商各要素的协调发展，注重效率与公平的平衡，实现就业充分，环境宜居，百姓安居乐业的理想。在世界城市转型的实例中，成功的转型都将和谐社会的建设放在了重要的位置，尤其是美国的一些城市，由于存在着严重的种族歧视，美国的社会矛盾相对来讲较为严重，因此，很多城市都出台了一系列的政策，旨在提高低收入阶层的生活保障，促进就业，缩小收入差距，提高社会分配的公平程度，同时在教育、文化、医疗等社会服务上给予低收入阶层一定的帮助，降低犯罪率，促进城市的和谐发展。但是在底特律等城市，由于没有很好地解决社会公平等问题，因此城市的犯罪率一直较高，这也是底特律转型不成功的一个重要原因。

三 国内外城市转型的成功经验

总结国内外城市转型的发展经验，以下几点是保证城市转型成功的必须条件：

（一）适时而科学的政策推动

政府的政策推动是城市转型的关键。国内外成功转型的城市都在转型期间采取了一系列的措施，促进资源的有效流动、新兴产业的快速发展以及各项社会事业的顺利发展。可以说，及时而科学的政策措施是这

---

① 所谓资源生产率也就是生态效率，其计算公式为：生态效率＝经济社会发展（价值总量）/资源环境消耗（实物量）。

些城市转型成功的关键因素。芝加哥在城市的转型过程中,制定了相应的政策扶助传统制造业中有优势的、已经建立了产业链的产业,如食品加工、印刷业和金属加工业,同时,大力吸引投资,注意引进新兴高科技工业中的研究、开发、管理部门,以提升城市的素质和知名度;我国的深圳在1990年的市党代会中适时做出了转变产业发展战略方向的抉择,集中财力、人力、物力发展以电子信息、新能源、新材料和生物技术为代表的高新技术产业,从而使深圳成为我国高新技术发展程度最高的城市之一,实现了城市由一般加工业向高新技术产业的转型。

(二) 产业结构的及时调整

产业结构与城市发展阶段不适应是导致城市发展出现滞涨的重要原因,因此当城市发展出现问题时,及时调整产业结构,是城市转型成功的重要经验。产业结构的调整要遵循产业的发展规律,但同时也要符合城市产业生产要素的相对比较优势。例如,美国纽约、芝加哥、匹兹堡等城市,在城市发展的早期依靠其优越的地理优势,利用移民提供的廉价劳动力以及工业革命提供的先进技术,一度成为美国的制造业中心。二战后,尤其是五六十年代,随着制造业的衰退,这些城市陷入了发展的困境,被人们形象地称为"锈带"。此后,它们相继提出"锈带复兴"计划,运用当时先进的技术成果,将高新技术与工业化相结合,从而促进了新兴产业的发展,实现了城市的成功转型。

(三) 重视对人才的培养和储备

高素质的人才是产业结构升级以及其他社会事业发展的保证,转型成功的城市都拥有较为丰富的人才储备。以纽约为例,该城市有91所能够授予学士学位的研究院所,147所社区院校,每四位市民中就有一位拥有大学学士学位,如此丰富的人才储备为纽约的产业发展提供了高素质的人力资源,高素质的劳动力又创造了高效率的生产力。同样,我国的上海、深圳、广州等城市的发展与这种高素质的劳动力结构是分不开的。不过应当指出的是,高素质人才的分布也是影响城市转型的一个重要原因。在美国以及我国的上海、深圳、广州等城市,高素质的人才主要集中在公司和研究机构,这对于推动产业结构的升级是非常重要的。

（四）重视城市基础设施的建设

城市基础设施是现代城市生存和发展的必要条件与物质保障，也在一定程度上决定了城市的经济和社会发展的承载力与发展能力。国外的城市在转型时期非常重视对基础设施建设的投入，纽约、芝加哥、伦敦以及鲁尔等城市都曾经投入大量的资金用于城市基础设施的建设和改造，加强立体交通网络的建设，使城市更加符合人性化的要求，提高和完善城市的综合性功能。

（五）对产业空间布局进行重构

任何一座城市在发展的过程中都会将某一时期的优势产业布局在城市的重要位置，但是随着原有产业优势地位的逐渐丧失，就需要及时进行产业的重新布局，将丧失了比较优势的产业转移到其他地区，将具有地理优势的地区用来发展更有潜力的产业部门。洛杉矶作为美国重要的工业化城市，市中心区工业区曾一度沦为"生锈地带"（Rustbelt），造成了洛杉矶经济活动非中心化趋势，但政府通过"中心区的复兴"和"外围城市的兴起"两种形式将城市的产业空间进行重构。自20世纪60年代，洛杉矶市中心区就开始以服务业为导向调整产业结构，逐渐形成了一个从市中心区到太平洋、南到国际机场，由政府机构、企业总部、商业和工业核心、军事—工业综合体以及国内外金融资本控制管理的中心汇聚区域。

第二节 世界城市转型模式

一 世界级城市转型——面向全球中心城市定位的发展模式

（一）美国纽约：生产性服务业重塑世界城市地位

从前工业化时代的港口城市，到工业革命后美国最大的商贸中心，并发展为世界的金融、贸易和信息中心。作为当之无愧的全球性城市，世界的首位城市，纽约的产业结构调整转型非常典型。

1. 二战后纽约地位的衰落

第二次世界大战以后，特别是新科技革命兴起后，高科技产业发展优势明显，西海岸的"阳光带"城市成为美国区域经济发展新的增长点。相形之下，东北部和中西部的老工业区域却增长乏力，被人们称为"冰雪带"①。在全国性经济结构和产业布局重新调整，大都市区化趋势的背景下，纽约的经济结构和地位发生了重大变化。制造业的衰落使纽约的整体经济实力下降的同时，由于服务业未能及时吸纳来自制造业的失业人口，纽约整体的就业水平出现下降，失业人数增加。同时，郊区化与大都市化的冲击，大量制造业总部及写字楼相继搬离，旧城衰落。

20 世纪 80 年代，纽约的制造业就业人数减少了 26.7 万人，下降了 35%，与制造业的衰落形成鲜明对比的是金融、贸易、服务业等第三产业就业人口占总就业人口的比重迅猛增加。2000 年服务业解决了纽约 81.7% 的就业人口。以金融服务业为主的生产性服务业逐渐取代传统制造业，成为引领纽约经济发展的驱动力。对于处在转型过渡期的纽约，虽然整体经济发展水平受到影响，但其作为美国全国性首位城市的地位没有改变。随着以金融服务业为代表的生产性服务业快速发展以及跨国公司总部的集聚，最终重塑了新的纽约。

2. 全球性城市地位的确立

20 世纪 90 年代以来，得益于日新月异的全球化和信息化发展，金融、银行、保险等生产性服务业在全球迅速扩展，纽约也逐渐确立了世界金融中心、全球首位城市的地位。纽约特有的多元化创新环境和特有的经济发展基础等竞争优势，促进了传统产业的转型和现代服务业的兴起，加快了纽约的产业结构调整。纽约高素质人才资源云集，来自各国的高技术人才为纽约的技术创新和产业转型提供了强大的人才基础。纽约汇聚了全球诸多的金融机构，是世界上最大跨国公司总部集中之处，控制和管理了全球的资本运行，奠定了其难以取代的国际地位。如在 1996 年，纽约就集聚了 10% 的跨国公司，远远超过芝加哥和洛杉矶的 5%。纽约交通区位优势明显，拥有完善的综合交通运输网络设施，其中哈德逊河是美国西部五大湖流域的入海门户，因港阔水深、不结冰少淤泥而成为世界级天然良港，四通八达的立体交通网络，是其他许多国

---

① 周振华：《伦敦、纽约、东京经济转型的经验及其借鉴》，《科学发展》2011 年第 10 期。

际化大都市无法比拟的。①

目前,纽约市中心城区已经基本转型为以现代服务业为主体的经济结构,制造业则主要向周边区域转移。纽约服务业的快速发展,有效地提高了服务产品的供给能力,也刺激了面向全球的市场需求。② 作为纽约生产性服务业的高度集聚中心,曼哈顿以不到8%的国土面积集聚了纽约市约2/3的就业和销售额,成就了纽约国际商务中心、金融中心、资本汇集中心的地位。生产性服务业的集聚不仅使纽约实现了产业的成功转型和经济的繁荣,也保持了它在全球经济中的神经中枢地位。

(二)英国伦敦：以城市更新为抓手形成世界创意之都

二战以来,伦敦实现了从"工业经济"向"服务经济"的转型,通过发展创意产业,成功转型为"世界创意之都"。

1. 服务型城市的转型

第二次世界大战以后,大伦敦这个传统的工业中心开始衰落,工业投资水平低、投资环境差、失业人口增加等问题日益突出。在撒切尔主导的经济自由化改革推动下,英国服务业的巨大潜力得以释放。20世纪70年代末至80年代初,伦敦开始实施以银行业、保险等生产性服务业替代传统工业的产业结构调整战略,产业结构从制造业为主转向以金融、贸易、旅游等第三产业为主。1981—1987年,伦敦商务服务业就业增加30%,银行、证券业就业增加13%,以金融、生产性服务业为主导的服务经济进入快速发展阶段,并逐步奠定了伦敦国际金融和贸易中心地位。

2. "创意之都"的蜕变

20世纪90年代以来,伦敦逐渐注重创意产业的发展,进入21世纪,创意产业已经成为伦敦重要的经济支柱。文化创意产业更强调创意、营销等概念,彻底改变过去以生产制造为中心的商业模式。英国是世界上第一个政策性推动创意产业发展的国家,伦敦政府采取一系列措施鼓励创意产业领域的市场竞争并制定相应的政策和给予大量的资金扶

---

① 张贤、张志伟:《基于产业结构升级的城市转型——国际经验与启示》,《现代城市研究》2008年第8期。

② 于涛方、陈修颖、吴泓:《2000年以来北京城市功能格局与去工业化进程》,《城市规划学刊》2008年第3期。

持、促进创意产业的发展。2001年,英国创意产业的产值约为1125亿英镑,占GDP的5%,已超过制造业对GDP的贡献度。同期,其出口值高达103亿英镑,四年间,实现了15%的高增长。2007年创意产业产值占当年国民经济增加值的6.2%,出口达到166亿英镑,占英国总出口额的4.5%。

伦敦创意产业快速发展得益于其悠久的文化艺术传统、强大的教育资源优势,以及政府的积极引导,使其成为仅次于金融服务业的第二大产业部门,伦敦也因此享有世界"创意之都"之称。伦敦是历史文化底蕴丰富的世界名城,拥有完善的文化艺术基础设施。数百家各类大小博物馆、艺术馆、图书馆、展览馆等文化设施,以及皇家音乐学院、皇家舞蹈学校、皇家艺术学院和帝国理工学院等艺术殿堂创造了城市创新创意氛围。位于伦敦东区的霍克斯顿临近剑桥大学,聚集了500多家创意企业和大量优秀的创意人才,是世界著名的创意产业园区。丰厚的历史文化,完善的教育体系,发达的金融服务业,便捷的门户交通设施等,使伦敦成为世界信息、资金、人才交流的中心。同时,伦敦政府十分重视创意产业的国际交流,以文化艺术活动为依托和纽带,通过举办各种文化、艺术、科技博览和教育交流活动,促进文化走出去,以此来增强伦敦创意城市的国际影响力。

(三) 日本东京:科学规划塑造亚洲地区唯一的世界城市

按照弗里德曼的分析,在世界性城市体系中,东京与美国的纽约及欧洲的伦敦、巴黎被称为世界中心地区的首位城市,而且是亚洲地区唯一的世界级城市。

1. 技术创新促进制造业提升

二战以来,由于钢铁、机械、造船、化工和电子等产业的迅速发展,东京积聚了大量的制造业企业。长期以石油化工和钢铁等重型化工业为主的临海工业基地策略,导致制造业过度集中,东京中心区地价不断攀升,工业用地生产率下降。另一方面,20世纪70年代的两次石油危机,日本制造业比例大幅缩小,较之于东亚新兴国家与地区,许多制造领域的比较优势被削弱。然而,与纽约、芝加哥不同,东京在现代服务业迅速发展的同时,并没有放弃制造业,而是积极推动制造业的转型升级,通过对制造业进行重组,主动调整严重污染企业,尤其是化工厂。在政府指导下，东京的很多化工和钢铁企业纷纷迁移至横滨市、川崎市等城市，形成了京滨、京叶两大产业聚集带和聚集区。如京滨工业区集聚了佳能、NEC、索尼、东芝、三菱电机、三菱重工、富士通、丰田研究所等大批具有技术研发功能的大企业和研究所，成为京滨工业区科技研发能力的重要支撑。东京新一轮制造业结构的调整，以"技术立国"为目标，以新产品的试制开发、研究为重点，重点发展知识密集型的"高精尖新"制造业，并将"批量生产型工厂"改造成"新产品研究开发型工厂"①，实现了制造业的高端化，保持了产业发展的竞争力。

另一方面，一些与时尚设计市场相联系的，以手工制作为基础的小批量生产企业（如服装和家具业等），以及高新技术企业出现了快速增长的趋势。这些行业顺应了信息技术和创意经济的发展方向，占地少、污染少、附加值高，代表了制造业转型升级的方向，而且能够广泛吸收就业，带动城市服务功能。例如，以大田区为中心的产业综合体是重要的技术创新核心区，主要承担与制造业有关的研发和技术创新功能。

2. 生产性服务业推进全面转型

19世纪90年代以来，金融全球化迅猛发展，越来越多的剩余资金加入跨国流动，日本企业向海外大量转移，石油、化工、钢铁等重化工业出现了全面外迁的趋势。在此背景下，东京政府开始转变思路，从政策上推动城市核心区现代服务业以及商业功能的聚集，尤其是高附加值的金融、保险、物流等现代服务业的聚集，并采取积极有效的措施吸引跨国公司总部的落地。东京产业布局发生了重大转变，东京中心城区重点布局高附加值、高成长性的服务性行业、奢侈品生产和出版印刷业，成为日本最大的金融、政治、商业、管理、文化中心。尤其是日本经济"泡沫"崩溃后，为了刺激经济增长，日本政府针对金融、通信服务等行业部门实施了各种制度改革，打破行业垄断，降低了行业准入门槛，促进了金融、租赁、广告、信息服务、研发以及各种专业服务业的发展。② 东京集中了全日本30%以上的银行总部、50%销售额超过100亿

---

① 刘俊杰、王述英：《全球性城市的产业转型及对我国的启示》，《太平洋学报》2007年第1期。

② 雷新军、春燕：《东京产业结构变化及产业转型对上海的启示》，《上海经济研究》2010年第11期。

日元的大公司总部，被认为是"纽约+华盛顿+硅谷+底特律"型的集多种功能于一身的世界大都市。

日本的成功转型与连续性、目标明确的城市规划密切相关。20世纪50年代后期开始，日本政府制定三大都市圈发展规划，每10年修订一次。将城市的社会、经济和环境等方面的发展需求统筹考虑、全面安排，并在空间和地域上落实、整合起来，提出前瞻性安排。正是在这种科学合理、可持续性的城市规划推动下，东京形成了合理的产业空间格局。高技术制造业大企业或企业总部主要集中在中心城区，而小规模企业主要分布在城区外围，同时依靠便捷完善的交通和信息网络与东京联系起来。2000年以来，又提出了《东京构想2000》《东京巨变：10年规划》《2020年的东京：跨越大震灾，引导日本的再生》等，无论任何时期，东京政府总是能针对当前发展中出现的矛盾和问题，及时围绕如何促进城市更加健康发展而制定政策和目标，坚持了规划的连续性、实用性和可持续性。

二 老工业城市转型——单一产业转向多元化经济的产业重塑模式

（一）英国曼彻斯特："纺织业之都"到"知识型城市"

曼彻斯特是世界第一座工业化城市，作为传统的"世界工厂""制造中心"，二战后的曼彻斯特经历了从繁荣到衰落，再重归繁荣的过程，城市转型的成功经验值得借鉴。正如英国曼彻斯特投资发展促进中心首席执行官Neil Fountain先生所说："请忘记'制造中心'，我们现在是一个21世纪的现代化城市，是'知识型'多元化经济体。"

1. 世界纺织业之都的衰落

曼彻斯特是资本主义工业革命的发源地，世界上第一座工业化城市，被称为世界的"制造中心"。公元14世纪，毛纺织业的兴起促进了曼彻斯特城市的形成，也是曼彻斯特后来成为纺织之都的开端。"蒸汽时代"的到来，棉纺行业逐渐成为曼彻斯特的主导行业，产业链条不断向棉产品深加工和棉纺织机械制造延伸。50年的时间，曼彻斯特便成为了世界纺织业之都，英格兰西北的头号城市。然而，当人类文明开始步入"新经济时代"，棉纺织产业和航运产业相继陷入严重衰退，曼彻斯特也经历了在二战之后极其痛苦的20年。

2. "工业城市"向"知识型城市"转型

为了应对危机，20世纪60年代，曼彻斯特政府开始制订并实施一系列转型计划，极大改善了市容市貌，为城市的产业转型和功能重塑提供了良好的物质环境。为了改变水体和空气污染、空间品质恶劣的工业城市负面形象，从1868年开始，政府采取多方面措施，对城市中心区的产业结构和空间结构进行调整和重组。城市形象提升方面，曼彻斯特政府通过积极申办奥运会和英联邦运动会等大型活动，推动一系列旨在恢复中心区活力的文化、交通、体育和艺术等大型建设项目等。在空间转型方面，主要集中于中心城区更新和滨水空间的改造。通过打造大型公共项目，如G-MEX展览中心、艺术文化演艺中心、数码世界中心、斯宾尼菲尔德、曼彻斯特媒体城等，以提升中心城区新的生机和活力。

20世纪以来，制造业整体衰退，谋求改变的曼彻斯特抓住时机，成功实现从"工业城市"向"知识型城市"转型。大力发展商务服务、零售服务、金融服务和航空服务等产业，同时，通过持续的文化驱动和城市营销，推进文化创意型产业的发展。曼彻斯特深刻地意识到"21世纪的成功城市将是一个文化城市"，"文化是知识经济中至关重要的创造力"。其把发展文化产业和"知识城市"战略放在城市发展的核心地位上。曼彻斯特通过推行一系列的城市文化复兴计划和持续的文化基础设施建设，促进了媒体、生物医疗、体育、教育等知识型、创意型、休闲型产业的发展。[1] 1984年，曼彻斯特兴建了英国第一个科技园区"曼彻斯特科技园区"，建成时仅有一家企业入驻，发展到今天已有上百家。同时，园区毗邻曼彻斯特大学、曼彻斯特城市大学、曼彻斯特商学院等著名高校，实现了政府、学术机构与企业的协同发展。索尔福德码头兴建的"英国媒体城"园区，成为欧洲第一个专门以媒体为核心的聚集区，也使曼彻斯特逐渐取代伦敦成为英国的媒体中心。现在的曼彻斯特不仅是英国仅次于伦敦的商务中心城市以及英格兰西北部的服务业中心，更是全球知识城市的典范。

---

[1] 曹晟、唐子来：《英国传统工业城市的转型：曼彻斯特的经验》，《国际城市规划》2013年第6期。

（二）美国芝加哥："工商贸重镇"转向以服务业为主导的多元化经济

著名的英国杂志《经济学家》曾经将《一个成功的故事：介绍芝加哥》作为封面，以介绍芝加哥的成功转型。作为美国的老工业基地，芝加哥从"工商贸重镇"转型为以服务业为主导的多元化经济，有诸多值得借鉴的经验。

1. 交通枢纽、商贸重镇和工业基地

芝加哥位于美国的中部，密歇根湖和芝加哥河的交汇处，水运条件较好。芝加哥运河将密歇根湖、芝加哥河、伊利诺伊河及密西西比河连接起来，建成了贯穿美国大陆的黄金水道，使芝加哥成为交通枢纽、商贸重镇和工业基地。美国建设贯穿东西的铁路时，芝加哥成功建成世界上最大的铁路枢纽中心和美国最大的联合货运市场，成为北美所有六个一级铁路交换运输的唯一通道。当航空运输开始成为主宰世界的交通工具时，芝加哥于1955年建成世界上最繁忙的机场——奥海尔机场和世界最大的航空公司——美国联合航空公司，再次成为世界航空运输中心、北美的空中枢纽。芝加哥不断创造交通优势，也促进了钢铁、机器制造、食品加工、服装、印刷业等产业的快速发展。1875年，其钢轨产量名列全国第一，机械工业和冶金业崛起，成为美国的交通中心和"中西部的首都"。

2. 高科技产业和第三产业

自20世纪50年代后，随着产业结构老化、环保不力、污染严重，尤其到了八九十年代，经济衰退致使生产严重过剩，企业难以为继，失业增加，人口减少，同时还伴有工业化所致的城市污染等诸多问题。制造业发展式微，工厂大量关闭，传统服务业的就业也相应减少，然而，以专业服务（现代服务业和高科技产业）为主导的一系列新兴产业开始大规模发展起来。芝加哥果断放弃已经成为夕阳产业的钢铁、冶金等重工业，大力发展食品、印刷、金属加工等轻工业，软件业，生物制药业等高新科技产业部门，以及商业贸易、金融、旅游和会展业等第三产业。

3. 多元经济

芝加哥从20世纪80年代正式确定并贯彻执行"以服务业为主导的

多元化经济"的发展目标，到目前为止，芝加哥的经济结构中工业只有9.2%，服务业占到了90%，其中近60%为现代制造业创造的就业，成功实现了由制造业等单一的产业格局，转变为现代制造业、高新技术产业、现代服务业等多元产业共同发展的产业格局，成为多元化经济发展的典范。在实施"多元化经济"战略中，制造业仍然占有极其重要的位置，依托美国中西部农业区发达的种植养殖业和广大的消费市场，以农产品加工、集散地为基础，大力发展食品工业，成为美国重要的工业基地。[①] 包括世界最大的飞机制造企业波音公司、世界第二大网络通信设备制造商摩托罗拉公司、世界上最大的土方工程机械和建筑机械生产商卡特皮尔公司、全球规模最大的快餐集团麦当劳公司等，世界五百强中芝加哥拥有的33家有14家是制造业公司。会议展览业是芝加哥服务经济发展的另一个重点，已建成的麦考米克展览中心成为北美最大的室内展览中心。同时会展业也拉动了航空、餐馆、旅馆和旅游业的发展，通过各类国际展览会向世界展示了芝加哥的特殊魅力。芝加哥正是在实施产业多元化战略，推动城市经济转型过程中，逐渐站到了各个领域的最前沿，形成了具有较强竞争力的、极具特色的多元化经济体系。

芝加哥是美国中西部的最佳投资地区，许多著名企业将总部设在这里，其中包括波音、美国联合航空、摩托罗拉、英国石油公司等诸多世界五百强企业。在美国城市经济多样化程度评比中，它以95.1分荣登榜首。尽管在人口与GDP方面，目前它仍是美国第三大城市，但在客运航空、总就业量、商务服务业和高技术产业的从业人数、商务旅行客流量和会展客流量、制造业总产值、物流设施与能力、互联网数据传输量、城市医疗中心，以及获得诺贝尔奖人数等方面则居美国城市之首。[②]

（三）美国匹兹堡："钢铁之都"向多元化经济的转型

作为一个传统的重工业城市，得益于其优越的地理位置，并充分利用了其完善的高等教育设施，匹兹堡已经从美国最大的钢铁、煤炭工业基地逐步发展成为以服务业为主，在人工智能，生物制药，金融服务，

[①] 吴之凌、汪勰：《芝加哥的发展经验对我国中部城市的启示》，《城市规划学刊》2005年第4期。

[②] 韩汉君、黄恩龙：《城市转型的国际经验与上海的金融服务功能建设》，《上海经济研究》2006年第5期。

高科技以及交通产业等领域的全球领先城市。

1. 钢铁工业之都

匹兹堡位于宾夕法尼亚州西南部，境内的俄亥俄河是通往美国西部的一条主要航道，它正好位于阿勒根尼河、俄亥俄河和莫农加西拉河三条河流的交汇处，三条河流形成了所谓"黄金三角"。中心城市便利的水运、铁路和公路交通条件是它历史上成为工业中心的原因，今天则为它的经济从工业向服务业转型提供了条件。19世纪，匹兹堡从一个军事驻地和商业中心转变为一个重要的工业城市。到1850年，钢铁工业已成为匹兹堡的首要工业，直至20世纪上半叶，匹兹堡的钢铁工业一直在美国处于垄断地位，被称为"钢都"，又称为"美国的曼彻斯特"。

2. 现代化经济

第二次世界大战以后，随着美国经济结构的转型，匹兹堡从工业化时期迅速崛起的领导城市，沦落为萎靡不振的老工业城市。19世纪80年代，匹兹堡所关闭的钢铁厂的数目比世界上任何城市都多。此外，由于制造业萧条，许多创意人才流失，使得该市缺乏活力。在严峻形势下，匹兹堡开始了一系列"复兴"计划。重点在于转变现有经济结构，用高新科技企业取代"烟囱工业"。通过环境整治，基础设施和公共活动空间的改造，办公楼宇建设，提升中心城区吸引力，打造城市新形象。在此基础上，为避免过去单一产业的脆弱性，提出了以多样化为基础的现代化经济发展目标。在保留了部分尚有竞争力的传统产业的同时，大力发展以生物科技、计算机技术为主导的高新技术产业和金融、文化、旅游等新兴服务业。其中，匹兹堡大学、卡内基梅隆大学等31个大专院校，为城市提供了创新技术，在新兴产业发展中发挥了重要的作用，尤其是卡内基梅隆大学的机器人研究中心以其人工智能在国际领先，其"数码温室"以新一代芯片著名；匹兹堡大学医学院的生命科学研究中心是全美前10名收到科研经费最多的中心，这成为匹兹堡发展生物科技和计算机技术为龙头的高新技术产业的重要创新基础。进入21世纪以来，匹兹堡已经形成以生物科技、计算机技术、机器人制造与人工智能、医疗卫生、金融和教育为主导的多元产业格局，成为美国传统产业城市成功转型的典范。

随着产业结构的调整和城市经济重心转向高科技产业，匹兹堡的环境和空气质量逐年改善，曾经的"地狱之城""烟雾之城"，正全力将自身改造成"翡翠之城"。全美国率先通过LEED认证的12座建筑大楼，其中3座就在匹兹堡。目前全市拥有24座LEED认证建筑物，绿色建筑方面，在全美排名第五。除了提高建筑物的环保标准，匹兹堡还努力建设"活建筑（living buildings）"，即在建筑物内部实现能源循环利用，特别是通过对降水和废水的循环使用，实现水资源的独立性。同时，匹兹堡重视对工业遗产的保护，通过工业遗产的再利用与旧城更新相结合，大力发展文化旅游产业。将工业化时期遗留下来的工厂、仓库、码头、员工住宅等作为一份珍贵的历史遗产得以保护和修复，成为展示城市独特历史文化的博物馆。同时积极开发工业旅游，开发了诸如钢铁大楼、玻璃大厦等文化场所，成为工业型城市转型的重要举措。

（四）德国鲁尔区："重工业基地"实现新型工业转型的典范

鲁尔区素有"德国工业引擎"之称，经过近20年改造，鲁尔地区已经从一个以煤炭和钢铁为基础的旧工业区转变为以高新技术产业为主、服务业及文化产业协调发展的新型经济区。

1. 德国的"工业引擎"

二战后，欧洲重建和经济振兴维持了鲁尔区繁荣。该地区以采煤、钢铁、化学、机械制造等重工业为主，电气、电子产业也得到了很大发展。其中，钢铁产量占全国70%，煤炭产量更高达80%以上，经济总量曾占到德国国内生产总值的1/3，推动了战后德国"经济奇迹"的出现。世界能源需求结构的改变和科技革命的冲击，以采煤、钢铁、煤化工、重型机械为主的重工业经济结构日益显露弊端，鲁尔区的产业结构性问题突出。矿区主导产业衰落，失业率上升，大量人口外流，环境污染严重，社会负债增加等，使鲁尔区的可持续发展受到严峻挑战，鲁尔区的传统产业结构被迫转型。

2. 新型工业和服务业促进"再工业化"

为摆脱危机，适应新形势下经济发展的需要，鲁尔区实施了一系列的老区整治和产业转型升级措施。经过数十年持续不断的努力，鲁尔区以煤、钢为主导的产业，已被新的产业所取代。化学、汽车、机械制造、信息通信以及环保工业等新型工业企业纷纷落户，新型工业的发展促进了更多服务业、研发产业的兴起，旅游、咨询、广告、多媒体等各种新兴服务业快速发展。值得一提的是，鲁尔的转型并没有单纯地"去工业化"，而是通过寻求新型工业增长，对传统工业进行了全面改造，实现了"再工业化"。1968 年，鲁尔区出台的第一个发展计划《鲁尔发展纲要》，其核心目标就是调整产业机构。出于维护社会稳定，减少失业等方面的考虑，鲁尔区并没有放弃煤钢业，一方面，通过钢铁、能源和煤炭技术创新，旨在将鲁尔区打造成为德国能源中心。另一方面，通过建立技术研发中心，积极培育信息、通信、生物医药等新兴产业。从 1961 年开始，鲁尔区的城市如波鸿、多特蒙德等陆续建立起大学，鲁尔区现在是欧洲境内大学密度最大的工业区。所有大学和研究所都有"技术转化中心"，帮助企业把技术转化成生产力，全区有 30 个技术中心，600 个致力于发展新技术的公司。

工业建筑是鲁尔区的地域特色，鲁尔区并没有放弃这些工业建筑和厂区，而是赋予其新功能，将其改造成公园、博物馆等。① 通过这种软性改造，赋予了旧的工业空间以新的含义和作用，使其从工业废弃建筑转变为工业文化遗产。这种改造将新功能和工业建筑融合在一起，成本低，成效显著。比如杜伊斯堡钢铁厂改造成一个大的景观公园，奥伯豪森的欧洲最大储气罐改造为展览中心。在世界上规模最大、分布最广的一系列煤、钢建筑和用地上进行了再创作，在保护本地区传统历史文化的同时，又形成了新的城市特色。鲁尔区已经形成了"工业文化遗产之路"，比较典型的有杜伊斯堡景观公园、奥伯豪森巨型储气罐的改建等。同时，鲁尔区在转型过程中始终重视环保，采取了有力措施改善一度被严重污染的环境，如限制污染气体排放、建立空气质量监测系统等。这里建起了大量风景优美的高科技产业园区、商务中心和文化体育中心，无论工作还是生活，都如同在公园里。

三 科技型城市转型——自主创新主导的新型城市发展模式

（一）美国洛杉矶：借助高科技产业塑造"科技之都"

洛杉矶位于美国西海岸加州南部，是仅次于纽约的全美第二大都市

---

① 张俊、徐旸：《非创新环境中的内部更新——德国鲁尔区转型发展及启示》，《同济大学学报》（社会科学版）2013 年第 2 期。

区。在高科技产业和生产性服务业的推动下，洛杉矶成功转型，由一个制造业城市转变为美国西部的高科技产业和研发中心，成为美国的"科技之都"，成功步入全球性城市之列。

1. 国家级制造业城市

19世纪90年代，洛杉矶郊区发现了大量石油，洛杉矶由此成为全美主要的石油生产基地。随着石油开采业的迅速发展、交通和基础设施的不断完善，炼油等石化工业兴起。一些大的钢铁和橡胶企业纷纷落户，航空、汽车、造船、机械等制造业和电影工业等日渐兴起。20世纪30年代，由于福特、通用等大汽车制造商在洛杉矶设立了批量生产装配工厂，以及好莱坞电影业的支撑，洛杉矶在萧条年代仍保持了经济增长。更为重要的是，洛杉矶城市经济已完全脱离了石油资源的依赖，形成了电子工业、机械制造等多元化的制造业结构。

第二次世界大战期间，联邦政府通过军事订货、设立军事设施和军事基地等途径向西部投入了大量资金，已拥有一定工业基础的洛杉矶取得了快速发展。1942—1944年，形成了除美国东部外最大的汽车—玻璃—轮胎一体化汽车制造综合体。二战后，在联邦政府财政支持下，洛杉矶制造业就业增长速度超过美国平均速度的10倍。从1950年开始，洛杉矶制造业产值超过旧金山及东部的底特律、克拉夫兰、匹兹堡、费城，成为仅次于纽约和芝加哥的全美第三大制造业城市。

2. 全球"科技之都"

20世纪60年代末，欧洲、日本经济复苏，美国的世界经济中心地位受到了削弱，随之而来的70年代的"石油危机"，使美国经济出现了衰退，制造业首当其冲，洛杉矶也不例外，但洛杉矶较早地完成了产业结构调整。一方面，国防工业与高科技产业关系密切，使得西海岸成为第三次科技革命的发源地，尖端国防工业带动了通信设备、计算机、电子仪器等产业发展。洛杉矶在计算机和电子产品制造、软件开发、互联网及数据服务业、计算机系统设计及服务业等方面，甚至可以与休斯敦、硅谷相媲美。洛杉矶跻身全美六大生物技术中心，在商业性研究设施和化验室方面占有优势，并且有全美著名的癌症、眼科等专门的医疗机构和医疗中心。在工程设计、环境技术方面处于美国和世界领先地位。洛杉矶也是全球知名的汽车、家具和家庭用品、玩具的设计中心。

另一方面，太平洋国家取代欧洲成为美国最大的贸易伙伴，美国西海岸快速崛起，洛杉矶生产性服务业逐渐成为城市经济的重要支柱。到80年代，洛杉矶已经成为全美仅次于纽约的第二大银行集中地。进入21世纪，洛杉矶成为美国西部的高科技产业和研发中心，享有"科技之都"的称号。同时，电影业作为娱乐业的火车头，带动了包括音像、电视、印刷、出版、旅游等整个娱乐业的发展，不仅给洛杉矶带来丰厚的利润，而且在很大程度上塑造着洛杉矶的城市形象。科技引领的多元化的产业发展战略，推进洛杉矶的快速转型，使其成为有影响的全球性城市。

（二）日本川崎：制造业注入自主创新形成发展原动力

川崎位于东京和横滨之间，是京滨东北工业带的核心地区。川崎是典型的"工业化过程中形成的大城市"，借助研发的集群优势，不断为制造业的发展注入自主创新的原动力，正在向"宜居型的生活都市"迈进。

1. 日本重工业生产基地

便利的交通条件，以及邻接首都东京的区位优势，自明治维新以来，川崎的现代工业就一直在不断增长，已经成为以钢铁、化学、石油、造船、金属加工、机电等为中心的日本重工业生产基地。二战后，日本经济的快速崛起，带动了川崎以机械加工、重工、电气等为核心的重工业产业集群。大企业的入驻也带动了相关行业的中小企业的发展，使得川崎发展成为日本工业中枢——京滨工业地带中的重要城市，也诞生了引领日本工业发展的大企业，如三菱石油、富士通、东芝、日本钢管等。

2. 创新型城市建设

20世纪70年代的石油危机后，日本经济进入低增长时代，尤其是日本制造的竞争优势日益下降。东芝、富士通、NEC等世界级大企业开始外迁，川崎市企业数量锐减，并呈现空心化趋势。川崎原有的产业结构急需转型，第二产业面临巨大挑战。与美国匹兹堡不同，川崎并未把传统工业彻底放弃，而是在原有基础上，以技术的高度化对产业进行转型升级。通过建设研究中心，鼓励新产品和新材料开发，来实现企业的高附加价值化，保持国际竞争力。一是重视创新产业园区建设。通过

"新产业创造之森计划""K2 城市校园""新产业创造中心孵化器""神奈川县科技园"等一系列创新研发产业园的建设，帮助发展潜力企业进行风险投资。二是政府鼓励企业建设研究中心，优化生产流程来提高企业收益。以东芝为例，原先川崎是东芝最大的电视机、电冰箱、影像器材产品生产基地，但是随着生产线的转移，东芝对于川崎基地的定位也发生改变。两个闲置工厂首先调整功能，一个被再开发为大型商业设施，另一个成为佳能拥有 7000 名员工的研究开发基地。同时，设立了两大研究开发基地，即"研究开发中心"和"微电子中心"，将生产基地转化为了研究基地。

（三）印度班加罗尔：发展中国家的高科技城市发展典范

世界著名的高科技城市中除了印度的班加罗尔是发展中国家的城市，其他城市均来自发达国家或地区。班加罗尔是印度发展 IT 产业的主要新兴科技型城市，是世界上继硅谷之后的信息技术产业基地，享有"世界办公室""亚洲硅谷"的美誉。

1. 电子工业中心

第二次世界大战期间，班加罗尔作为英国重要的军事基地，设立了大量的军事机构设施。印度在 1947 年独立后，班加罗尔发展成为重工业中心。飞机制造、机床制造、电话器材等均占全国较大比重，电器设备、纺织、药品、陶瓷及农副产品加工等工业发展迅速。1960 年开始，印度政府将科学研究所、国家航空研究所、雷达电子发展公司等设在班加罗尔，使其成为印度有名的电子工业中心，这些重点国防机构和通信公司为该市的科技与信息产业兴起奠定了坚实基础。

2. 亚洲"硅谷"

从 20 世纪 80 年代开始，班加罗尔致力于高新技术的发展，1998 年，明确提出"要把印度建设成为一个名副其实的高科技超级大国"。90 年代，印度第一个软件科技园就建立在班加罗尔。短短十余年，吸引了诸如英国航空航天公司、IBM 公司、摩托罗拉公司、摩根公司、Novel、思科等著名的跨国信息产业公司。此外，班加罗尔云集了印度许多名牌大学和科研机构，诸如印度理工学院、印度管理学院、国家高级研究学院等综合性大学和工程学院，以及世界知名的印度科学院、国家人工智能和机器人开发中心、尖端计算机技术发展中心等，众多科技领先的教育和科研机构为班加罗尔的产业发展输入了大量创新人才。高科技人才又反过来吸引了更多的全球跨国公司的研发机构。2004年初，美国通用公司在班加罗尔建立了该公司在海外的第一个研发中心。法国阿尔斯通公司在此建立了一个与信息技术有关的研究所。如今，以软件技术为代表的 IT 产业的快速发展使得班加罗尔成为世界第五大信息科技中心。

第二章

南京推动城市经济转型发展的战略思考

2008年世界金融危机以来,受世界经济发展疲软以及国内经济发展压力不断增大的影响,中国的经济增长速度出现了下降的趋势。2013年12月10日,在中央经济工作会议上的讲话上习近平总书记首次提出"新常态"的概念,并在多次讲话中阐述了"新常态"的内涵。深刻认识"新常态"时期中国城市发展的困境,认知剖析南京在城市发展中存在的主要问题,同时根据城市经济转型发展的主要态势,有助于南京有效应对新常态下的发展困境,促进城市健康发展。

第一节 新常态时期中国城市发展面临的主要困境及转型趋势

改革开放以来,中国经济在实现了长期的高速发展的同时,也积聚了大量的矛盾和问题,促使中国经济进入转型发展的关键时期,概括来讲,这些矛盾和问题主要体现在以下几方面:

一 新常态时期中国城市发展面临的主要困境

(一)传统发展红利正在逐步丧失

改革开放初期,一系列制度创新、政策倾斜以及劳动力的大量供给,极大地促进了中国经济生产可能性边界的外移,为中国的经济发展提供了充足的空间,形成了巨大的人口红利、资源红利和制度红利。但是经过改革开放30多年的快速发展,原有的红利正在逐渐丧失。从人口方面看,1949年新中国成立初期,中国总人口为5.4亿,到1978年时,中国总人口增长了近一倍,达到9.6亿,人口年均增长达到2%。改革开放以后,中国人口的增长虽然有所放缓,但仍保持了较快的增长,1997年之前中国人口的年均增长速度一直在1%以上。根据蔡昉的统计,中国的人口抚养比,即依赖型人口与劳动年龄人口之比在20世纪60年代中期开始下降,在20世纪70年代中期出现显著下降,从而在改革开放年代转化为推动经济高速增长的重要因素。[1] 进入2000年以后,中国人口的增长速度明显下降,劳动年龄人口的增长速度也开始递减,但总体上来看,还处于缓慢增长的阶段。不过2010年之后,15—59岁阶段劳动年龄人口的增量迅速下降,在2011年已变为负值。[2] 我国15—59岁劳动年龄人口在2011年的时候达到峰值9.25亿人,2012年比2011年减少345万,这是劳动年龄人口的首次下降。2012年开始逐年下降,2013、2014、2015年分别减少了244万、371万和487万。这表明,长期支撑中国经济发展的劳动力无限供给的基础条件正在消失。同样,改革开放以来,由于大量消耗土地、淡水、矿产等资源,以及对生态环境的极大破坏,自然资源和生态环境已经成为制约中国经济增长的重要约束。与此同时,随着改革进程的不断深入,1978年以来所进行的一系列浅层次的改革措施所产生的改革效应已经基本殆尽,改革已进入深水区,不同的既得利益集团以及短期内可能的利益受损群体,以及对当前中国经济问题没有正确认识的"观念引领者"都会成为中国今后改革的巨大阻力,[3] 阻碍改革的进一步深入,也将阻碍改革所产生的制度红利的进一步释放。

(二)经济的创新能力还相对较低

在传统低成本竞争优势逐渐丧失的同时,提高经济的创新能力成为中国经济能否持续稳定发展的重要内容之一。从1978年以来,中

---

[1] 蔡昉:《人口转变、人口红利与刘易斯转折点》,《经济研究》2010年第4期。
[2] 蔡昉:《劳动人口负增长下的改革突围》,《经济导刊》2014年第2期。
[3] The World Bank, *China 2030*: *Building a Modern, Harmonious, and Creative Society*, 2013, pp. 66-67.

国的劳动生产率得到了很大程度的提高,以 1978 年为基准数据,中国的全员劳动生产率由 1978 年的 907.85 元/人,增长到 2012 年的 11513.50 元/人,提高了 11.7 倍,年均增长达到 7.7%。从分阶段的情况看,1990 年以后,中国的全员劳动生产率增长更加迅速,在 1978—1990 年期间,中国的全员劳动生产率平均增速为 4.8%,1990—2000 年期间,达到 9.3%,2000—2010 年期间,进一步增长到 9.8%(具体情况见表 2—1)。可以说,在过去的 30 多年中,通过技术引进等方式,中国的全员劳动生产率得到了极大幅度的提升,也拉动了中国经济的进步。

表 2—1　　　　1978—2016 年中国全员劳动生产率变化情况

年份	GDP(亿元)	全员劳动生产率(元/人)	年份	GDP(亿元)	全员劳动生产率(元/人)
1978	3645.22	907.85	2010	75055.38	9862.08
1980	4228.75	998.26	2011	82035.44	10734.81
1985	7031.28	1409.84	2012	88313.15	11513.50
1990	10268.92	1585.96	2013	94583.38	12287.23
1995	18309.27	2689.97	2014	102433.80	13259.52
2000	27701.66	3842.92	2015	108887.13	14058.84
2005	44120.90	5910.61	2016	116182.57	14971.40

资料来源:根据《中国统计年鉴》数据整理计算而得。
注:GDP 是以 1978 年为基数计算而得。

但从整体来看,2010 年以后,我国的全员劳动生产率的增长速度已经出现了下降的趋势,2010—2016 年期间全员劳动生产率平均增速降为 7.2%。这也是中国近些年经济增长放缓的内在原因。而且中国经济的整体创新能力还相对较低,据世界银行组织的测算,中国 2010 年的劳动生产率仍不到 OECD 国家的一般水平。中国科学院的研究报告则显示,中国的劳动生产率只相当于美国的 1/12,日本的 1/11,甚至不如印度(见表 2—2)。中国社会科学院 2013 年发布的《二十国集团(G20)国家创新竞争力黄皮书》显示,2011 年 G20 国家创新竞争力中排在前五名的国家依次为：美国、日本、德国、法国、韩国，中国排在第 8 位，虽然从名次上看，中国进步很快，是 G20 集团中唯一能够进入前十名的发展中国家，但是中国与美国等处于第一方阵的国家的差距仍十分明显，美国创新竞争力得分达到 60 分以上，而中国仅为 38.8 分。2015 年中国 R&D 投入占 GDP 的比重仅为 2.07%，低于美国、日本、韩国等发达国家的投入水平，与以色列 4% 以上的 R&D 投入相比，差距更大。[①] 更为重要的是，在全球生产体系由"福特制"向"温特制"[②] 转变的今天，经济创新的核心内容已经不再是熊彼特所指的基于"生产要素重组"基础上的产品创新，而是基于标准制定和互联网应用基础上的集成式创新，因此，虽然 2009 年以来中国的专利申请量就已经超过了美国、日本等国，位居世界第一，但是由于难以掌握标准的制定和最终的集成话语权，中国仍然处于世界产业价值链的低端环节。

表 2—2　　2001 年以来中国全员劳动生产率增速变化情况　　　　单位：%

年份	增长率	年份	增长率
2001	7.2	2008	9.3
2002	8.4	2009	8.8
2003	9.3	2010	10.0
2004	9.3	2011	8.8
2005	10.7	2012	7.3
2006	12.2	2013	6.7
2007	13.6	2014	7.9

---

① 参见黄南《现代产业体系与产业结构调整研究》，东南大学出版社 2011 年版，第 20 页。

② 温特制（Wintelism）一词来自微软的 Windows 的 Win 和 Intel（英特尔）的 tel 的合称。温特制是在对传统的福特制、丰田模式的扬弃、交叉、磨合中诞生的，是一种全新的生产方式。传统生产方式是以最终产品生产者在市场中垂直控制为主要特征的。温特制则与之截然相反。它的特征是：围绕着产品标准在全球有效配置资源，形成标准控制下的产品模块生产与组合，标准制定者在完成产品价值链的全过程中，在与模块生产者的分工中，最终完成以双赢为基础的控制。

续表

年份	增长率	年份	增长率
2015	6.0	2016	6.5
1978—1990	4.8	2010—2016	7.2
1990—2000	9.3	1978—2016	7.6
2000—2010	9.8		

资料来源：根据《中国统计年鉴》数据整理计算而得。

（三）经济的结构性矛盾依然突出

中国的经济发展虽然规模总量增长迅速，但是经济领域的结构性矛盾依然突出，突出表现在三个方面：一是从需求结构来看，存在着内需与外需之间的矛盾。改革开放以后，尤其是加入世贸组织以后，中国的对外贸易快速增长，2003年我国外贸依存度首次超过50%达到51.9%，2006年我国外贸依存度达到67.0%，为历史最高点，其中出口依存度达到35.9%。2006年以后，中国的外贸依存度虽然呈平稳回落态势，但是仍处于较高水平，但是受世界金融危机的影响，中国的外贸依存度在近些年出现了较大幅度的下降，到2016年中国外贸依存度下降到32.7%。与此同时，我国的消费需求则呈现逐年下降的态势，最终消费率由1978年的62.1%下降到2010年的48.2%，虽然近几年略有回升，但到2015年仅上升到51.6%。其中，居民消费率由1978年的48.8%下降到2010年的34.9%，到2015年时回升到38.0%。

二是消费与投资之间的结构性矛盾。在中国的经济增长过程中，长期存在着"高投资、低消费"的状况。1978年以来，在最终消费率不断下降的同时，投资率保持了较快的上升态势，尤其是20世纪90年代以后。在90年代以前，中国投资率一直保持在38%以下。但是1993年以后，中国的投资率明显上升，超过40%投资率的年份明显增多。

三是三次产业之间及其内部的结构性矛盾。从三次产业之间的发展上看，长期以来，我国的经济过度依赖第二产业特别是重化工业的发展，第三产业发展相对滞后，虽然近些年来，在国家促进三次产业之间和协调发展的政策推动下，第三产业得到了长足的进步，但是与我国的发展阶段相比,第三产业发展仍存在滞后现象。2016年中国三次产业占比分别为8.6%、39.8%和51.6%。而据世界银行的统计,2015年全世界第三产业占GDP的平均比重为69.05%。在世界发达国家,第三产业的比值甚至在80%以上。在世界20国中,中国的第三产业占GDP的比重仅高于印尼和沙特,位列倒数第三(见图2—1)。由此可见,中国第三产业发展存在较为明显的滞后性,不仅大大低于美国、日本、英国等发达国家,与印度、巴西等国相比也存在较大的差距,与中国的经济发展阶段不相适应。同时,在各个产业内部也存在着创新能力不强、产能过剩现象严重、内部结构升级缓慢、产品结构难以满足居民消费需要等一系列问题。

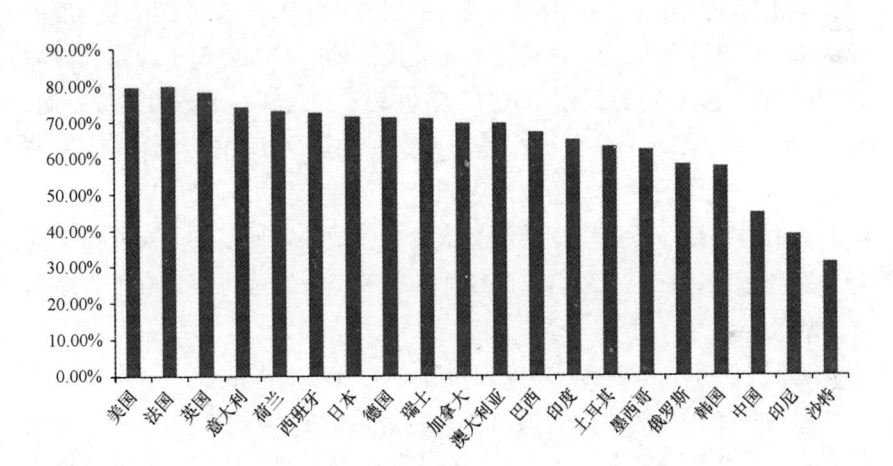

图2—1 世界20国第三产业占GDP比重情况

资料来源:世界银行数据库。

(四)经济可持续发展的压力不断加大

改革开放以来,中国的经济取得了举世瞩目的成就,但是在长期高速增长的同时,中国的经济增长方式并没有得到根本性的转变,高能耗、高污染、低产出、低效益等问题长期困扰着中国,使中国的经济增长陷入了不可持续的困境之中。据国家环保部发布的《2016中国环境状况公报》显示,2016年,全国338个地级及以上城市中,有84个城市环境空气质量达标,占全部城市数的24.9%。此外,水资源的污染情况也较为严重,尤其是地下水的污染尤为严重。2016年公布的《中国环境状况公报》显示,2016年,全国6124个地下水水质监测点中,水质为优良级、良好级、较好级、较差级和极差级的监测点分别占10.1%、25.4%、4.4%、45.4%和14.7%,较差级和极差级占比达到60.1%。日益严峻的生态形势给中国的经济可持续发展造成了极大的阻碍,也成为目前中国亟待解决的问题之一。而转变传统的发展方式,实现经济与自然的和谐发展,已经成为中国经济发展中的必然选择。

二 新常态时期中国经济面临的转型趋势

以上困境的出现,使中国的经济发展进入了增长速度下滑的发展困境之中,阻碍了中国经济的健康稳步发展。同时,在经历了改革开放以来30多年的快速发展之后,中国经济也必然进入到一个新的转折时期。2014年4月,习近平总书记在河南考察时,首次提出了新常态的发展概念,这一概念的提出,不仅对中国经济目前的发展阶段做出了正确的判断,而且提出了改变中国传统经济发展模式的转型要求。对比传统的经济发展态势,在经济新常态时期,中国的经济发展将面临五个方面的重大转变。

(一)经济增长速度:从高速增长向中高速增长转变

目前,中国经济正受到国内外多重经济发展压力的影响。从世界范围来看,世界经济复苏缓慢、增长动力不足等问题依然存在,世界经济的发展趋势存在较大的不确定性。从国内发展情况看,当前中国经济正处于增长速度换挡期、结构调整阵痛期、前期刺激政策消化期的"三期叠加"时期,人口、资源、前期的改革制度等传统经济发展红利正在逐步丧失,经济结构的内在矛盾依然十分突出,经济可持续发展的压力不断增大,而中国的创新能力整体还相对较低,经济发展的动力不足。在国内外发展压力的影响以及中国经济发展阶段的作用下,2011年以后中国的经济增长出现了一定程度的下滑,2016年中国GDP增速为6.7%(见图2—2)。根据世界银行的估计,中国的经济增长率将从2011—2015年期间的年均8.5%左右的水平,逐步下降到2026—2030

年6%左右的水平,[①] 而且还存在进一步下滑的可能性。面对这样的发展态势,中国不仅要适应经济增速由高速转为中高速增长的新常态,更要充分认识到经济新常态的必然性,通过制度创新,减少政策刺激,通过更有效地发挥市场活力,使经济增长保持在平稳的区间,促进中国经济由中高收入阶段向高收入阶段顺利发展。因此,继续保持中国经济的平稳持续增长将成为今后一段时期的重要任务。

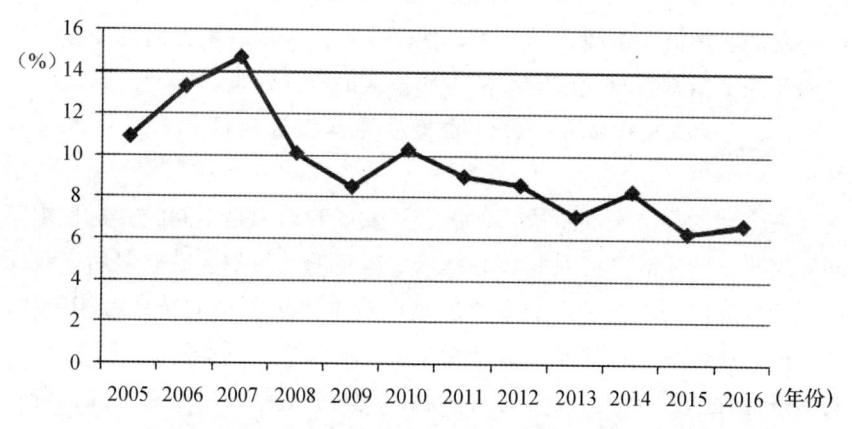

图2—2 2005—2016年中国国内生产总值增长速度

资料来源：国家统计局。

(二) 经济发展政策：由强刺激向简政放权转变

虽然中国的经济增长出现了一定程度的下滑,经济增长的速度较前些年明显回落,但是中国政府已经明确指出,宏观调控要有定力,不会轻易采取大规模刺激政策,而是通过改革促进增长和就业,通过改革激发市场的内在活力,保持经济的平稳增长。从近两年中国政府出台的经济政策上看,主要集中在简政放权,通过建立权利清单、负面清单和责任清单,规范政府行为,降低企业发展的制度成本,提高市场在资源配置中的决定性作用等方面。目前中国虽然经济增长速度有所放缓,但是就业稳定,2016年新增就业1314万人,经济增长一个百分点可以带动

[①] The World Bank, *China 2030: Building a Modern, Harmonious, and Creative Society*, 2013, pp. 66–67.

190多万个新增就业岗位，大大高于前些年一个经济增长点可以拉动80万个新增就业岗位的情况。而且房地产、部分国有企业以及地方政府融资平台的杠杆已经过高。从多方面情况看，中国不需要进行强有力的经济刺激。李克强总理也曾多次表明，虽然中国经济出现下滑趋势，但仍处于合理区间内，而且经济出现短期波动是难以避免的。对于目前的经济下滑，李克强总理明确指出，中国将通过"强改革"来激发市场活力，促进实体经济、新兴产业的发展，而不是通过"强刺激"来推动经济发展。经济刺激政策的减少，代表了中国经济政策方向的变化，也将促使经济新常态时期政府经济工作模式的全面转型。

（三）经济发展动力：由依靠物质资本投入向依靠创新资本投入转变

在不同的经济发展阶段，促进经济发展的动力是不同的，这是由不同发展阶段的主导产业及其核心技术所决定的。新中国成立以后，我国的经济发展经历了由劳动力要素驱动向资本要素驱动的转变，相应的，我国的产业结构也经历了以劳动密集型产业为主向资本密集型产业为主的演进过程。进入经济新常态阶段后，资本的边际产出不断下降，资本增长对经济增长的贡献率逐渐降低，劳动生产率的上升不能化解要素成本上升带来的成本压力，此时，促进经济增长动力由资本要素向创新要素转变成为必然，这也是避免经济新常态时期陷入中等收入陷阱的重要途径。同时，在经济新常态时期，由于政府的经济政策发生转变，对经济的强刺激将逐渐减少，此时也需要各地区只能通过加大创新力度，以创新促进经济的发展，而不再依靠差别化特殊政策导致的经济发展级差来促进经济的发展。

（四）经济结构调整：由结构失衡向结构均衡转变

改革开放以来，中国经济取得了举世瞩目的成就，经济总量已经跃升至世界第二位，但是经济结构调整的速度明显滞后，投资与消费之间的发展不协调、三次产业之间的结构不平衡、低端产能过剩与高端供给不足之间的严重失衡、经济增长与生态保护之间的矛盾不断显现。在旧常态下，经济结构的失衡在某种程度上是政府刺激经济增长的结果。如降级发展初期，为了促进经济的快速发展，人为地扭曲价格要素，促进生产要素向工业的集中；改革开放以后，为了促进资本积累，通过刺激出口，吸引外资，实现了资本积累程度的迅速提高。但是，这种失衡的经济结构在促进经济快速增长的同时，带来了更为巨大的发展隐患，从长期来看可能导致经济的大规模波动。目前，经济结构的失衡已经成为制约中国经济发展的主要瓶颈。近些年来，为了促进中国的经济结构调整，中国陆续出台了一系列措施，从改变经济发展的内在动力机制入手，通过推动战略性新兴产业的发展、提高经济的创新能力，以及刺激国内消费需求等具体措施的落实，力求从根本上促进中国经济结构的调整。近期国务院又先后对战略性新兴产业的发展、六大消费领域的发展等部署了具体的战略举措，而且就这些领域的发展环境、发展基础的优化等都进行了政策上的安排。总体来看，这些政策正在加速中国经济结构转型的步伐，要素驱动的经济发展动力正在逐渐减弱，技术创新逐渐成为驱动中国经济增长的重要源泉。而同时，三次产业之间的结构性矛盾明显减弱，第三产业发展迅速，2013年中国第三产业占GDP比重首次超过第二产业，达到46.1%，比第二产业比重高2.2个百分点，这标志着第三产业已经成为推动中国经济增长的主力军，而工业内部的结构升级步伐也明显加快，其整体效益得到明显提高。

（五）经济空间格局：由区域行政分割向区域经济一体化转变

在经济新常态时期，经济发展的活力来自市场化进程的深入推进。而市场化进程的推进则需要要素资源的自由流动，让市场成为实现资源配置的主体。要实现这一目标，其中最大的障碍就是超经济的行政性垄断，这种行政性垄断人为地造成国内市场的分割和扭曲，制约了统一市场的建立。为此，需要降低市场壁垒，包括行业壁垒和区域壁垒。降低行业壁垒就是要减少垄断现象，而降低区域壁垒则要促进区域经济一体化的发展。在旧常态下，我国的区域经济政策是以"经济特区"政策为主导的，其核心要义是通过为某个区域或城市提供特殊的政策，促进这个区域或城市的领先发展，以先进带动落后，从而实现整体进步。进入经济新常态时期后，中国的区域经济政策已经发生了很大的变化，"经济特区"的发展政策正在被弱化，取而代之的是"自贸区"的发展政策，其核心要义是在某一区域内先期进行政策上的先行先试，获得可复制、可推广的发展经验，从而将其应用到全国范围内，以此推动全国的共同发展。在自贸区政策的推动下，各地区的发展将不再依靠差别性特殊政策的刺激，而主要依靠统一开放市场条件下的公平竞争，[①] 这将推动区域经济一体化发展进程的加快。中国目前提出的"一带一路"的倡议，其目的也是降低区域间的行政壁垒，促进要素在更大区域内的自由流动，从而实现不同区域之间的共同发展。区域经济一体化进程的加快需要各个城市处理好城市与区域之间的发展关系，借助区域的力量实现自身经济的快速增长。

第二节 南京经济发展面临的机遇、挑战与问题

一 南京经济发展面临的机遇

（一）世界产业变革下城市格局变化带来的机遇

当前世界产业发展正进入一个新的时代，以信息新技术为标志的新技术革命仍在深入的推进之中，由此带来了世界产业的整体性、颠覆性的变革。信息技术在各个产业领域的深入渗透，改变了传统的产品生产范式、创新模式以及组织模式等，推动了世界产业向服务化、创新性、融合化以及生态化的方向转变。这些产业变革改变了过去以生产规模或人口规模确定城市规模的发展格局，导致了世界城市体系层级结构的变化，尤其是随着产业发展中服务、创新以及文化等作用的不断凸显，为不同类型城市在世界城市体系中地位的攀升创造了条件，推动世界城市体系由"单向层级结构"向"双向或多向层级结构"转变，一批以金融、技术创新、文化等为主导的城市，其地位得以迅速上升，使世界城市体系中的中心城市由过去的一个或几个向多个中心城市的空间格局转变。[②] 这一变革的出现为南京依靠自身资源优势，在世界城市体系中实现地位攀升和跨越式的发展创造了可能，也带来了新的发展机遇。

[①] 金碚：《论中国产业发展的区域态势》，《区域经济评论》2014年第4期。
[②] 李程骅、黄南：《新产业体系驱动中国城市转型的机制与路径》，《天津社会科学》2014年第2期。

> 链接：柔性制造技术也称柔性集成制造技术，是现代先进制造技术的统称。柔性制造技术集自动化技术、信息技术和制作加工技术于一身，把以往工厂企业中相互孤立的工程设计、制造、经营管理等过程，在计算机及其软件和数据库的支持下，构成一个覆盖整个企业的有机系统。所谓"柔性"，即灵活性，主要表现在：（1）生产设备的零件、部件可根据所加工产品的需要变换；（2）对加工产品的批量可根据需要迅速调整；（3）对加工产品的性能参数可迅速改变并及时投入生产；（4）可迅速而有效地综合应用新技术；（5）对用户、贸易伙伴和供应商的需求变化及特殊要求能迅速做出反应。

> 链接：可重构制造系统是指能够通过对制造系统结构及其组成单元进行快速重组或更新，及时调整制造系统的功能和生产能力，以迅速响应市场变化及其他需求的一种制造系统。其核心技术是系统的可重构性，即利用对制造设备及其模块或组件的重排、更替、剪裁、嵌套和革新等手段对系统进行重新组态、更新过程、变换功能或改变系统的输出（产品与产量）。由于系统的这种可重构性，大大提高了系统的功能柔性和灵捷性。利用系统的可重构性，可以不断地调整系统的制造过程、制造功能及制造能力，及时、高效地响应市场的变化。因此，可重构性是制造系统具有可持续变化、快速响应能力所必不可少的重要特性，研究、开发和应用制造系统及其单元的可重构性是未来制造的重要关键技术。

（二）中国改革创新下制度红利增加带来的机遇

改革开放初期，一系列制度创新、政策倾斜以及劳动力的大量供给，极大地促进了中国经济生产可能性边界的外移，为中国的经济发展提供了充足的发展空间，形成了巨大的人口红利、资源红利和制度红利。然而经过改革开放30多年的快速发展，原有的红利正在逐渐丧失，长期支撑中国经济发展的劳动力无限供给的基础条件正在消失，自然资源和生态环境也已经成为制约中国经济增长的重要约束，前期改革的制度红利也逐渐释放殆尽。但是十八大以后全面深化改革目标的提出，明确了深化经济改革和政治改革的重要性，将改革提高到了一个新的高度,也将再一次释放巨大的制度红利,为中国的经济发展注入新的发展动力。十八大以来的两年多时间里,我国陆续推出了推进政风、党风转变、政府职能转变、自贸区、财税体制改革、服务业和农业改革、吸收民间投资、丝绸之路经济带海关区域通关一体化改革等一系列措施,促进了我国经济、政治、社会等多领域的改革进程。南京在我国全面深化改革的推进过程中,也将提高政府效能和服务能力,降低企业负担,为企业创造更大的发展空间,并将因此获得巨大的制度红利和发展机遇。

(三)中国区域发展战略调整带来的机遇

中国的区域经济发展战略正在由"特区时代"走向"自贸区时代"。在旧常态下,我国的区域经济政策是以"经济特区"政策为主导的,其核心要义是通过为某个区域或城市提供特殊的政策,促进这个区域或城市的领先发展,以先进带动落后,从而实现整体进步。进入经济新常态时期后,中国的区域经济政策正在向"自贸区"政策转变,其核心要义是在某一区域内先期进行政策上的先行先试,获得可复制、可推广的发展经验,从而将其应用到全国范围内,以此推动全国的共同发展,这将推动区域经济一体化发展进程的加快。我国目前提出的"一带一路"的倡议,其目的也是降低区域间的行政壁垒,促进要素在更大区域内的自由流动,从而实现不同区域之间的共同发展。区域发展战略的调整为南京更好地获得外部的优质资源创造了条件,也将为南京的经济发展提供更为广阔的市场空间,从而为南京的经济发展带来较大的发展机遇。

(四)创新发展时期城市要素丰厚带来的机遇

经济新常态的进入,标志着中国的经济发展已经进入了新的阶段,在这一阶段,资本的边际产出不断下降,资本增长对经济增长的贡献率逐渐降低,继续依靠投资规模的扩大来促进劳动生产率的上升已不能化解要素价格上升产生的成本压力,而必须依靠创新要素的投入,才能抵消成本上升的压力,推动经济的进一步发展,也就是说,中国已经进入了创新发展的阶段。在这一时期,需要地区的发展建立在对创新资源和要素深度整合的基础上,通过加大创新力度,以创新促进经济的发展。南京属于创新资源和要素丰厚的城市,长期以来推进的创新驱动战略更是为南京城市的发展奠定了良好的创新基础,将为南京的发展提供强大的发展动力。

二 南京经济发展面临的挑战

（一）要素成本不断上升带来的挑战

受国内外原材料、劳动力、土地、资本等要素成本的不断上升，南京经济发展中的成本优势不断丧失，尤其是长三角地区等较发达地区，劳动力、土地的稀缺性尤为明显。从表2—3中可以看出，江苏省的职工工资上升迅速，从2000年的人均10299元增长到2015年的67200元，增长了5.5倍，年均增长约13.3%。南京的人均工资增长也同样迅速，从2000年的11897元增长到2015年的81075元，2015年人均工资是2000年的6.8倍，年均增长13.6%，尤其是2005年之前，年均增长达到16.6%。而与此同时，近年来资本的边际产出不断下降，全社会固定资产投资的资本产出比①逐年上升，已由2000年的0.38，上升到2013年的0.65，增长了近一倍，这说明资本的边际产出在逐年下降，要获得一个单位的产出，需要投入更多的资本，不过2014—2015年资本产出比出现了一定程度的下降，说明投资的效率在近两年有所提高（见表2—4）。不过总体来看，依靠大量的资本投入已难以抵消要素成本上升带来的成本压力，这给南京今后的经济发展造成巨大挑战。

表2—3　　　江苏省及南京市2000—2015年职工平均工资及增长指数情况

年份	江苏省职工工资		南京市职工工资	
	绝对值（元）	增长指数	绝对值（元）	增长指数
2000	10299	112.3	11897	115.6
2001	11842	115.0	14103	118.5
2002	13509	114.1	16220	115.0
2003	15712	116.3	18853	116.2
2004	18202	115.8	22180	117.6

---

① 资本产出比是一个经济系统为获得单位产出所需要投入的资本量，低的资本产出比意味着可以用相对少的资本在生产过程中获得相对多的产出。

续表

年份	江苏省职工工资 绝对值（元）	江苏省职工工资 增长指数	南京市职工工资 绝对值（元）	南京市职工工资 增长指数
2005	20957	115.1	25215	113.7
2006	23782	113.5	28439	112.8
2007	27374	115.1	31905	112.2
2008	31667	115.7	36092	113.1
2009	35890	113.3	40134	111.2
2010	40505	112.9	45444	113.2
2011	45987	113.5	54713	120.4
2012	51279	111.5	60404	110.4
2013	57985	113.1	66381	109.9
2014	61783	106.5	72818	109.7
2015	67200	108.8	81075	111.3

资料来源：根据《江苏统计年鉴》《南京统计年鉴》历年数据整理计算而得。

表2—4　　　　　南京市2000—2015年资本产出比变化情况

年份	全社会固定资产投资完成额（亿元）	地区生产总值（亿元）	资本产出比（%）
2000	412.2	1073.54	0.38
2001	464.91	1218.51	0.38
2002	602.95	1385.14	0.44
2003	954.05	1690.77	0.56
2004	1201.88	2067.18	0.58
2005	1402.72	2451.94	0.57
2006	1613.55	2822.8	0.57
2007	1867.96	3340.05	0.56
2008	2154.17	3814.62	0.56
2009	2668.03	4230.26	0.63
2010	3306.05	5012.64	0.66
2011	4010.03	6145.52	0.65

续表

年份	全社会固定资产投资完成额（亿元）	地区生产总值（亿元）	资本产出比（%）
2012	4683.45	7201.57	0.65
2013	5265.55	8080.21	0.65
2014	5460.03	8820.75	0.62
2015	5484.47	9720.77	0.56

资料来源：根据《南京统计年鉴》历年数据整理计算而得。

（二）城市创新优势不断丧失带来的挑战

相比较国内的同类城市，南京原本具有较为明显的创新优势，但是随着其他城市创新发展的陆续推进，南京原有的创新优势正在不断丧失，同时受到商务成本和生活成本上升的影响，高新技术企业和人才等创新资源逐渐流失。目前，南京具有国内外影响力的知名本土企业十分缺乏。在德勤公司发布的2016年《高科技高成长中国50强》名单涵盖了科技、传媒、电信行业（TMT）的众多企业，以企业过去三年的收入增长率的财务审计数据以及遍布世界各地的TMT行业5000多名合伙人、总监及高级经济的意见作为研究依据，是全球科技、传媒和电信行业较为权威的排名之一。从公布的数据上看，2016年中国前50强企业排名中，北京有10家、武汉10家、深圳8家、成都8家、上海5家、广州4家、青岛2家、杭州2家、大连1家（具体情况见表2—5），南京没有一家企业进入榜单。由此可以看出，南京目前城市的创新优势已经逐渐丧失，除了北京、上海、深圳等高新技术企业密集的城市之外，成都、大连、广州以及青岛的发展均十分迅速，省内的苏州市企业创新优势也在逐渐增强，这给南京今后的发展带来极大的挑战。

表2—5　2016年德勤高科技、高成长中国前50强企业分布情况

城市	上榜企业个数	占比（%）
北京	10	20
武汉	10	20
深圳	8	16

续表

城市	上榜企业个数	占比（%）
成都	8	16
上海	5	10
广州	4	8
青岛	2	4
杭州	2	4
大连	1	2

资料来源：德勤公司。

（三）环境约束不断增强带来的挑战

作为中国的重化工业城市，经济的发展也造成了生态环境的恶化，尽管近几年南京加大了生态环境的整治力度，生态环境也明显好转，但是环境改善的压力仍然较大。2016年南京PM2.5年均浓度为48微克/立方米，明显高于广州、深圳等同类城市，与上海相比也略有差距。《2016中国环境状况公报》的数据显示，在全国74城市（包括京津冀、长三角、珠三角等重点区域地级城市及直辖市、省会城市和计划单列市）环境空气质量综合指数的排名中，南京仅位居第48位，远远低于厦门、深圳、宁波、广州等同类城市，在省内仅高于常州、无锡和徐州，位居倒数第4位。受环境约束不断增强的影响，南京的产业结构亟须进行根本性的调整，但是，由于新兴产业规模较小，且市场需求较少、核心技术尚未成熟，难以替代传统支柱产业。而服务业由于自身产业的特点，也难以在财政收入上替代传统支柱产业的地位。以上情况的存在，给南京经济的持续稳定发展造成了挑战。（见表2—6）

表2—6　　　2000—2015年南京工业污染排放部分指标情况

指标	2000年	2005年	2010年	2013年	2014年	2015年
废气排放量（亿标立方米）	2155	3754	5738.23	7930.21	8172.39	8782.13
二氧化硫排放量（万吨）	13.23	14.91	11.55	11.24	10.39	10.15
烟尘排放量（万吨）	5.15	4.76	3.38	6.53	9.62（含粉尘）	8.41

资料来源：《南京统计年鉴》（2016）。

三　南京现阶段经济发展的定位

（一）从增长速度上看，南京已进入稳定增长阶段

从近些年南京 GDP 的增长速度上看，南京的经济增长在经历了 2003—2007 年的高速增长阶段后，已经出现明显的回落迹象，从 2010 年至今，南京的 GDP 增长已经连续四年下降，即使出现反弹，也不可能达到 2003—2007 年高速增长时期的水平。这说明南京的经济增长已经进入稳定增长的阶段，这与全国的经济增长趋势也是一致的。但是在与同类城市的比较中，南京的经济增长仍维持在较高的水平上。2016 年南京经济增长速度 8.0%，在全国 15 个副省级城市中位居前列。（见图 2—3、表 2—7）

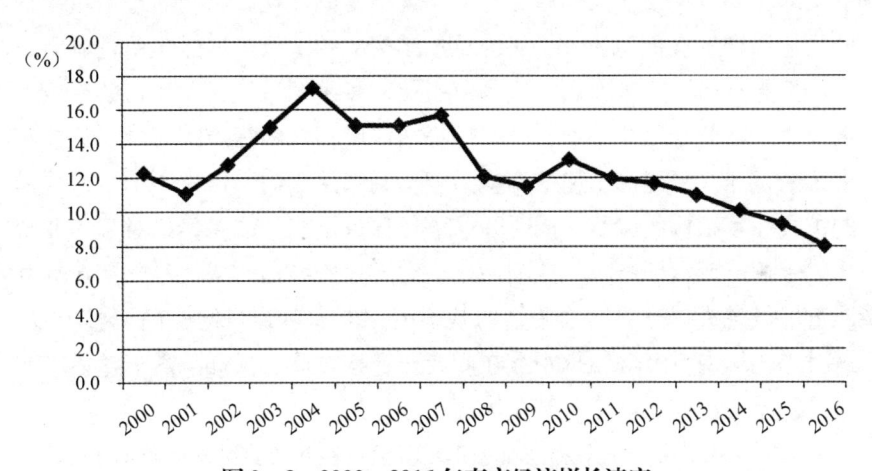

图 2—3　2000—2016 年南京经济增长速度

表 2—7　　　　　　全国副省级城市 2016 年经济增长速度

城市	GDP 增速（%）	城市	GDP 增速（%）
南京	8.0	厦门	7.9
沈阳	-6.74	济南	7.8
大连	6.5	青岛	7.9
长春	7.8	武汉	7.8
哈尔滨	7.3	西安	8.5

续表

城市	GDP 增速（%）	城市	GDP 增速（%）
杭州	9.5	广州	8.2
宁波	7.1	深圳	9.0
成都	7.7		

资料来源：根据各城市统计公报数据整理而得。

（二）从结构调整上看，南京正处于调整存量与做优增量并存的深度调整期

促进经济结构协调发展是当前南京经济工作的重点，但是在传统的发展方式作用下，南京的经济结构调整更多地集中在对增量的结构调整上，即在注重增量扩大的基础上，实现结构的优化，以期通过增量结构的优化和增量规模的扩大，实现总量结构上的平衡。这样的结构调整方式虽然起到了一定的作用，但是由于长期以来存量结构上存在的矛盾尚未解决，因此难以从根本上破解经济结构中存在的深层次问题。近些年来，南京加大了经济结构的调整力度，调整的方向不仅集中于增量规模的扩大和其结构的调整，同时开始进行存量结构的改善，如对于工业中重化工业以及污染严重工业的搬迁、对于投资结构的调整等，即在继续注重增量规模提升与结构调整的基础上，加大对存量结构的调整力度，这对于化解南京经济结构中存在的产业结构矛盾、投资与需求矛盾、产能过剩矛盾等问题都将起到积极的促进作用。

（三）从发展阶段上看，南京正处于投资和创新共同驱动的发展阶段

在不同的经济发展阶段，促进经济发展的动力是不同的，这是由不同发展阶段的主导产业及其核心技术所决定的。新中国成立以后，南京的经济发展阶段经历了由劳动力要素驱动为主向资本要素驱动为主的转变，相应的，南京的产业结构也经历了以劳动密集型产业为主向资本密集型产业为主的演进过程。当前，南京经济正处于投资和创新共同驱动的发展阶段。固定资产投资在南京经济总量中的比重一直维持在50%以上，2013年达到了65.7%，投资仍是推动南京经济增长的主要驱动力。但是投资占GDP的比重开始出现下降的态势，尽管与国内外先进水平相比仍然较高，但投资弹性系数（当年投资增长速度与当年GDP

增长速度之比)已由 2003 年高位时的 3.882,逐渐下降到 2015 年的 0.048(具体情况见表 2—8)。与此同时,创新在经济增长中的作用也在不断凸显,创新能力强、科技含量高的软件和服务外包等科技服务业快速成长,一批掌握核心技术、拥有自主品牌的高新技术产业和高端制造业发展迅速,投资与创新共同驱动的发展模式已逐渐形成。

表 2—8　　　　　　　　南京固定资产投资情况表

年份	全社会固定资产投资额(亿元)	地区生产总值(亿元)	全社会固定资产投资占 GDP 的比重(%)	投资弹性系数
2000	412.20	1073.54	38.4	0.854
2001	464.91	1218.51	38.2	1.152
2002	602.95	1385.14	43.5	2.320
2003	954.05	1690.77	56.4	3.882
2004	1201.88	2067.18	58.1	1.502
2005	1402.72	2451.94	57.2	1.107
2006	1613.55	2822.80	57.2	0.995
2007	1867.96	3340.05	55.9	1.004
2008	2154.17	3814.62	56.5	1.266
2009	2668.03	4230.26	63.1	2.074
2010	3306.05	5012.64	66.0	1.825
2011	4010.03	6145.52	65.3	1.774
2012	4683.45	7201.57	65.0	1.435
2013	5265.55	8011.78	65.7	1.130
2014	5460.03	8820.75	61.9	0.365
2015	5484.47	9720.77	56.4	0.048

资料来源:根据《南京统计年鉴》相关年份数据整理计算而得。

(四)从开放发展上,南京正处于新型开放型经济体系的构建期

传统开放型经济的特征是,注重对外开放,在方式上以出口和外资的引进来为主,在结构上以货物贸易为主,主要依靠自身的比较优势和较为廉价的要素成本,吸引外商的投资和出口规模的扩大,但是大多处于产业价值链的低端环节。南京在扩大开放的初期也以这种方式为主。

但是随着南京经济发展水平的提升，开放型经济发展的结构和质量都有了较大程度的提高，主要表现在：服务贸易增长迅速，呈现出服务贸易与货物贸易同步发展的格局，2013年南京市服务贸易总额为132.33亿美元，同比增长36.2%，超过全市服务贸易年均25%的增幅，服务贸易总额占全市对外贸易总额比重达到18.2%；服务外包实现跨越式发展，推动服务外包业务重点由信息技术外包（ITO）向业务流程外包（BPO）和知识流程外包（KPO）转移；走出去步伐逐渐加快，2013年，南京市新设跨国公司研发机构12个；新设跨国公司地区总部及功能性机构14个。同时综合保税区等高层次开放载体建设已取得一定成效。南京正在逐渐构建起引进来与走出去并重、货物贸易与服务贸易同步发展、从被动参与国际资源配置向主动进行国际资源配置的方式转变的新型开放型经济体系。（见表2—9、2—10）

表2—9　　　　　　2013年南京服务贸易发展情况表

类别	总额（亿美元）	同比增长（%）	占全省比重（%）
南京服务贸易	132.33	36.2	18.6
服务贸易出口	58.48	40.2	17.4
服务贸易进口	73.85	33.1	19.7

资料来源：南京市商务局。

表2—10　　　　服务贸易在全市对外经济发展中所占比重

类别	比重（%）	高于全省百分点（%）
服务贸易总额占全市对外贸易总额比重	18.2	4.9
服务出口占全市对外贸易出口总值	15.1	4.8
服务进口占全市对外贸易进口总值	21.6	3.8

资料来源：南京市商务局。

四　南京目前经济发展中存在的主要问题

（一）经济结构问题依然严峻

总体来看，南京的经济结构问题主要表现在以下几方面：第一，消费需求占比较低。长期以来，南京的经济增长主要依靠投资的增加。投资在地区经济总量中的比重一直居高不下,相比较而言,居民消费支出在 GDP 中的比重则相对较低,对南京经济增长的贡献度也长期偏低,在很大程度上造成南京经济增长后劲不足。第二,部分产业的发展高度依赖外需。长期依靠外需和外资驱动的发展模式,使南京的部分产业高度依赖外部市场,一旦全球经济受到影响出现市场不景气等现象,就会引起南京经济增长的较大波动。第三,高端产能不足。虽然南京具有较为雄厚的研发资源,但是在部分高端生产环节还存在较为严重的产能不足问题,一些核心技术、关键设备和零部件仍需依赖进口。第四,自然财富的大量消耗。由于过去粗放型的经济增长模式,造成了自然财富的大量浪费,近年来,南京经济增长的集约化程度虽有较大幅度的提升,但是粗放型的经济增长模式仍未得到根本性的转变,环境恶化已经成为制约南京城市发展的重要瓶颈。

(二) 小微企业发展仍面临较大困境

民营经济,尤其是小微企业的发展,是市场活力的重要表现。南京近些年出台了一系列文件以促进小微企业的发展,从营造发展环境、加大资金扶持力度、创业基地建设,到征信系统的建设、国际市场的开拓等,都提出了较为具体的规定。在一定程度上促进了小微企业的发展,提高了小微企业对南京经济增长的贡献作用。但是,小微企业发展仍然存在较多的困境和问题,主要表现在:一是融资难,据南京城调队的统计,25.2% 的小微企业存在资金缺口,表示资金宽裕的企业仅占被调查企业的 0.97%。二是人才相对缺乏。相关调查资料显示,技术人才是小微企业最为缺乏的。三是不公平竞争现象仍较重,很多小微企业在与大中型企业竞争时,由于规模较小,难以获得政策上的支持,加上很多大中型企业长期形成的行政性垄断地位,使广大小微企业的发展空间严重受限,大大制约了小微企业的成长。

链接:为贯彻落实国家和省政府关于支持中小微企业发展的相关政策措施,南京市政府结合本地实际,于 2013 年 11 月出台了《关于进一步支持中小微企业发展的意见》。《意见》涉及加强企业服务、财政支持、融资服务、税收减免、平台建设等方面,旨在进一步优化中小微企业的发展环境,切实减轻中小微企业运行负担,全力助推中小微

> 企业的健康发展。《意见》提出要建立市促进中小微企业发展工作联席会议制度，加大对中小微企业发展的资金扶持力度，构建重点小微企业信息征集和信用服务机制，建立小微企业金融创新实验区，推动在宁银行加快设置小微企业信贷专营机构，有针对性地免征一些小微企业的增值税和营业税，鼓励中小微企业参加各类展会，鼓励社会各类投资主体参与小企业创业基地建设，加快中小微企业集聚发展，以及加快构建中小微企业服务体系等内容。

（三）开放程度和质量仍有待提高

近些年，南京的开放型经济发展虽然已经取得了较大的成绩，但是与国内先进城市相比，还存在一定发展差距。如在服务贸易的发展方面，2013年广州全年服务贸易进出口596.2亿美元，占全国的1/12，同比增长48.4%，与货物贸易之比为1∶2；上海服务贸易进出口总额1725.4亿美元，占对外贸易进口总值的28.1%。而南京服务贸易总额占全市对外贸易总额比重为18.6%，与上海和广州相比，南京的服务贸易在开放型经济中的比重还相对较低。在出口结构上，南京2015年高新技术产品的出口额为79.09亿美元，较上一年增长了0.9%，占全市出口总值的25.1%，所占比重还相对较低，出口产品结构仍有待进一步优化。

（四）政府刺激经济的方式仍有待改变

适应新常态不仅要适应新常态时期经济增长速度下滑的态势，更重要的是要适应新常态时期经济发展方式、管理模式等的转变。近些年南京出台了一系列改革举措，对南京的经济社会发展起到了极大的推动作用。但是从推出的政策措施看，政府刺激经济的方式仍大多延续了传统的工作模式，仍是依靠政府的强力推动刺激经济的发展，政府对经济的干预依然较多。在产业政策的引导上，依然是依靠政策上的倾斜，推动主导产业或新兴产业的发展。这样的产业政策极易造成资源向某几个产业的集中，由此发展起来的产业不仅难以形成强大的市场竞争力，更容易导致企业间的不公平竞争和产能的过剩。

第三节 新常态下南京经济发展的思路与对策

一 明确南京未来经济发展的使命与思路

2014年12月13日至14日,习近平总书记在对江苏进行视察时指出,要全力推动经济发展迈上新台阶,并进一步提出了转方式、调结构、创新驱动以及改革开放的具体要求。按照习总书记对江苏五个上新台阶的发展要求以及当前的国内外经济发展背景,南京的经济发展具有五大使命:

第一,结构优化升级的使命。要推动南京产业结构向产业链中高端的延伸,大力发展先进制造业、战略性新兴产业、现代服务业、现代农业,着力构建现代产业体系。第二,创新发展的使命。南京要全面推进创新驱动提档升级,将南京丰富的创新资源转化为生产力,同时形成良好的创新机制。第三,和谐发展的使命。习总书记要求江苏大力推进生态文明建设,这也是南京应着力解决的问题。为此,需要南京继续深入实施节能减排以及环境综合治理工作,促进经济发展与生态文明之间的和谐发展。第四,全面深化改革的使命。全面深化改革是当前中国经济发展的动力之源,也是南京经济实现稳步持续发展的根本保障,全面深化改革将为南京创造更加宽广的发展空间。第五,对接国家重大发展战略的使命。南京需要积极融入国家多重发展战略,进一步提高南京在全国城市体系中的地位,也为南京的经济发展提供更多的机遇。

针对南京的经济发展现状,存在的机遇和挑战,今后的发展应遵循以下的思路:以创新发展为引领,以改革发展为动力,释放制度红利,全面激发市场活力;充分利用"一带一路"倡议带来的发展机遇,构筑南京经济发展的区域根基;提升产业的科技特质与文化特质,推动南京在全球产业价值链地位的跃升;促进内外开放的同步发展,构建新型开放型经济的发展大格局;推动经济发展方式的转变,提高经济的可持续发展能力。以此促进南京经济在广度、深度、精度、高度"四度"上的全面提升。

二 新常态下南京经济发展的主要对策和建议

（一）主动对接自贸区建设，构建新型开放型经济体系

自贸区的发展和"一带一路"发展战略的提出，拉开了中国大开放的格局，促进了中国对内对外开放的同步发展。南京要积极对接自贸区和"一带一路"的国家发展战略，构建起开放型经济发展的新体系，形成新常态下开放型经济发展的新优势。对此，要加快推进自贸区制度在南京的先行先试，可重点从以下几方面入手：

第一，要积极探索改革事项在南京的有效落实。南京要深入研究和分析上海自贸区政策的后续影响，充分认识到自贸区在地区经济发展中的重要作用，全面建立应对上海自贸区的对接方案。要尽快制定上海自贸区推广政策的落实举措，促进投资管理领域、贸易便利化领域、金融领域、服务业开放领域和事中事后监管措施等领域28项改革事项在全市范围内的落实，并通过这些领域的改革，倒逼其他领域的改革进程，以此促进全市经济领域改革的深入推进。要重点研究和探索负面清单管理制度，将负面清单的管理原则贯穿于促进外商投资和本国企业的发展中，在外商投资项目的引进来、国内企业走出去、民营和混合所有制企业的发展，以及园区的发展中，都应当坚持负面清单的原因，采取非禁即入的方式，简化审批手续，放开投资领域，促进南京开放型经济的规模总量跃上新的台阶。

第二，要主动承接上海高端服务业的配套服务。主动承接上海高端服务业的配套服务，是利用好上海自贸区溢出效应的重要举措。如在金融领域，南京更有条件打造金融后台服务基地，前期可以承接数据单据处理、呼叫中心等中低端业务，中远期主要吸引电子银行、产品创新研发等中高端业务，建设金融中心的后援系统。建设具有全球影响力的先进制造业基地，坚定制造业"低碳""绿色"转型，大力发展以战略性新兴产业为主体的先进制造业，重点在新一代信息技术、生物、节能环保、高端装备制造、新能源、新能源汽车共六大类11个方面战略性新兴产业中实现突破发展。同时做好企业引导工作，引导南京的企业认识和了解新的国际投资与贸易规则，尽早树立竞争意识和危机意识。

第三，要坚持南京开放型经济的特色化发展。作为紧邻上海的区域性中心城市，上海自贸区的建设不仅会给南京带来政策创新的引导效应，以及开放型经济发展资源的溢出效应，同时也会带来一定的不利影响，造成南京企业总部的迁移等，为此，南京要借助自身的独特优势，重点解决自身存在的主要问题，走特色化发展的道路，在个别领域或对个别区域的开放中形成自身的独特优势，与上海自贸区进行错位发展，避免造成开放型资源向上海的大量迁移。根据南京城市的发展特点以及长期形成的开放型经济优势，可重点发展在科技创新及其高科技领域的对外开放，同时加快发展与中国台湾、新加坡等国家和地区的开放型经济，构建起宁台、宁新之间的新型经济合作体系。

（二）加快区域经济的一体化进程，实现资源整合能力的新跃升

第一，要促进南京区域发展战略由"特区战略"向"自贸区战略"的转变。旧常态下的"特区战略"的核心要义是通过为某个区域或城市提供特殊的政策，促进其领先发展，以先进带动落后，从而实现整体进步，区域之间的发展级差是推动中国经济进步的重要因素。"自贸区战略"强调地区间的更大程度的开放，需要区域之间消除地区壁垒，减少歧视性政策，形成统一开放的市场体系，实现更大范围的公平竞争。南京要从都市圈统一市场的培育和建设入手，实现都市圈内部的经济开放、管理对接与互利合作，提高资源的流动程度，提升要素结构和层次。

第二，积极对接"一带一路"倡议。南京要发挥好"一带一路"两大交会点的重要作用，进一步提升自己门户城市的战略地位，有效推动国际资源和国内资源的对接和转移。南京要不断做大自身经济体量，成为国内外人才、资金等要素资源的集聚地，利用南京都市圈载体，放大南京的传导效应。要积极打造国内产业链，同时将国内产业链与国际产业链形成有效对接，以此实现对国际国内生产要素的有效统筹，在更大范围内进行资源的配置，促进南京经济跃上新的台阶。

第三，通过南京都市圈一体化建设打造城市发展新平台。南京都市圈是南京汲取和释放"能量"的平台和载体。南京要加快构筑都市圈内部的交通网，以规划衔接、项目建设时序和进度协同为重点，加强南京都市圈内的交通重点项目建设，推进都市圈交通设施的合作建设。构筑以南京为核心的区域性市场优势区，使之成为接轨上海、参与国际分

工与竞争的重要节点。形成以南京产权交易中心为枢纽、覆盖南京都市圈的一体化产权交易网络；依托南京作为央行区域分行所在地的优势，全方位推进都市圈金融服务体系发展；大力发展南京都市圈技术市场；共同培育、建设并开放面向本区域和全国的大型商品和物资市场等。加强南京与都市圈内城市的优势互补，建设都市圈内的大区域产业集群，南京作为中心城市要利用好自身在科技研发方面的明显优势，积极推动自身产业向高端化发展，加快对产业核心环节、关键技术的掌握，同时大力发展总装集成等终端环节，努力树立其在产业链中的龙头地位。建立社会资源共享机制，使都市圈内部的城市都能享有较高层次的社会服务。

第四，通过长三角经济区一体化建设形成更大空间的推动力。长三角时代向泛长三角时代的拓展，扩大了南京汲取和释放"能量"的经济腹地和区域合作的空间，成为南京区域战略支点目标实现的重要推动力。南京可以通过与合肥、南昌的城市合作，进一步优化南京的产业结构，集聚优质发展资源，形成优势互补、良性互动的发展格局，推动南京的发展跃上新的台阶。应重点加强宁合昌经济区地区产业发展的协调工作，促进产业整合，明确自身的比较优势，形成合理分工与互补的产业体系。大力培育和发展完善的区域市场体系，保证区域内人流、物流、资金流和信息流的畅通。加强交通基础设施的对接，建设布局合理的现代化集疏运体系。以循环经济、低碳经济为原则，加强区域内的生态环境保护。

（三）进一步转变发展方式，让"青奥蓝"成为南京环境常态

实现经济发展方式上的转变，是一个综合系统的工程，需要从多方面入手：

第一，优化产业空间布局，提高土地集约化利用程度。遵循产业梯度发展的规律，加快重点产业板块、产业集聚地的发展，优化产业空间布局。根据产业、土地资源和生产要素向园区集中的原则，推进工业用地的规模化和集约化使用。按照区域总体规划和土地利用总体规划，制定产业集约用地的导向政策，完善产业准入标准，建立项目评估办法和标准，提高投资率、产出率和容积率，提高土地利用效率。市里应对现有园区进行整合发展，改变南京园区分散、园区规模较小的现状。在建

立工业集中区的基础上，对生产性服务业也应进行合理的布局规划，一方面提高生产性服务业的集聚性，另一方面通过合理布局促进生产性服务业与制造业之间的互动发展。各开发区、工业园需建立科学的项目准入门槛，为企业做大做强留下发展空间。建立科学合理的土地集约利用评估考核体系，提高土地配置效率。鼓励支持建设产业优势明显的特色产业集聚地，突出自身产业发展的特点，并严格按照规划的产业定位进行招商，避免相互之间的恶性竞争以及由此造成的资源浪费。引导和鼓励现有园区整体升级，逐渐淘汰能耗高、污染严重的企业，完善园区的相关配套设施，鼓励和加快现代服务业进入现有园区，完善园区功能，提高园区的综合竞争力。

第二，强化生态环境的综合治理与防控。围绕工业废气、汽车尾气、工地扬尘三大主要污染源头，制定生态环境的防治措施，深化并完善大气、水、固体废物和土壤等重点领域围绕综合防控体系，严格落实大气治理"10条72策""后青奥22条举措"等，进一步创新在节能减排、排污费征收、污染奖惩等方面的制度创新和法制建设，强化PM2.5的倒逼机制，通过政策约束促进南京生态环境的持续改善。加强执行和监督力度，建立健全工作责任制，强化市区节能执法联动。要通过严格监管，强化企业的主体责任，将生态环境的综合治理与防控纳入到政府官员的政绩考核体系之中。

第三，加快产业结构的优化与调整。大力发展新能源及其设备制造产业，积极发展新能源、新材料、环保、文化、创意等绿色节能环保产业，发展清洁能源、清洁生产和循环经济。进一步整合和优化南京的制造业结构，加快淘汰高能耗、高污染的落后生产能力，促进高碳生产环节的转移，重点发展低碳生产环节，提高技术创新、系统集成等生产在全市制造业中的比重，形成资源再生、循环使用的生产方式和经济模式。发展绿色食品生产和加工业，提高绿色农业的比重。通过产业结构的升级，推动南京的生态环境建设。同时，要加快建立环保产业服务体系，规范和培育环保产业市场，运用引入"合同能源管理（EPC）"机制发展节能服务产业，重点开展环境工程总承包服务，包括融资、设计、设备成套、安装、调试和运行服务，大力发展环境污染治理服务和专业化环保设施运营服务，发展环保技术、管理和信息服务以及环境影响评价、环境监测、环境投资及风险评估等咨询服务。

第四，加快科技创新步伐，继续加大对生态环境的科技投入力度，通过科技创新降低对资源的消耗，重点推进工业废气、汽车尾气排放等制约南京环境改善瓶颈问题的科技创新。要组织对共性、关键和前沿节能技术、产品的科研开发，促进节能技术、产品产业化。建立节能新技术、产品的引进吸收机制，建立以企业为主体的节能技术、产品自主创新体系，加快科技成果的转化。组织先进、成熟的节能新技术、新产品、新工艺、新设备和新材料的推广应用。以科技创新促进南京经济发展方式的转变，推动南京美丽中国标志性城市建设进程的加快。

第五，加强与周边城市环境整治的区域性合作。为了加强对区域生态环境的保护，近些年来长三角地区已经逐渐建立起了环境保护重点领域的合作平台，在区域环境管理政策的制定和实施、水环境综合治理、大气污染控制、环境监测和联合执法等方面进行了共同探索与合作，取得了一定的成效。[①] 但总体来看，长三角地区各城市在生态环境的保护与治理过程中还处于一种松散型、各自为主、缺乏约束的状况。南京作为江苏省的省会城市，理应在区域环境整治的合作中发挥核心和领先作用。南京可以利用南京都市圈这一区域性载体，在内部率先开展生态环境保护的合作协商机制，制定统一的生态环境整治标准和规划，对于生活垃圾、工业污染物排放、垃圾无害化处理、节能环保服务体系的建设等方面进行明确规定，对于违反规定的城市和企业可以探索建立对受危害地区的生态环境补偿制度，同时建立联合的执法机制，保障政策的落实和执行。加强都市圈内部各城市的产业规划对接，加快都市圈整体的产业结构调整。建立科学的区域生态环境风险管理体系，就预防洪水、灾害性气候、重大环境污染事件等制定预防和应急的具体措施。通过多方面的共同努力，促进区域生态环境的改善。

（四）推进经济"去行政化"，提高稳步发展动力

经济去行政化是维持市场公平有序竞争，解决目前南京经济中存在的结构失衡、产能过剩、小微企业发展环境不良等诸多问题的核心。

第一，要进一步规范政府职能、作用和权力范围，从根本上改变政

---

① 郁鸿胜：《建立长江三角洲生态环境合作机制》，《求是》2011年第5期。

府介入经济发展的方式。要明确界定政府与市场之间的关系，将政府的行为引导到竞争环境的营造、市场的监管、公共产品的提供等方面。改变政府对经济工作的指标化引导方式，减少或取消对于某类产业、某些领域的政府助推力度，为不同企业、不同行业、不同领域和环节的发展营造公平的市场环境，让市场决定资源配置的方式和方向，将政府工作的重点集中在市场公平竞争和均等机会的环境营造上，而不是实施政策性差别化发展待遇上。

第二，要推进国有企业改革，减少国有企业的行政性垄断。南京国有企业较多，体量较大，长期以来，在政府行政政策的保护和扶持下，国有企业虽然贡献了较多的财政资金，但效率低下、管理落后、技术先进程度不高等问题已较为严重。为此，必须打破行政垄断，改革自然垄断，对于石化、电力、电信、金融、文化传媒、医疗、教育、政府公共事业等垄断较为严重的领域，降低准入门槛和政府管制，为民间资本的进入创造机会。深入推进混合所有制的发展，针对不同企业改革进程中出现的问题，采取差别化的政策措施。充分发挥资本市场在国有企业改革中的作用，同时为民间资本参与国企改革创造条件。

第三，加快经济领域的法制化建设。围绕南京经济发展的重点任务、重点领域和行业，制定和完善相关法律法规。依靠法律界定政府的权力范围，规范监管方式和方法。严格执法执政，为南京的经济发展创造良好的法制环境。针对南京经济发展的实际情况，可以重点从以下几方面加大经济领域的法制化建设。一是围绕"提高经济创新发展能力"加强法制建设。随着与国外先进技术之间差距的不断缩小，通过引进技术促进经济发展的空间越来越小，中国在技术创新上更多地要走自主创新的道路。对于南京这样一个研发实力较强的城市而言，尤其如此。为此，南京要加强促进技术创新方面的法制工作，重点要在严格执法上加大力度，做到有法可依、有法必依、执法必严，切实保障广大科研工作者的权益。二是要围绕"提高经济协调增长能力"加强法制建设。目前南京正在大力发展战略性新兴产业，这些产业目前存在着市场空间小、技术不确定等发展困境，迫切需要通过法制来促进这些产业的发展。美国、德国、日本、英国等发达国家为了促进战略性新兴产业的发展，都曾经出台过相关的法律政策，如美国的《复兴与再投资法》《美国电力法案》《美国清洁能源法案》，日本的《关于促进新能源利用等特别措施法》，德国的《可再生能源法》等，通过明确产业的政府扶持金额、扶持领域、技术标准、产业应用措施等，促进了战略性新兴产业的发展，南京也应借鉴其做法，加快制定相关法律文件。三是要围绕"提高市场资源配置能力"加强法制建设。建议从以下两方面加强立法，促进市场化发展。一方面要对政府的权力进行明确的界定，规范政府的权力和义务。南京应对政府的财政、税收、利率、价格等手段的使用等进行规定，同时对政府干预市场行为过程中的审批、监督、管理等行为进行约束，防止越权干预。对决策失误等现象也应通过法律的形式加以约束。另一方面要促进市场的有效竞争，减少政府对市场行为的干预，在消除市场垄断、减少价格违法、提高产品安全等方面加强执法力度，完善相关法律文件，营造良好的市场环境。四是要围绕"提高经济可持续发展能力"加强法制建设。南京应从资源利用、环境保护、节能减排等方面加强法制建设，通过严格的法律约束以及强有力的执法监督，减少经济发展对资源的消耗和对生态环境的破坏，促进南京现代化国际性人文绿都目标的实现。

（五）提升产业科技与文化特质，促进南京产业高端攀升

成本优势、科技水平和文化内涵，是影响产业竞争力的三个最主要因素。随着南京经济发展水平的不断提高，土地、劳动力、原材料等成本优势逐渐丧失，因此，提升南京产业的科技特质和文化特质，是进一步提高南京产业竞争力，促进南京产业向产业链高端缓解攀升的重要举措，有助于提高南京经济的"精度"和"深度"。

第一，进一步加强南京官产学研的联合，发挥企业在技术创新中的主导地位，组建以企业、高校、科研院所为主体的产业技术联盟，围绕企业的技术需求，开展定制化的技术攻关，提高企业在产业环节上的技术先进性。政府要避免人为地进行技术创新的产业环节选择，让市场成为技术选择的主体。

第二，促进大中小企业之间的技术合作。小企业具有较强的技术创新力，是产业中技术创新最为活跃的主体，南京要推进本地大中型企业与小企业之间的产业合作，形成密切的上下游或集成化合作关系，提高企业间的科技合作程度。

第三,加快推动商业模式的创新。商业模式作为科技成果的价值转换和能力释放装置,在推动产业升级中的作用越来越受到重视。在"互联网+"时代,随着信息技术在更大范围和更大程度上的渗透,为商业模式的创新创造了更加广阔的空间和技术上的便利性。商业模式的创新不仅可以创造更大的市场空间,而且由于商业模式所具有的新颖性、不易模仿性和独特性等特征,更便于打造南京独特的创新品牌和产业特征,提升产业的整体竞争力。为此,南京要为商业模式的创新营造宽松的市场环境,放松对商业模式的市场监管。同时注重对创新能力的培育,促进企业全流程创新体系的建设,尤其要注重对客户需求的深入挖掘,为商业模式的创新提供条件。此外,要注重培养具有商业模式策划能力方面的人才,营造宽松的创新环境,为商业模式的创新打造良好的市场氛围。

第四,要促进和提升各类产业的文化特质。产业的文化特质不是仅存在于文化产业之中,各个产业都具有自身的文化特质,这也是国际先进城市的产业难以模仿和替代的原因,因为技术是可以模仿的,而文化则难以照搬。[①] 南京具有深厚的文化内涵,但是在产业的发展过程中除了文化产业外则较少关注南京文化特质对产业的影响。对此,需要加强南京各个产业中的文化创意元素,同时将南京文化的精髓融入产业的设计、生产和研发之中,让文化蕴涵成为南京产业发展的根基。

(六) 激发内在创新能力,打造南京"众创空间"

创新是城市不竭的发展之源。新常态时期的到来更需要南京激发自身的创新活力,以创新推动南京经济的进一步发展。

第一,要加强自身创新能力的提高。充分发挥南京科教资源丰厚的优势。建立以市场机制为核心的产学研合作机制,积极鼓励以企业为龙头,高校和科研院所共同参与的产学研合作,促进高校、科研院所的创新活动与企业需求相结合,推动科技成果的产业化步伐。加强社会化、网络化科技中介服务体系的建设,为自主创新和科技成果的转化提供专业化的服务,促进企业之间、企业与高校及科研院所之间的信息传递、知识流动和技术转移。以市场的潜在需求为出发点,增加研发投入,优

---

① 金碚:《论中国产业发展的区域态势》,《区域经济评论》2014年第4期。

化组合产业内的资本、技术和人才等各种要素，统筹内部研究、开发、制造及营销等各个环节，加快技术知识的学习、消化、吸收和积累，增强资源组合能力和技术开发能力，以最小的成本、最短的时间实现产品或过程创新。

第二，要加强制度创新的力度。南京要改变过去政府主导型的创新制度安排，充分发挥市场机制在科技创新中的激励作用，在鼓励创新、促进创新成果产业化、创新的金融扶持以及国际科技合作等多方面进行制度创新上的先行先试，大胆探索符合市场发展规律的新方法、新思路，通过改革过去不规范的产权制度和企业管理制度，建立适应市场要求的委托代理关系，形成有利于创新的组织形态和激励约束机制，提高组织与管理能力。同时注重配套措施的制定和完善，加强政策的执行力度。

第三，加快培育本土高科技企业的发展。南京是一座有着丰富科教研发资源优势的城市，但是这些优质资源并没有转化为南京的现实生产力。近期南京陆续推出了一系列推动创新创业的政策，鼓励高校、科研院所的人才通过创新创业实现自身的价值，这对发展本土高科技企业均有重要意义。南京要充分利用科技创业特区建设的契机，围绕高校建立高科技创业园，鼓励南京的高校师生到园区创业。但要注意在这一过程中，应加强政府的服务意识和政策的执行力度，充分发挥现有政策的效力，推动南京创新创业实现较大突破。

第四，要构建起面向人人的"众创空间"，激发社会大众的创新热情。南京要积极构建面向人人的"众创空间"等创业服务平台，实现创新与创业、线上与线下、孵化与投资之间的相互结合。为小微创新企业成长和个人创业提供低成本、便利化、全要素的开放式综合服务平台。政府要为"众创空间"的发展提供更加便利的服务，在审批、登记等方面提供更加便捷的手续，为人人创新提供公共设施和场所，并从资金和财政上给予适当的扶持。同时要在全社会营造崇尚创新、激励创新、宽容失败的社会意识和环境氛围，倡导敢于冒险、敢于创新、追求成功、崇尚竞争、包容开放的创新文化，使全社会充分认识到创新的重大意义，勇于探索、乐于创新，为建设创新型城市提供内在的推动力。

第三章

南京建设特大城市的产业转型与优化

近些年南京市始终坚持以提高经济发展质量和效益为中心,已经初步形成了现代化的产业体系。推动南京特大城市的发展,需要构建起符合特大城市定位的产业体系。对标国际、国内特大城市的产业发展,南京的产业体系还是存在一定差距的。本章深入分析国际国内特大城市产业发展的主要特征和演进规律,剖析南京产业发展与特大城市目标之间存在的差距,根据南京的产业发展现状,对未来的产业体系进行定位和路径设计,并提出具体的发展对策。

第一节 特大城市产业发展的规律和特征

一 国际特大城市的产业发展规律和特征

(一) 特大城市发展与先进制造业发展相互依赖

国际特大城市的形成过程和演变过程也是其工业结构不断调整和升级的过程。纽约、东京和伦敦等国际大都市制造业发展历程表明,制造业虽然经历了下降衰退的过程,但制造业始终是世界城市和国际大都市发展的重要经济基础。同时国际化大都市也始终是先进制造业集聚和发展的中心,城市发展与先进制造业发展相互依赖、密不可分,作为一个综合性的国际大都市,不应该也不可能成为一个纯消费性城市,其制造业,尤其是先进制造业仍是不可或缺的。先进制造业产业规模不断增长，产业质量不断提升，以技术密集型为主要特征。

(二) 特大城市服务业在全球分工体系中的地位不断凸显

虽然国际特大城市的制造业仍具有旺盛的生命力，但是总体来看，其产业发展越来越呈现出现代服务业为主导的特征，不仅经济活动发生了以制造为中心向以服务为中心的转变，现代服务业成为主导产业，而且生产性服务业的地位日益重要，金融服务、信息服务、研发及科技服务业等正迅速成为国际特大城市服务业的支柱产业，纽约、东京、伦敦的生产性服务业产值比重已占到第三产业的 60%—70%，世界城市已进入生产性服务业为主导的产业发展第五阶段。① 同时，制造业部门的服务化趋势也非常明显，从制造业与服务业的发展来看，二者正在加速融合，企业生产趋于无边界时代。突出表现在生产性服务业的快速发展上，技术、经济与文化相互融合的创意产业在全世界范围内迅猛发展。这使得服务业在国际分工体系中的地位越来越举足轻重。价值链各环节的有效连接依赖于交易效率的提升，而这又依赖于服务业效率的提升，运输、物流、售后服务、金融业等服务业的发展将为全球产业价值链各环节的"无缝对接"提供条件。

(三) 多维创新驱动产业发展

创新驱动可以显著提升城市产业体系的价值链，提升产业核心竞争力。创新不仅仅是科技的创新，更是管理的创新和知识的创新，表现为城市产业发展的"三高"，即高技术、高管理和高知识。高技术体现在很多城市的产业发展依托大学、大企业科研机构建立研发中心、核心技术部门，注重打造技术开发平台和公共设施，专注于以新兴科技驱动产业创新发展。2013 年，纽约光电子制造业、国防电子制造业、高技术制造业就业人数分别位居第一、二、三名，高技术制造业年产值高达1500 亿美元。东京的电机、通信机械和运输机械等技术密集型产业，伦敦的汽车、飞机、精密仪器等制造业以及新医药、光电通信、计算机等高技术产业始终保持着很强的经济实力。高管理水平表现为生产经营

---

① 从世界特大型城市主导产业的演变规律看，大多遵循五阶段规律：在第一阶段，采煤和纺织等轻工业为主导产业；在第二阶段，钢铁的冶炼、生产和应用为主导产业；在第三阶段，电气机械、汽车、化学等成为主导产业；在第四阶段，电子、航空航天等新兴产业成为主导产业；在第五阶段，金融、文化和服务业（特别是生产性服务业）成为主导产业。

的专业化程度进一步提高，注重产品的下游营销、结算和售后服务等高附加值环节，这成为城市的支柱产业非价格竞争的重要因素。高知识集聚，典型表现在以 IT、动漫产业为代表的数字网络产业中，这些文化创意产业一般依托高校资源建设，专注于数字媒体、教育等产业。2012 年，伦敦文化创意产业产值占 GDP 比重的 10.7%。

（四）产业的高就业与绿色化特征明显

目前，国际特大城市的产业具有典型的现代都市型产业的特征，电子信息、广告、服装服饰、文化艺术、工艺美术品设计与制造、食品加工、体育和娱乐用品、印刷及相关产业等产业在这些城市中具有较高的比重。可以说，高技术制造业和现代都市工业共同支撑了国际特大城市的全球制造业地位，在 2008 年全球 500 个城市制造业竞争力排名中，东京、伦敦、纽约和巴黎依次占据第一至第四位。现代都市型产业一般为劳动密集型产业，能为城市提供较多的就业岗位，缓解城市的就业压力，为城市居民的生产生活提供必需的产业，同时，这些产业还具有低能耗、轻型化、绿色环保等特点，能够较好地实现特大城市的产业进步与生态环境保护之间的协调发展。

（五）产业集聚提升产业综合竞争力

在经济全球化的背景下，一种以创新为特征的产业集群（更多地表现为产业园区）在世界各地蓬勃发展，对提升产业竞争力产生了重要影响。无论是发达经济体，还是新兴经济体，均在不断提高产业园区发展水平，大力推进世界一流产业园区建设。一流的产业园区，不仅是一个城市重大产业布局的主要承载地，也是城市综合实力的重要体现。大田的 IT 产业集群、美国纽约的金融业集群、美国的硅谷、慕尼黑高科技产业园、西雅图的航空产业集聚区、法兰克福化工产业集聚区、班加罗尔软件外包产业集聚区、新加坡的裕廊工业区等不仅是这些国家的亮丽名片，更是世界上响当当的相关产业重镇。随着服务业发展，现代服务业也在向国际大城市集聚，集群化发展特征更加明显，体现出服务业的"离制造业的集群化"发展趋势，总部经济、研发环节、产品销售等都越来越集中于国际大都市，资本、技术、品牌控制使国际大都市始终处于全球产业布局中心。

二 国内城市产业演进的趋势及其特征

（一）国内城市产业演进的主要趋势

1. 产业体系演进：从传统产业部门到现代产业部门

随着经济快速发展和社会进步，一些现代化的新兴产业不断出现并快速发展，推动着国内大型城市产业结构的现代化演进。作为其结果，包括电子及通信设备制造业、电子计算机及办公设备制造业、医疗设备及仪器仪表制造业、航空航天器制造业、医药制造业等在内的高新技术产业产值不断提高，金融业、教育、信息传输、计算机服务和软件业，租赁和商务服务业等技术水平高、知识含量高的现代服务业已经成为第三产业的重要部门。产业体系已经由低技术、低知识、低附加值的传统产业体系向高技术、高知识、高附加值的现代产业体系演进。

2. 产业发展模式演进：从内向型到外向型

国内的大型城市都实施外向型经济发展战略，产业发展模式不断由内向型向外向型转变，对外贸易也获得了快速发展。随着国际分工从产业间分工—产业内分工—产品内分工的演进，通过吸收国外直接投资和接受国外企业的代工合同等方式积极嵌入全球价值链，迅速建立起全面开放的外向型经济，通过融入全球经济，实现了经济的持续增长。

3. 产业成长的动力演进：从一元单一驱动到二元共同驱动

国内的大型城市产业成长都以工业最先获得快速发展为特征，但由于经济基础十分薄弱，资本极度缺乏，技术落后，劳动力素质较低和技能严重不足等种种原因，20世纪90年代时呈现明显的第二产业一元单一驱动特征。进入21世纪后，国内的大型城市的产业成长出现了从一元单一驱动向二元共同驱动的新态势，由主要依靠增加物质资源消耗向主要依靠科技进步、劳动者素质提高、管理创新转变，产业结构发生了巨大变化，第一、二、三产业的比重发生很大变化，显现第二产业和第三产业二元共同驱动特征。这一点也明显表现在第二产业贡献率及其对GDP增长拉动的平稳发展以及第三产业贡献率及其对GDP增长拉动的持续上升中。

4. 产业形态演进：从产业分立到产业融合

20 世纪 90 年代之前，以传统工业化为基础的产业发展的主要形态是产业分立，即产业之间边界的明确化和固定化。产业分立形态下产业发展的主要形式有两种，一是新产业从原有产业的分离，二是新产业的产生。进入 20 世纪 90 年代以来，随着信息化的迅猛发展及其影响的迅速扩散，产业发展中一种崭新的形态开始出现，即产业融合。与产业分立截然相反，产业融合是以产业间边界的模糊化和消退化为特征，以及由此产生的技术融合、产品融合、业务融合、市场融合以及产业发展方向的融合。

（二）国内特大城市产业发展的特征分析

1. 地方政府"有为"引导推进产业发展升级

国内特大城市大多会推行一系列的产业政策来带动和引导优势产业发展，这主要是因为推动经济发展的技术创新和产业升级需要有"有效的市场"和"有为的政府"的共同作用。例如，很多城市的地方政府用财政拨款设立科研基金，支持所在地领先型产业的企业与科研院校协作进行基础科研，支持企业开发新产品、新技术；在企业新技术和产品开发取得突破后，地方政府通过采购帮助企业较快地形成规模化生产，以降低单位生产成本，提高产品的国际竞争力；提供孵化基地、加强知识产权保护、鼓励风险投资、制定优惠的人才和税收政策，支持国内和国外的创新性人才创业；各地政府支持鼓励配套产业的发展，并改善基础设施、子女教育、生活环境等软硬条件，来争取战略型新兴产业落户当地，以实现战略型产业和当地产业转型升级的双赢，等等，这些政府的产业政策在大型城市的产业发展中确实起到了很重要的作用。

2. 新型工业化发展带动产业发展战略创新

国内特大城市的产业发展在加快完成工业化目标的同时，启动和叠加信息化时代的任务，在实现经济现代化的过程中，同时完成工业化时代和信息化时代的双重目标，以产业发展战略创新推动新型工业化道路的实现，这不仅指工业本身的发展，而且代表了经济发展方式的转型，它是社会发展由落后到现代的转型，经济体制由计划经济体制向市场经济体制的转型，经济增长方式由粗放向集约的转型，以科技进步为动力推动科技产业的发展，把科技的产业化放在新型工业化和科技发展的突出地位，促进科技创新成果产业化。

3. 以全球价值链的高端攀升为趋向的外向型产业升级

全球贸易一体化和生产非一体化已经成为经济全球化背景下新型生产组织方式形成的重要标志。在这种价值链全球化纵向分解的状况下，国内特大城市产业发展呈现出通过嵌入全球价值链，融入全球经济并进入全球市场，并不断通过实现由"价值链低端"向"价值链高端"的转变，进而实现经济发展的特征。

4. 信息产业与传统产业融合发展基础上的产业融合化发展

信息化时代，国内特大型产业发展演进的一个主要特征是实现产业融合化发展，即在传统产业的基础上，利用高新技术产业特别是信息产业技术改造传统产业，使传统产业的营利模式、市场需求、产品性能、生产组织方式、资源消耗等都发生根本性变化，使其在增长方式方面更加符合内涵化发展和可持续发展的要求。同时，依靠以信息经济、知识经济为核心的现代服务业的快速发展为支撑，以现代服务业为中心串联生产价值链的各个环节，发展信息化、知识化嵌入式的新型工业化，生产者服务业对于制造业的推动与融合越来越显著，服务在指导制造业部门的技术变革和产品创新方面正在发挥越来越重要的作用。

第二节 南京建设特大城市的产业发展现状及差距分析

一 南京产业发展现状分析

改革开放以前，南京的产业结构特征基本是"农业基础薄弱，工业畸形发展，服务业水平低下"，改革开放30多年把南京市的社会主义现代化建设引入了一个全新的发展阶段。30多年来，通过优先发展农业和轻工业，加强基础产业、基础设施建设，大力发展第三产业等一系列政策和措施，国民经济结构发生了巨大变化，使南京市产业结构逐渐趋于合理。南京市的产业结构经历了农业经济向工业经济的转变，工业经济的发展又由以轻工业发展为重点转向了重工业，进而又转向发展第三产业的产业结构高度化进程，产业结构转向战略性调整，不断培育城市经济新增长点,经济发展进入明显的产业结构优化时期。

改革开放以来,南京经济保持了 30 多年的高速增长,从 1978 年到 2015 年的年均 GDP 增长率高达 16.05%;城市经济实力不断提高,GDP 总量由 1978 年的 33.97 亿元增加到 2015 年的 9720.77 亿元。2015 年南京市人均 GDP 已达 18995.8 美元,按世界银行标准已进入高收入地区行列。在经济高速增长的基础上,城市产业结构发生了比较明显的变化,三次产业在 GDP 中所占比重的排序由改革开放初期的"二、三、一"发展到 2008 年以来的"三、二、一"。从整体来看,南京市的产业结构演进已经进入了后工业化阶段,城市经济的发展将进入到更高阶段,产业结构、发展动力以及发展协调性等方面都将呈现出一系列新的趋势和特征。

链接:南京工业化水平的判断

通常国际上衡量工业化水平采用人均生产总值、非农增加值比重、非农就业比重和城镇化率四项指标,并根据不同的指标值将工业化进程划分为四个阶段:第一阶段是工业化初期,即工业化起步;第二阶段是工业化中期,即工业化起飞;第三阶段是工业化后期,即基本实现工业化;第四阶段是后工业化阶段,即全面实现工业化。工业化每个阶段对应着不同水平的城镇化水平(见表3—1)。从表中所显示的统计指标看,南京市已处在后工业化发展阶段。

表3—1 工业化进程与城镇化率的经验数据及南京市的数值指标

发展阶段	人均生产总值(美元)	非农增加值比重(%)	非农就业比重(%)	城镇化率(%)
工业化初期(工业化起步)	600	65	20	10
工业化中期(工业化起飞)	1200	80	50	30
工业化后期(基本实现工业化)	3000	90	70	60
后工业化阶段(全面实现工业化)	4500	95	90	80
南京市 2015 年数值指标	18996	97.6	94.3(2014 年)	81.4

资料来源:南京统计公报、南京统计年鉴。

改革开放以来，尤其是近些年来，南京市的经济总量迅速放大，2000年突破千亿元大关，到2007年全市地区生产总值超过3000亿元，到2010年突破5000亿元大关，到2015年已接近10000亿元，产业结构随南京社会经济的发展呈现由低级到高级、由严重失衡到基本合理的发展变动轨迹，逐步显示出向高级化演进的发展趋势。从总体来看，南京产业发展的演进过程主要呈现以下变化特点：第一产业增加值不断上升，但所占GDP比例逐步下降；第二产业增加值飞速增长，长期主导全市经济发展，但所占GDP比重总体呈下降趋势；第三产业迅速崛起，增加值与所占GDP比重持续上升。三次产业增加值比重由1978年的12.7∶68.4∶18.9调整为2015年的2.4∶40.3∶57.3。（见图3—1）

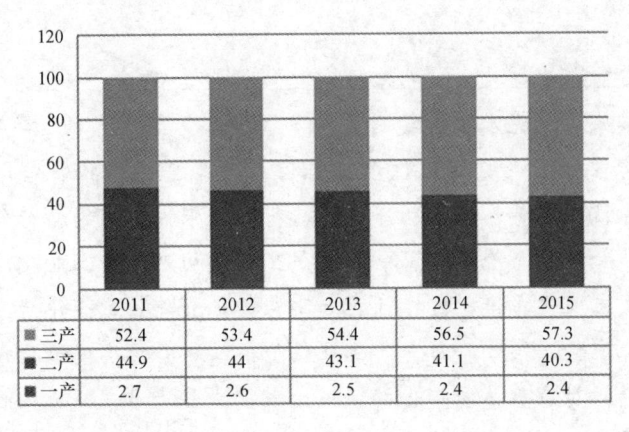

	2011	2012	2013	2014	2015
三产	52.4	53.4	54.4	56.5	57.3
二产	44.9	44	43.1	41.1	40.3
一产	2.7	2.6	2.5	2.4	2.4

3—1 南京市三次产业生产总值占本市生产总值比重（%）

1978—2015年，全市产业结构的变动可以划分为以下几个主要阶段：[①]（1）在改革开放初期，农业生产以前所未有的速度发展，工业生产在调整中迅速恢复和发展，第一产业比重逐年有所提升，第二产业保持较高比重；受当时人民生活水平的限制，服务业没有得到应有的重视，服务业在三次产业中的比重并没有得到改善。（2）1984年南京成为全国经济体制改革综合试点城市，此后十年，南京工业开始真正走上稳步快速发展的轨道，工业生产保持着上升的势头；更为显著的变化是

---

① 靳璐：《南京经济结构演进与发展历程回顾》，江苏省统计局网站，2008年。

因人们生活水平的改善和提高，对服务业的需求大大增加，批发零售贸易业、住宿餐饮业迅速崛起，商贸市场不断涌现，居民服务业也有了长足进步。(3) 在 1992 年《中共中央、国务院关于加快发展第三产业的决定》推动下，服务业进入了一个全新的发展时期，2002 年产业结构由以第二产业为主的"二、三、一"产业结构转变成第二、第三产业共同推动的"三、二、一"产业结构。(4) 2005 年以来，南京坚持"双轮驱动"战略，一方面工业总产值不断攀升，2011 年突破 10000 亿元大关，传统产业的支撑作用明显增强。另一方面，南京加快发展现代服务业，推动服务业发展提速、比重提高、结构提升。2008 年南京市第三产业占 GDP 比重过半，此后比重进一步上升，目前，南京市服务业为主的"三、二、一"经济结构基本建立，2015 年第三产业占比提升为 55.8%，对南京城市功能的转型起到了积极的推动作用。(如图 3—2)

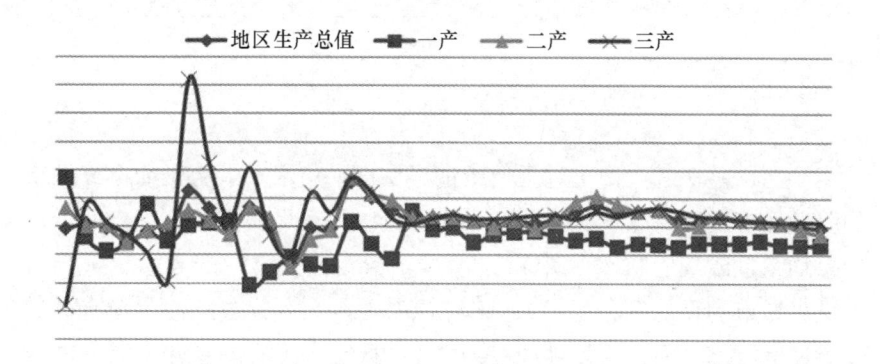

图 3—2 改革开放以来南京市三次产业年增长率比较（%）

二 南京产业发展与特大城市要求的差距

（一）南京产业结构调整还相对滞后

第一，产业结构与世界城市 20 世纪 70 年代中期相当。2015 年南京第三产业产值比重为 57.3%，已进入以服务经济发展为重心的时代。按照世界城市服务经济发展的标准（第三产业产值比重）平均水平（见表 3—2 所示），南京第三产业占比大约相当于世界城市 20 世纪 70 年代中期水平。

表3—2　　　　南京与国内外特大城市的第三产业比重比较情况

时间	城市	第三产业比重（%）
20世纪60年代末	世界城市	48.7
20世纪70年代末	世界城市	63.4
2008年	伦敦	90.0
2012年	纽约	92.7
2014年	东京	87.2
2015年	北京	79.7
2015年	上海	67.8
2015年	广州	66.8
2015年	深圳	58.8
2015年	杭州	58.2
2015年	南京	57.3
2015年	武汉	51.0
2015年	苏州	49.4

注："世界城市"的数据为纽约、东京、伦敦、巴黎的平均值。[①]

第二，第三产业比重远远低于世界城市平均水平。从目前世界城市的服务经济发展情况看，纽约、东京、伦敦等世界城市的第三产业产值比重均超过或接近90%，南京与世界城市相比，第三产业占比远远低于世界城市的目前发展水平，大概相差30多个百分点。按照现有规划发展速度测算，南京再发展30多年，才能到达目前世界城市第三产业的所占比重值。在国内特大城市中，南京的第三产业发展处于中游水平。除与北京、上海、广州有一定差距外，南京第三产业比重与杭州、深圳差距不大，也就相差一两个百分点。同时，南京第三产业比重分别超过武汉、苏州6个百分点和8个百分点。（见表3—2）

第三，生产服务业发展水平相对较低。世界城市生产性服务业占GDP的比重已达到50%，由于南京在生产性服务业统计中缺失产值数据，这里用生产性服务业从业人员进行对照比较。2009年，伦敦生产

[①] 李庚、王野霏、彭继延：《北京与世界城市发展水平比较研究》，《城市问题》1996年第2期。

性服务业占从业人员比重接近50%，而2014年南京的生产性服务业从业人员占全部从业人员比重的28.1%，南京的生产性服务业发展规模还相对较小，与世界城市有一定差距。从生产性服务业内部结构看，南京生产性服务业的高端化不突出。纽约、东京、伦敦的金融、商务服务、科技服务等行业占比较高，金融和商务服务两者的比重合计超过了生产性服务业比重的60%（见表3—3所示），2009年伦敦的商务服务和金融服务从业人员合计133.4万人，占到生产性服务业从业人员的65.4%，而南京的金融和商务服务业从业人员占生产性服务业的比重合计为20%，南京的金融和商务服务业发展水平远远低于世界城市，正处于由第三、第四阶段向第五阶段转变过程中，正向以金融、保险、信息等为主的第五阶段迈进。

表3—3　　　　　　南京与世界城市生产性服务业的比较

世界城市	南京
2010年，纽约生产性服务业在GDP中所占比重为48.3%，金融服务业位居第一，占比34.6%，商务服务业位居第二，占比30.3%，两者合计占比64.9%。	2014年南京生产性服务业占全部从业人员比重的28.1%，其中，金融业从业人员占生产性服务业比重的7.0%，商务服务业占生产性服务业比重的13.1%，科学研究和技术服务业占生产性服务业比重的11.3%。
2006年，东京生产性服务业增加值占东京整个GDP比重的50.6%，流通服务位居东京生产服务业第一位，占生产性服务业比重的36.7%，金融服务业位居第二，占比28.3%，商务服务业位居第三，占比23.6%。	
2009年，伦敦金融业是其第一大行业，增加值占服务业比重21.6%，专业和科技服务业位居第二位，占比12.4%，通信服务业位居第三位，占比10.0%。2010年，伦敦生产性服务业从业人员共205.5万人，占伦敦从业人员总数的47.7%，其中，商务服务和金融服务从业人员合计133.4万人，占到生产性服务业从业人员的65.4%。	

注：根据相关研究，选取农业服务、制造维修服务、建筑工程服务、环保服务、物流服务、信息服务、批发服务、金融服务、租赁服务、商务服务、科技服务、教育服务作为生产性服务业大类，再根据中类和小类细分行业，以此为标准，对照2015年南京统计年鉴中从业人员数据进行测算。

（二）高新技术产业发展存在一定差距

2015年深圳高技术制造业的增加值为4491.36亿元，占规上工业增加值的66.2%，南京的高技术制造业占规上工业总产值的24.3%，南京高技术制造业占规上工业的比重远远低于深圳。从高新技术产业发展看，2015年苏州高新技术产业的产值占规上工业总产值的45.9%，杭州高新技术产业的增加值占规上工业增加值的41.8%，青岛高新技术产业的产值占规上工业总产值的41%，而2014年南京和广州高新技术产业占规上工业总产值的40%。南京与苏州、杭州、青岛、广州等城市在高新技术产业方面差距不大。

表3—4　　南京与国内主要特大城市高（新）技术产业比较

城市	高（新）技术制造业发展情况
深圳	高技术制造业增加值4491.36亿元，占规上工业增加值的66.2%。
广州	2014年高新技术产业占规上工业总产值的40%。
杭州	高新技术产业实现增加值1212.60亿元，占规上工业增加值的41.8%；装备制造业实现增加值1086.12亿元，占规上工业增加值的37.4%。
苏州	高新技术产业产值14030亿元，占规上工业总产值的45.9%；制造业新兴产业产值14870亿元，占规上工业产值的48.7%。
青岛	高新技术产业产值占规上工业总产值的41%。
南京	高技术制造业占规上工业总产值的24.3%；2014年高新技术产业占规上工业总产值的40%。

资料来源：各大城市2015年国民经济和社会发展统计公报。

（三）都市型产业发展相对缓慢

同世界特大城市相比，南京都市型产业发展还相对滞后，那些能有效提供大量就业岗位，具有轻型化、小型化特征的都市型产业，如服装设计、广告、印刷、工艺品及珠宝设计、食品加工等，在南京整个产业体系中所占比重还较小，食品制造业，纺织服装、服饰业，印刷和记录媒介复制业，文教、工美、体育和娱乐用品制造业等在南京所占比重仅为5.2%。同时，现代都市型产业中的典型代表——文化创意产业发展也较慢。2015年南京文化创意产业产值占GDP比重仅6%，而世界城市文化创意产业占GDP比重均超过了10%，2015年北京、上海文化创意产业占地区生产总值的比重分别为13.4%和12%。

（四）产业绿色化程度相对较低

在纽约、东京、伦敦等世界城市的产业优化调整中，逐步优化了制造业的结构，逐渐形成了以轻型化、污染小、占地面积少、附加值高等为发展方向的绿色化产业。[①] 而南京在产业绿色化发展方面远远不及世界城市，2014年，南京的原材料工业总产值为35130亿元，占南京制造业产值比重的27%，这些重化工产业具有高耗能、环境污染较大，重型化、占地面积较大等特点，对南京产业由重化工向绿色化方向转型升级产生一定制约。

（五）产业的国际竞争力和影响力相对较弱

南京拥有世界领先技术产业相对较少，且规模和集聚度较低，产业的国际竞争力相对较弱。在为数不多的几个产业的某些领域，南京占据了发展高地，技术达到世界领先水平，市场占有率相对较高。但这些产业的规模和集聚度都相对较低，产业链也相对较短，不足以代表南京的产业国际竞争力。同时南京有国际影响力的企业和总部相对较少。国际特大城市通过拥有数量众多的总部企业占据全球产业前沿。2008年，总部位于纽约、东京、伦敦和巴黎四城市的全球500强企业共有111家，其中东京是全球拥有500强企业数量最多的城市，共计51家，其他世界城市拥有的500企业数量也居全球各城市前列，巴黎有27家、纽约有18家、伦敦有15家。南京与国内北京、上海、深圳、杭州等城市相比也有一定差距。北京有联想，深圳有华为、腾讯，杭州有阿里巴巴等世界级企业。而且2015年，北京有58家企业入围世界500强，占中国入围企业比重的52.7%，上海有8家企业入围世界500强，世界500强企业区域总部多数坐落在北京、上海和深圳，南京与这些城市比较，差距比较明显。

[①] 张婷麟、孙斌栋：《全球城市的制造业企业部门布局及其启示——纽约、伦敦、东京和上海》，《城市发展研究》2014年第4期。

第三节　南京建设特大城市的产业发展定位及其目标

一　产业发展定位

南京作为长三角地区重要的中心城市，在近期国家发改委公布的《长三角城市群规划》中被列为唯一的特大城市，彰显了南京独特的城市地位。从世界特大城市的产业演进过程看，这些城市的产业都在其不同的发展阶段契合了城市功能提升、布局优化以及城市地位变化的需要，使城市能够获得持续的发展动力，并不断集聚发展的要素，提高城市的综合竞争力。未来南京的产业发展定位应符合以下几方面的要求：

第一，遵循资源禀赋比较优势的产业体系。世界城市发展的经验告诉我国，最符合城市资源禀赋优势的产业体系是最具有竞争力的。特大城市的产业体系不是在某一时期构建起来的，而是随着城市的发展和演进，产业体系的资源禀赋优势不断升级，带动产业体系不断升级的结果。因为符合自身的资源禀赋优势，产业会具有较强的自生能力，产业发展获得的积累也最多，从而能够推动资源禀赋的不断升级，这样整个经济就会保持旺盛的生命力和强劲的竞争力，并获得持续进步的动力。从国内的特大城市以及部分城市建设和发展情况看，大多已提出了有自身优势和特色的产业体系发展目标，如深圳的高科技产业之都，上海的金融产业之都，杭州的"互联网+"产业之都、长沙的装备制造业之都等。南京在产业发展的过程中，也应从城市发展的历史阶段和自身的资源禀赋优势出发，形成具有南京地方特色的产业体系，并不断推动产业要素资源禀赋优势的升级。而最大限度地尊重市场规律、让市场发挥在资源配置中的决定性作用，是形成符合城市资源禀赋优势的产业体系的关键。

第二，具有产业链体系连续升级的能力和动力。产业链的优化和升级是特大城市保持竞争地位的重要途径。但是产业链的优化和升级并不等同于三次产业结构的演进，产业链的优化和升级也不等于一味地追求高端。产业链升级不仅包括三次产业的价值链间的升级，而且包含了企业技术水平的提升、产品附加价值的提高、企业功能的升级等多方面的内容。从世界特大城市的产业发展情况看，这些城市不仅具有特色鲜明的产业体系，而且在不同的产业领域具有一般城市难以比拟的竞争优势，其优势不仅体现在现代服务业的发展上，在传统的制造业领域由于长期的持续攀升，同样具有了核心的技术优势和品牌优势。从这个意义上讲，任何一个产业领域都具有高端和低端之分，在世界高新技术广泛渗透的今天，传统的产业线性演进过程已经改变，不再具有传统意义上的夕阳产业与朝阳产业之分。因此，要促进南京的产业链升级，不能一味关注三次产业之间结构的变化，更应将如何提高传统产业的技术水平和劳动生产率，推动产业附加价值的提升作为产业链升级的重点，尤其要推动传统制造业的价值链延伸，进一步巩固南京全国制造业中心城市的地位。

第三，创新成为促进产业发展的重要因素。提高产业的创新能力是特大城市提升综合竞争力的关键。从目前世界特大城市的产业发展情况看，无论这些城市的产业体系具有什么样的差异性，但是都无一例外地在推动产业创新能力的提升，利用高新技术促进传统产业向依靠创新要素的方向发展。而技术的发展也降低了企业的成本，提高了企业的劳动生产效率，提升了资源要素的利用效率，促使城市的经济密度不断提高，使特大城市对资源的集聚和吸纳功能日渐增强，并产生更为强大的带动和辐射效应。同时技术的创新发展也使城市的经济扩展至更为广阔的范围，进一步增强了特大城市在世界城市体系中的重要性。南京具有丰富的技术创新要素，但是这些要素并不能天然地转化为城市的综合竞争力，作为区域的中心城市之一和全国的特大城市，必须成为创新的中心，并将其转化为生产力，才能不断巩固和提升自己在区域乃至全国的领先地位和带动作用。同时，创新还需要城市通过制度的创新不断激发技术创新要素作用的发挥，从这个意义上说，制度的创新也同样是城市创新发展中的重要内容。

第四，产业发展环境的优化和改善。产业发展的环境包括硬环境和软环境。发展符合特大城市发展要求的产业体系，需要城市的基础设施建设等硬环境能够满足产业发展的需要，并在两者之间形成相互促进的良性态势。同时，产业的发展还需要城市软环境的提升，软环境包括城市的制度体系、信息流通、信用环境、文化及其氛围、政府的服务意识、公民素质等多方面的内容,在知识经济的今天,软环境建设的重要性在很大程度上已经超过了硬环境的建设。现在,世界特大城市的竞争不仅体现在资本、技术、人才等方面,更体现在制度等软环境的优越性上,因为制度等软环境因素在吸引世界高端产业发展要素方面具有极为重要的作用。这要求南京在特大城市的建设中,不仅要重视产业结构、资产投资、基础设施建设等发展因素,更要把加强制度建设放在重要的位置,通过制度的完善以及有效的落实不断提高南京对优质要素的吸引力,为城市的发展提供不竭的动力之源。

南京产业体系较为完备,高新技术产业发展基础较好,三次产业结构较为合理,服务业具有较强优势,综合实力较强,但是整个产业体系特色不够明晰,在高科技产业、互联网产业、金融等现代服务业方面都无法与深圳、杭州、上海竞争,这将制约南京特大城市的建设步伐以及城市综合竞争力的提升。

鉴于南京自身的资源禀赋优势和产业发展情况,在此提出南京特大城市的产业发展定位,即建设以"智能+文化"为核心的产业体系。具体来说就是:以智能技术改造和提升传统产业,促进制造业的智能化发展,同时加快促进文化与其他产业的融合化发展,形成以智能化为手段,以文化要素为核心资源,以完备的基础设施和制度等软环境为支撑,具有深厚的人文底蕴和独有的文化特质,较高的智能化水平和劳动生产率,以及较强的产业创新能力和附加价值的现代产业体系。

二 产业发展目标

特大城市的建设是一个长期的过程,其产业发展目标也可以划分为短期和长期目标。短期目标重要在于解决当前南京产业发展中面临的困境,并为未来的特大城市建设奠定良好的产业发展基础。首先对南京"十三五"期间产业发展的短期目标进行明确,即到"十三五"末,进一步加快南京高新技术产业的发展;继续鼓励和加大对工业,主要是制造业的投资,进一步降低市场准入门槛,激发民间投资热情;促进产业链的延伸和产业升级,提高产业发展的精度和深度,提升产业的整体效益和综合竞争力,为南京特大城市的建设奠定坚实的产业发展基础。

在此基础上，围绕南京产业发展的总体定位，将长期目标确定为：力争通过10—20年的发展，将南京培育成为全国现代服务业集聚中心、工业智能化生产领先城市、"文化+产业"发展模式示范城市，形成"智能+文化"的产业发展模式，凸显南京产业的独特优势，提高在世界城市体系中的产业影响力和话语权。

第四节　南京建设特大城市的产业发展路径及对策分析

一　南京建设特大城市的产业发展路径

（一）产业生产方式：由"机械化+自动化"向"自动化+智能化"方向发展

目前世界工业生产经历了机械制造时代、电气化与自动化时代和电子信息化时代，正在向智能化时代迈进。智能化技术在制造业生产中的广泛使用，重塑了传统制造方式下人机之间控制—反应的单向关系，达到对生产进行个性化管理的目的，同时借助物联网和务联网，将智能交通、智能物流、智能建筑、智能产品等相互联结，从而引领整个国民经济体系向智能化的方向发展。当前南京正处于以机械化和自动化为主的产业生产阶段，但产业的智能化基础较好，在建设特大城市的过程中，推动整个产业体系的生产方式先形成"自动化+智能化"的生产方式，并逐渐过渡到智能化的发展阶段，将成为未来南京产业转型升级的必然趋势，也是南京凸显制造业优势，进一步提高产业综合竞争力的重要路径。

（二）产业组织模式：由分散化、孤立式向网络化、一体式转变

网络技术的迅速发展和应用，使企业的生产组织模式发生了极大的变化，企业利用网络化技术，开展生产、经营和管理业务等，将原本分散的、孤立的企业及其生产环节纳入统一的网络化体系中，这不仅突破了地理空间上的限制，而且实现了企业产品生产全周期的覆盖，促进了从产品设计、制造、销售到采购、管理、售后等的全流程一体化发展。同时，产业创新发展的新变化，也需要企业能够实现制造、销售、售后

等环节与创新的一体化发展，通过流程创新，提高创新的效率和有效性。特大城市的产业应该是极具有创新力的，这样的产业才能保证特大城市在激烈的市场竞争中具有足够的优势，从而可以吸引和集聚更多的优质资源，进一步促进特大城市的持续发展。因此，南京要强化产业组织模式的转型和升级，通过构建起全球性的网络化、一体式的产业组织体系，提高南京在世界城市体系中的地位，提升城市的综合实力。

（三）产业发展要素：由主要依靠技术要素向依靠技术和文化"双要素"发展

产业的科技要素和文化要素是产业发展中重要的两大类要素，但是长期以来我们对产业的技术要素较为重视，通过高新技术的发展和普及大大地提高了技术要素在产业发展中重要性的发挥，然而对产业的文化要素不是特别重视，甚至处于一种忽视的状态，认为文化只是文化产业所需要的发展要素。其实，科技要素和文化要素在产业发展中所扮演的作用是不同的。科技要素的作用主要是提高产业的劳动生产效率，提高要素的产出效率，而文化要素的作用则是使城市的产业具有不可替代的优势和更为强大的竞争优势。纵观世界特大城市，其产业无一不是具有独特的文化内涵的，南京要建设特大城市，必须将文化要素更多地融入产业的发展之中，改变过去主要依靠技术要素推动产业发展的方式，让文化要素和科技要素一道共同推进城市的产业进步。

（四）产业发展目标：由单一目标向经济、社会、生态综合目标转变

随着经济持续高速增长对资源和环境的压力逐日俱增，大力发展循环经济，积极推进节能降耗和清洁生产，推动工业从"高消耗、高污染、低效益"向"低消耗、低污染、高效益"转变，已经成为当今工业经济发展的主要目标，摒弃传统的、线性经济发展模式，形成人和自然和谐发展的生态经济模式成为现代经济发展的目标追求。世界金融危机爆发以后，世界主要发达国家都相继将新能源、新材料、节能环保等产业作为重点扶持的部门，大力发展低碳经济，以应对全球气候变暖、生态环境恶化等人类发展问题。除了环境问题以外，世界人口危机、贫困问题、极端民族主义等社会问题，日益成为困扰世界人类发展的难题。这一切都需要南京在特大城市的建设过程中，不仅要关注产业自身的发展，更需要从人类的发展层面，考虑如何通过产业的技术进步、生

产方式的转变等促进环境、生态、资源、贫困等诸多问题的解决，将经济目标与社会、生态目标相互融合，从而推动南京工业迈入新的发展阶段，这也是特大城市在发展过程中必须具备的责任和义务。

二 南京建设特大城市的产业发展对策

（一）促进市场主体的培育和壮大

市场主体是城市产业发展的微观基础，具有核心竞争力、充满活力的市场主体是特大城市持续健康发展的保证。与国内同类城市相比，南京的市场主体无论在规模还是增速上均相对较小。如截至2015年期末，南京市实有企业总量和新登记企业总量在15个副省级城市中仅居第10位，仅高于厦门、济南、沈阳、长春、哈尔滨等市，与排名第一的深圳市差距很大，仅分别为深圳市的31.5%和24.0%。这恰恰反映出南京市场活力缺乏、产业增长动力不足的问题。

第一，推进市场化改革的进程。要进一步解放思想、大胆探索，发挥好市场在资源配置中的主导作用，将市场主体的培育作为考核政府官员行政绩效的一个方面，推进政府部门培育市场主体的积极性。同时要解决好依法行政的问题，对内要规范政府自身行为，防止和严惩寻租及腐败；对外要规范市场主体行为，加强市场监管力度和预警分析的能力，防止和严惩恶性竞争及不法行为，净化市场环境，让更多的企业能够在公平有序的市场中得到健康发展。此外，政府部门要从企业的角度探索政府职能转变的方向，更好地为企业做好服务，完善政府对企业、市场的服务职能。放松市场准入条件，加大对垄断性行业，尤其是服务行业的改革力度，积极鼓励、引进民间资本进入垄断行业，尤其是公共事业领域。减少对民营企业准入的审批手续，压缩审批环节，放宽对非公有制企业在经济范围、经营方式上的要求，实行公开、透明和宽准入、严管制的政策。

第二，加强对中小企业的扶持和培育力度。在具体的培育过程中，要抛弃过去形成的"只抓大不抓小"的思想，重视民营经济的发展，加大对中小型企业的扶持力度，推进对国有企业垄断型资源的共享，促进"共享经济"发展，搭建更多的公共服务载体和平台，进一步降低准入门槛的行政性垄断，减少对企业的登记审批手续，促进私营和个体等市场主体的快速培育。推动公共服务平台的建设，大力发展服务中小企业的各类行业协会、商会、第三方中介机构等，推动完善的中小企业服务体系建设，为中小企业的发展提供更加全面、系统、便捷、有效的服务。

第三，加强促进金融与企业的对接。继续加大创业投入，促进风险投资公司、天使基金、中小企业融资担保公司等的发展，同时进一步拓展多种融资渠道，形成多元化的投融资体系，发挥好南京科技金融园的作用，打造基金小镇等新型业态，为市场主体的发展提供有效的金融平台和良好的金融服务。政府要加强引导和培育作用，利用政策性金融工具，扶持科技创新，在企业和行业培育成长以后逐步退出，由市场机构承接。同时，引导社会资源向创新领域集聚，加强政府主导的金融机构的引领和带动作用，促进社会资本向优质企业、优质项目，以及政府注重发展的领域等集中，推动这些产业、项目和企业的迅速发展。

第四，积极推动双创的深入开展。围绕26条人才新政继续加大对大学生创业的扶持力度，弘扬"敢为人先、追求创新、百折不挠"的创业精神，厚植创业文化，不断增强创业意识，使创业成为全社会共同的价值追求和行为习惯。但同时也要避免将鼓励大众创业变为"运动"，减少指标化的推进，要对创业者进行正确引导，明确创业的风险和可能遇到的问题，让创业更具理性。

（二）加快对产业结构的调整和优化

促进南京产业的高端化发展是特大城市发展的目标。在此，高端化包含两方面的含义：其一是促进现代服务业的发展，推动南京三次产业结构的不断优化；其二是推动传统产业的转型升级，提高传统产业的科技水平和文化内涵，促进南京产业向产业链高端环节攀升。

第一，促进现代服务业的内涵式发展。一是加快用高新技术改造传统服务业。加快云计算、大数据等先进技术在服务领域的应用，提高服务的效率、质量、范围，改变服务业的服务方式，加快技术平台建设和技术更新的步伐，不断促进南京服务业的功能提升和服务范围的拓展。二是加快服务业的对外开放。利用南京综保区，加快服务业对外开放先行先试的步伐，积极引进具有较强自主创新能力和先进管理经验的外商企业，吸引外商逐渐向金融服务、计算机和信息服务、咨询、文化、教育、研发等行业进行投资，逐步优化服务业领域的外商投资结构。扩大服务贸易规模，加强服务产品的品牌建设，提高南京服务产品的国际竞争力。鼓励南京有一定实力和品牌竞争力的企业到国外进行投资，整合国际服务资源，尤其要加强对国际技术、咨询、金融保险、教育等资源的整合。三是促进生产性、消费型、公共型服务业的同步提升。对于特大城市来讲，发展生产性服务业固然是提高产业竞争力和附加值的重要内容，但是消费型、公共型服务业的发展对于提高城市品质和综合竞争力则显得更为重要。南京要推动消费性服务业的进一步优化升级，将提高服务的质量、档次、品质，以及扩大消费范围等作为优化的方向和重点，重点发展高品质的健康服务、休闲服务、教育、文化、体育和娱乐业以及高端的公共服务业等，以此提升南京作为特大城市的国际影响力和对高端要素的吸引能力。

> 链接：创新引领，促进南京服务经济加快发展
>
> （一）创新服务业态，扩大现代服务业规模
>
> 推动制造企业将生产性服务环节外包，促进制造业和服务业的融合与互动，把大力发展生产性服务业作为突破口。第一，创新服务业态。依托现代技术，催化发展新型服务业态，提升服务业发展的层次和水平。第二，加强技术创新，发展新型产业。第三，积极引进国际先进产业业态，积极承接国际信息管理、数据处理、技术研发、工业设计等服务业务，提升服务业的层次和水平。
>
> （二）实施政策聚焦，加大政府投入力度
>
> 南京应该针对优先发展的产业，和优先发展的区域能在市级层面出台一些财税优惠政策，实现从产业到空间的制度创新，这能够很好地培育适合地方的增长极。在财政支持上，应建立稳定的财政投入增长机制，对于高附加值和成长性好的企业，在企业集聚、产业升级、品牌发展、创新驱动等方面加强政策扶持。设立"服务业专项资金"，通过财政投入扶持服务经济发展。充分发挥专项资金的引导作用，增加公共服务产品供给、支持服务业重点项目的实施、引导企业采用先进的质量管理方法、鼓励企业参与服务标准制修订、推动服务业优势品牌的培育、鼓励服务业拓展国际交流合作渠道等。

(三) 重视农村服务业发展,实现城乡统筹发展

农村服务经济发展的空间是巨大的,支持把城市化带动服务业发展和重视农村服务业发展放到同等重要的位置,要围绕社会主义新农村建设,以提高农村公共服务水平为重点,大力发展消费性服务、农村服务,对于城市中心地区要大力发展高端生产性服务,带动城市整体服务业发展;同时更要加大投入,促进农村各类服务业发展,提高农村公共服务水平。

(四) 积极有序扩大对外开放,提高服务经济对外开放水平

推进服务业领域分步渐进开放,选择金融服务、航运服务、商贸服务、专业服务、文化服务以及社会服务领域扩大开放;探索建立投资准入前负面清单管理模式,逐步取消投资者资质要求、股比限制、经营范围限制等准入限制措施,营造有利于各类投资者平等准入的市场环境。深化行政审批制度改革,加快转变政府职能,全面提升事中、事后监管水平。扩大服务业开放、推进金融领域开放创新,建设具有国际水准的投资贸易便利、监管高效便捷、法制环境规范的保税区,积极争取建立自由贸易试验区,使之成为推进改革和提高开放型经济水平的"试验田"。

(五) 立足区域大视角,形成错位发展服务经济

南京市的服务业,特别是生产者服务业的发展有必要明确一种与上海市错位发展的理念,例如金融业、教育科研服务业等,上海作为我国东部乃至全国中心的地位是不可动摇的。这就要求南京市在发展现代服务业时,尽可能避开上海具有明显竞争优势的领域,另辟蹊径,做强细分领域。

第二,加快产业智能化升级。一是深度推进信息化和工业化融合,促进南京企业智能化改造。进一步加强信息网络基础设施建设,加快部署高速、宽带、移动、泛在的信息网络基础设施,推动"互联网+生产制造"发展,推进企业生产设备的智能化改造。鼓励南京的制造企业使用柔性、可重构的自动化生产装配线、大型控制系统、数控机床等自动化、数字化、网络化、智能化制造设备,推广应用新型传感、嵌入式控

制系统、系统协同技术等智能化制造技术，普及设计过程智能化、制造过程智能化和制造装备智能化。二是推动企业全业务链的智能化集成应用。在推进企业制造智能化发展的基础上，探索全业务链的智能化集成应用，在集团管控、设计与制造集成、管控衔接、产供销一体、生产和财务、生产与消费衔接等领域，开展关键环节集成应用示范，提高产品的智能化水平，推动南京制造业服务化水平的提升。可结合智能工厂试点建设，探索全业务链综合集成的路径和方法，同时应选择有条件的产业集聚区，开展智能制造示范实验区建设等。三是加快南京智能化产业的发展。围绕工业机器人、物联网、3D打印及新材料、高端装备制造、智能电网、移动终端用通信设备等领域，重点开发高集成性的单元部件的自主设计和制造技术，提升智能制造水平，形成以智能化大型高端装备为核心的高端装备制造产业体系。

链接：工业4.0时代：南京制造业升级研究

　　在全球进入工业4.0时代和中国经济新常态背景下，作为长三角重要的区域中心城市、长江经济带门户城市、"一带一路"节点城市、国家创新中心城市的南京，应主动适应经济结构的调整和转型，引领江苏乃至中国制造业发展。2014年，南京工业产值超百亿元的行业21个，实现产值12682亿元，占规模以上工业总产值的95.8%，全年高技术制造业增长7.3%，占规模以上工业总产值的22.2%，装备制造业增长8.8%，占规模以上工业总产值的51.1%。但在新时期工业4.0时代，南京制造业的发展同样面临智能化、绿色化、信息化、高端化等发展新要求，如何加快南京制造业升级的步伐，如何使南京经济发展继续走在全省前列和保持良好发展态势，突出其在长三角经济新常态发展中的示范作用，是关乎今后南京制造业快速转型发展的重大课题。

　　（一）转变思想观念，提高认识水平加快南京制造业升级步伐。工业4.0是一场产业和科技革命，它是新旧产业交替和更替的分水岭，对它的划时代意义要有充分认识。工业4.0时代也是新旧传统生产方式改变的分界线，我们一定要重视其对工业制造业的影响。工业

4.0时代不仅是生产方式变革,更是生活方式的转变,将对每个消费者产生重大影响。工业机器人、物联网、大数据等新兴技术的应用不仅推动传统制造业向先进制造业升级,同时催生更多先进制造业的新兴业态,从而多方面对经济和社会产生深远影响。南京是引领新一轮中国制造业转型升级的重要载体和平台,理应成为中国工业4.0时代的领头羊。

(二)顶层规划设计、战略谋划和布局制造业升级路径。南京是江苏省制造业最发达、最集中的区域,要瞄准世界制造业发展新趋势,谋划战略发展方向。建立企业评价机制和落后技术负面清单,引导产业调整转型,构建以高端产业为主体的南京智能制造业产业结构。规划一批产业、建设一批基地、构建一批产业链、塑造一批品牌。

(三)以制造业共性技术为突破,助推南京制造业创新发展。南京必须改变目前"重研发、轻应用""重单个环节、轻整体协同"的导向,将更多明确的扶持政策布局到应用的阶段,加强对企业应用现代制造技术的公共服务和保障能力。强化南京"创新中心"功能的同时,要加强其对南京的"共性服务"功能。围绕两化深度融合需要,集中突破一批基础共性和核心关键技术,提高南京工业自主创新基础能力与国产智能技术、产品和装备水平。要着力健全南京制造业创新网络体系。加快推动工业从要素驱动、投资驱动向创新驱动转型,培育壮大产业竞争新优势。

(四)以工业技术改造为手段,推进南京制造业智能化发展。以信息和数字技术深度集成应用为关键手段,推进示范区内企业智能化改造。将信息化、数字化、智能化作为南京工业技术改造的未来方向。推动信息技术和数字技术在工业技术改造领域的广泛应用。积极开展智能制造示范工程,在南京内分行业分区域选取试点企业,建设数字制造示范工厂,发挥其"种子"作用。以绿色发展为基本取向,推动企业绿色化改造。

(五)以制定相关配套政策为指挥棒,倒逼制造业高端化转型发展。用法律手段倒逼产业转型升级。制定南京工业发展相关指南,旨在推动产业能级提升、培育新的经济增长点。按照我市培育类、鼓励类、限制类、淘汰类的产业划分，加快制定相应的产业配套政策。注重人才培养扶持政策，要有针对性地在创新实践中识别和培育企业管理、科研专家、高级技工、策划专家、营销专家等人才。

（六）构建传统产业＋战略性新兴产业＋未来产业的现代工业体系。加大现代技术对传统产业改造的力度。加快培育战略性新兴产业。重点发展新一代风电光伏、智能电网和电力自动化、现代通信、节能环保、生物医药、航空航天、新材料、轨道交通八大战略性新兴产业。紧紧跟踪世界工业发展最新技术，尤其更应关注新能源、健康医疗、信息通信等领域，这些领域是发达国家今后重点关注方向，在此基础上我市科学地选择出符合南京发展的未来产业，建议选择大数据云计算产业、健康医疗产业、智能产业、物联网产业、3D打印、新能源、新材料，从而形成传统产业＋战略性新兴产业＋未来产业的现代工业体系。

第三，加快发展都市型产业。都市型产业具有劳动密集型、轻型化、小型化、绿色化等特点，适合布局在特大城市的中心区域，对缓解特大城市的就业压力、减少产业对资源的消耗和对环境的破坏，以及满足城市居民的物质文化生活需要，提高居民生活质量，激发市场活力等具有十分重要的作用。长期以来，南京形成了以重化工业为主的产业结构，但是在建设特大城市的过程中，人口集聚所产生的就业压力、环保压力、居民生活便利化需要的压力等，需要南京重新审视都市型产业的重要性，加快发展以轻工业、文化创意等为主的都市型产业。为此，南京要为都市型产业的发展营造良好的外部环境，鼓励那些具有较强创新性、较高服务质量、较好产品品质的都市型产业落户南京，尤其要重点引进具有精致化、创意性、高附加价值和高服务内涵的都市型产业，进一步提高城市的集聚和辐射能力，增强城市的综合竞争力。

第四，要促进和提升各类产业的文化特质。产业的文化特质并不是仅存在于文化产业之中，各个产业都具有自身的文化特质，这也是国际先进城市的产业难以模仿和替代的原因，因为技术是可以模仿的，因此产业的科技特质是容易被模仿和超越的，而文化则难以照搬，产业的文化特质才是独特的、难以被模仿的。南京具有深厚的文化内涵，但是在产业的发展过程中除了文化产业外则较少关注南京文化特质对产业的影响。对此，一是要加快发展文化产业，进一步整合南京文化产业发展资源，做大做强南京文化产业规模。加快南京文化产业走出去步伐，形成具有较高辨识度的南京文化品牌。同时吸引国内外有实力的文化产业在南京进行产业投资，提高南京文化产业在全国乃至世界的影响力。二是加强南京各个产业中的文化创意元素，将南京文化的精髓融入产业的设计、生产和研发之中，促进"文化+产业"的新型发展模式。不要把"文化+产业"理解为单纯的文化产业的发展，要让文化蕴涵成为南京产业发展的根基，让文化元素融入南京的所有产业发展之中，让每一个产业都有文化的身影，让南京成为全国产业文化创意思想汇聚的城市。三是要进一步围绕"文化+产业"的发展目标，开展论坛、会展等活动，创办"文化+产业"活动周，定期举办全国性乃至世界性的会展活动，提高南京在"文化+产业"发展方面的全球影响力。

（三）加大对产业创新要素的集聚与培养

创新决定城市发展的未来，特大城市的优势不仅仅在于经济规模、人口等，更重要地体现在创新能力的高低上。南京在特大城市的建设过程中，要把创新要素的集聚和培育放在重要的位置，通过长期的积累，为城市提供持续发展的动力。

第一，要促进高端人才的集聚。贯彻落实好"创业南京"人才新政等政策，进一步加大对全球高端智力要素资源的集聚和吸引力度，加快建设"极客小镇"等高端创新载体，吸引世界杰出科学家、世界级创新人才及其团队、优秀工程技术人才在南京进行创新和研发。加大对世界知名大学、研究院所的合作和交流，吸引世界名校在南京设立分校。推动南京的高校、研究院所、教育机构等与世界其他教育机构和研发机构之间建立密切的合作关系，让南京丰富的教育和研发资源等成为提升城市竞争力、展现城市形象的重要因素。鼓励和完善高校、研究院所优秀人才创业创新，为校所人才提供更加及时、便捷、全面、完备的创业辅导和创业扶持，拓宽高校、科研院所与企业之间的人才流动渠道，通过停薪留职、项目承接等方式，为各类人才提供施展创新才华、参与市场竞争的舞台。多元化引入紧缺人才，对南京重点产业的优秀人才进行"精准补贴";吸引高端人才服务机构为区域内大型企业开展猎头、人才培训、人才认定和测评等服务,对成功引进企业所需紧缺人才的服务机构给予奖励。完善科创特区、专业镇的公开空间建设,在推动研发人员空间集聚的同时,打造研发知识共享与信息沟通平台,尽可能地缩短研发人员磨合周期,降低研发人员学习成本,推动区域经济增长。

第二,通过加快开放实现对国内外产业创新要素的优化配置。促进城市的开放发展,不仅是特大城市更好地融入全球价值链的有效方式,也是提升城市竞争力、凸显城市价值的重要途径。从产业的层面看,开放意味着城市在全球范围内对产业发展要素和资源的有效配置,可以更加有效地形成国内与国际产业价值链的对接。南京要积极对接"一带一路"倡议,发挥好"一带一路"两大交会点的重要作用,进一步提升自己门户城市的战略地位,在不断巩固与传统出口市场关系的同时,开拓"一带一路"等新兴市场,优化出口地区结构。要积极打造国内产业链,同时将国内产业链与国际产业链形成有效对接,以此实现对国际国内生产要素的统筹,在更大范围内进行资源的配置。进一步优化开放型经济发展方式,大力支持和培育新型贸易业态,抢抓物联网、云计算、大数据等新技术变革机遇,提升开放型经济的技术水平和效率,加快发展服务贸易,促进贸易结构的优化。发挥好综保区在开放型经济方面的前沿引领作用,加强对自贸区先行先试政策的对接,促进投资管理领域、贸易便利化领域、金融领域、服务业开放领域和事中事后监管措施等改革事项在全市范围内的落实,并通过这些领域的改革,倒逼其他领域的改革进程,以此促进全市经济领域改革的深入推进。

第三,要不断提高城市经济密集度。南京作为特大城市需要不断突破空间、资源等的局限,避免"摊大饼"式的盲目扩张,以"精明城市""紧凑城市"发展理念为引领,提高要素的使用效率,提倡精细化发展,提高城市发展的聚居和扩散效应,提升城市经济的密集度。要从规划入手,对基础设施建设进行更加有效的规划,提高中心城区的公共服务能力,合理划定开发边界,在减少新增建设用地的基础上,提高对存量土地的利用效率,以土地利用方式的转变来促进经济增长方式的转变，提高资源配置效率。加快各区域的发展，根据不同板块的产业特色和资源禀赋条件，构建起适合本地的产业体系，形成各具特色、产业结构合理错位的大都市产业框架。

（四）加强对产业发展载体的优化与升级

瞄准建设具有全球影响力的产业科技创新中心、国家创新中心城市的目标，结合"中国制造2025""互联网＋"行动计划、大众创业万众创新等国家战略，以聚焦重点领域、重点项目、产业基地为核心，创新产业载体建设，加快产业集群集聚。

第一，重点支持江北新区作为产业转型的引领区。抓住江北新区上升为国家战略的重要机遇，将江北新区建设成为南京产业转型升级、创新发展的重要引领区。依托南京高新技术产业开发区、南京化工园、浦口经济开发区、六合经济开发区等主要载体，重点发展智能制造、生命健康、新材料、高端交通装备等先进制造业和现代物流、科技服务等生产性服务业，在加快转变经济发展方式、推进产业结构优化升级方面进入国家级新区第一方阵。支持江北新区建设"产业科技创新中心基地"，积极推动江北新区与苏南国家自主创新示范区的创新融合发展，针对江北新区产业布局，充分发挥省产业技术研究院的创新引领作用，推动创新资源向产业集聚。

第二，打造一批具有地标效应的枢纽经济区。充分发挥南京水陆空兼备的综合交通枢纽的优势，以空港、高铁、海（江）港枢纽经济区建设为载体，推进"港、产、城"融合发展，不断提升枢纽综合服务功能，拓展经济发展新空间，培育经济增长新动力。积极争取在禄口机场设立空港综合保税区，推动航空物流、航空制造、临空关联产业集聚发展，争创省级空港经济开发区和国家临空经济示范区；高水平推进南部新城建设，大力培育总部经济、商务商贸、科技研发、文化创意等产业，打造南京南站高铁港枢纽经济区；依托南京江海转运枢纽港，完善集疏运体系、物流园区和航运服务体系，培育现代物流、跨境电商、航运交易等临港产业，打造海港枢纽经济区。高起点建设南京综合保税区，以南京综保区龙潭片和江宁片为载体，以龙潭港和空港为依托，将综保区发展成为我国现代服务业新高地、海峡两岸经济高端合作引领区、中外科技合作试验田及重要的国际货物集散地。

第三，建设一批具有全球影响力的创新承载区。区域创新能力的提升是推动产业向中高端水平攀升，构建具有国际竞争力的现代产业体系的重要保障，加快创新载体和平台建设是增强自主创新能力的基础。重点依托"一区两园"（即南京高新区、新港高新园、江宁高新园），将其打造成为南京科技创新中心的核心区，辐射带动紫金科技人才创业特别社区、麒麟科技创新园（生态科技城）、仙林大学城、江宁大学城、科技企业孵化器、大学科技园、软件谷、无线谷、液晶谷、智能电网谷、留学生创业园、大学生创业园等载体。有效整合南京地区高等院校、科研院所、企业和园区资源，充分发挥地区科技创新创业人才优势，不断引导重大创新项目和技术转化项目的高端集聚，不断提升南京在创新研发、技术转移、创业服务方面的建设水平，加快科技资源优势的快速转化，提高创新效能。通过搭建资本和市场的对接平台，积极开展众创空间集聚区建设试点，以要素集聚促进创客集聚和产业集聚。

第四，升级一批具有地域特色的现代服务业集聚区。按照供给侧结构性改革的要求，发挥生产性服务业在技术升级、流程优化、效率提升、节能降耗等方面的带动作用，优先促进生产性服务业的集聚发展。从规模导向转变为创新导向，不断提升服务业集聚区创新产出能力。打造河西金融集聚区、新街口金融商务区以及江北新区服务贸易创新发展试点区三大区域金融服务中心；依托三大枢纽经济区，打造区域商贸物流中心；依托秦淮老城南文化休闲旅游区、建邺河西影音游戏广告功能区、佛教文化体验功能区等12个功能区，打造区域文创旅游中心；依托江南江北两大健康医疗服务集聚区，打造区域健康医疗中心。注重顶层设计和高层次协调，鼓励物流运输布局栖霞区、江宁区、溧水区和六合区，软件开发布局雨花台区，集成电路设计布局浦口区，金融保险布局江北新区和建邺区，医疗卫生向玄武区、秦淮区和鼓楼区以外各区布局，不断优化现代服务业的空间布局。着眼多样化集聚，充分利用区域资源，找准自己的特色，发展一批各具特色的现代服务业集聚区。

第五，夯实一批具有国际竞争力的先进制造业基地。基于智能化生产、个性化定制、大数据营销的新一代制造发展趋势，要打造具有国际竞争力的先进制造业基地，抢占全球价值链高端，必须着力推动供给侧结构性改革，以先进标准和品牌化建设为标杆，不断提升企业创新能力,推动传统制造向新一代信息技术、高端装备、新材料、生物医药等高端制造领域转变。以高端培育和低端调整为着力点,以互联网创新和协同创新为驱动力,不断培育产业竞争新优势。重点依托南京经济技术开发区和江宁经济技术开发区,围绕高端装备制造、生物医药、智能电网、未来网络、航空航天装备等领域,实现生产制造高端化、智能化、服务化,打造具有国际竞争力的先进制造业基地。推动高淳区和六合经济开发区的"节能环保设备先进制造业基地"、南京市溧水经济开发区的"新能源汽车先进制造业基地"等省级先进制造业基地发展,切实增强产业核心竞争力。以增动能、去产能为路径,以高端培育和低端调整为着力点,推进老工业基地提高产品附加值,实现转型发展。

(五)推动经济体制机制的改革与创新

制度体系的完善是特大城市持续获得竞争优势,并不断发展壮大的基础。南京要进一步加快体制机制的创新发展,为特大城市的建设奠定完善的制度环境。

一是要进一步规范政府职能、作用和权力范围,从根本上改变政府介入经济发展的方式。要明确界定政府与市场之间的关系,将政府的行为引导到竞争环境的营造、市场的监管、公共产品的提供等方面。改变政府对经济工作的指标化引导方式,减少或取消对于某类产业、某些领域的政府助推力度,为不同企业、不同行业、不同领域和环节的发展营造公平的市场环境,让市场决定资源配置的方式和方向,将政府工作的重点集中在市场公平竞争和均等机会的环境营造上,而不是实施政策性差别化发展待遇上。

二是要推进国有企业改革,减少国有企业的行政性垄断。南京国有企业较多,体量较大,长期以来,在政府行政政策的保护和扶持下,国有企业虽然贡献了较多的财政资金,但效率低下、管理落后、技术先进程度不高等问题已较为严重。为此,必须打破行政垄断,改革自然垄断,对于石化、电力、电信、金融、文化传媒、医疗、教育、政府公共事业等垄断较为严重的领域,降低准入门槛和政府管制,为民间资本的进入创造机会。深入推进混合所有制的发展,针对不同企业改革进程中出现的问题,采取差别化的政策措施。充分发挥资本市场在国有企业改革中的作用,同时为民间资本参与国企改革创造条件。

三是加快经济领域的法制化建设。围绕南京经济发展的重点任务、重点领域和行业，制定和完善相关法律法规。针对南京产业发展的需要，可重点加强以下几方面的法制化建设，即围绕提高南京的创新能力等问题，加强技术创新方面的法治建设，加大对知识产权的保护力度；围绕促进产业结构进一步优化和完善等问题，推进重点产业领域的政府扶持金额、扶持领域、技术标准、产业应用措施等方面的制度完善；围绕提高产业资源配置能力等问题，对政府的权力范围进行界定，规范监管方式和方法，严格执法执政，加强行政执法，整顿和规范市场经济秩序，形成统一、开放、公平、有序的大市场，营造制度化、规范化的产业发展环境，为南京的经济发展创造良好的法制环境；围绕产业绿色化发展等问题，应从资源利用、环境保护、节能减排等方面加强法制建设，通过严格的法律约束以及强有力的执法监督，减少经济发展对资源的消耗和对生态环境的破坏，为南京特大城市的建设提供良好的城市生态环境。

（六）加快城市功能的升级与完善

产业转型升级、科技创新发展和城市功能优化是相辅相成，相互影响的。通过打造宜居宜业的生态环境，构建国际化、市场化和法治化的社会环境，提升科技创新、综合服务功能，有助于吸引高端要素集聚。另一方面，高附加值产业的集聚，可以进一步优化城市功能，形成新的动力源和增长极。努力推进具有南京特色的现代化特大城市建设，发展符合特大城市要求的现代产业体系，需要城市品质的提升和城市功能的优化，并在两者之间形成相互促进的良性态势。

第一，凸显特大城市核心功能，建立非核心功能负面清单。强化南京核心功能，疏解非核心功能是实现规模控制的重要抓手，是缓解城市高密度建设所带来的交通拥堵、房价高涨、教育医疗资源配比失衡等"城市病"的有效手段，是确保南京经济社会可持续发展的必然选择。南京推动产业优化升级，应当树立正面清单和负面清单的理念，强化核心功能引领，建立非核心功能负面清单，处理好"舍"与"得"的关系，实现内涵发展和集约发展。作为继上海超大城市之后，长三角唯一的特大城市，东部重要中心城市，南京要进一步凸显战略定位和核心功能，重点打造国家科技创新中心、先进制造业基地、现代服务业集聚区、国际性人文绿都，不断激发创新创业活力，提升带动和辐射能力。要制定调整产业和疏解功能的负面清单，逐步清理出不符合核心战略定位的产业和功能。在疏解过程中，不断调整非核心功能，使特大城市的核心功能日益凸显，城市的异质性和竞争力不断提升。同时，鉴于南京自身独特的枢纽地位，尤其要注重通过软硬环境的建设和完善来强化城市的枢纽功能。南京要将产业发展环境的优化和改善同枢纽经济的发展紧密结合起来，不断凸显南京作为长江门户城市的枢纽中心地位。通过基础设施的建设强化南京承东启西的重要性；通过软环境的建设以及基础设施的完善，形成南京的信息枢纽中心地位；通过金融机构的集聚，提升南京的区域性金融中心地位。通过人流、物资流、信息流、资金流的汇聚和流动，提高南京特大城市的综合竞争力和独特优势，同时为产业的发展提供充足的要素支撑。

第二，强化规划引领作用，不断优化功能布局。规划在明确战略定位的同时，也为未来城市功能优化提供了方向。《长江三角洲城市群发展规划》中明确提出将以南京为中心的南京都市圈打造成为区域性创新创业高地和金融商务服务集聚区，在新批复的《南京市城市总体规划（2011—2020年）》中指出南京是江苏省省会，东部地区重要的中心城市，国家历史文化名城，全国重要的科研教育基地和综合交通枢纽，要逐步把南京市建设成为经济繁荣、和谐宜居、生态良好、富有活力、特色鲜明的现代化城市。在城市范围内，立足新的城市定位，南京将积极构建以主城为核心，以江北新区、东山（空港）副城、仙林（汤山）副城为重点的都市区格局。在控制中心城区规模，做强核心功能的同时，在城市外围发展高淳、溧水等新城以及特色小镇等，逐步推动城市非核心功能向郊区以及更大范围转移，优化城市功能布局。在区域范围内，不断提升长三角城市群一体化和南京都市圈同城化水平，主动对接上海，深化与杭州、合肥等长三角城市合作的同时，深入推进南京与镇江、扬州等地的基础设施一体化建设，提升南京中心城市功能，加快建设南京江北新区，辐射带动淮安等城市发展。落实苏南国家自主创新示范区和现代化示范区建设要求，完善与苏南其他城市的协同发展机制。在区域范围内，推动错位竞争，形成优势互补的协同效应。

第三，优化"三生"空间，提升城市品质魅力。从国内外城市发展经验来看，优化城市现代功能，提升宜居宜业品质，不仅有助于留住高素质的科技创新人才，吸引国际组织和机构，更是提升城市综合竞争力，建设特大城市的基本保障。只有实现生产、生活和生态空间的优化布局，不断提升城市品质，增强城市吸引力，才能在经济增长、环境宜居和社会和谐之间寻求共赢，建设成为富有活力、生态宜居、智慧人文的特大城市。优化"生产空间"，强调城市发展要从粗放型、扩张型向集约高效型转变，以提高土地开发强度、产出效率为目的，通过新产业、新功能的"植入"，在现有城市基础上吐故纳新，让城市价值再生，实现"精明增长"。完善"生活空间"，要强化问题导向，针对交通堵塞、废弃物处理等城市生活环境问题，重点攻克，加快建设安全高效便利的生活服务设施和市政公用设施网络体系，实现"精致生活"。提升"生态空间"，要在人文、生态、特色上做文章，注重历史文化传承，放大绿色生态优势，充分展现文化古都、滨江城市、人文绿都有机融合的特色风貌，保证"精美品质"。同时加大对房地产的调控力度，控制房价过快上涨，一方面降低企业的发展成本，提高生存空间；另一方面为人才的引进和留驻创造条件，提升城市的综合集聚能力。

第四，发挥市场主导作用，完善企业服务平台。城市功能的形成有着深厚的历史沉淀，包括资源禀赋、区位条件等，单纯依靠行政手段去干涉，往往达不到预期效果，如城市过度的补贴，反而会阻碍市场机制发挥作用。一些基层政府担心影响GDP，在城市功能优化中反而扮演反面角色。在做好规划的同时，要不断完善市场的调控机制，市场不仅擅长高效配置资源，更能够客观地筛选出更具市场价值和科技前景的产业和项目。同时也要发挥政府的积极作用，通过消除区域行政壁垒、完善交通基础设施配套、改善公共服务等举措，创造利益驱动和发展预期机制，用经济手段引导企业转型升级，倒逼低端产业寻找新的发展空间。转变政府服务职能，创新企业共性技术服务机制，根据南京产业发展现状，重点加快新型投融资平台、咨询服务平台、信息服务平台、知识产权服务平台、科技创新服务平台等建设，建立促进产业壮大的全方位的市场服务体系，打造好企业发展的软环境。

链接：南京建设特大城市的对标城市产业发展情况

国际上特大城市很多，选取其中的六个城市作为对标城市。而国内属于国家级特大城市的是上海、北京、广州、深圳。分析东京、纽约等国际城市和北京、上海等国内城市的产业发展重点，对南京建设特大城市，构建新产业体系具有重大的现实借鉴意义。

1. 纽约：金融与贸易中心

早在19世纪，纽约就是一个经济功能齐全的大城市，是美国最早的制造业中心。20世纪70年代后期，随着制造业的衰退，纽约的服务业迅速发展，成为金融商贸中心，纽约与东京、伦敦并称世界三大金融中心，世界知名的跨国银行和多家全美著名的大银行总部均集中在纽约，进入20世纪末，纽约迅速发展教育产业、文化产业、旅游业以及信息产业。纽约聚集了近四百家银行，超过了伦敦和东京，这是商业发展的有利条件，同时全美最大的中介商公司在纽约聚集。纽约及纽约都市圈中集聚了很多享誉世界的名校，汇聚来自全世界的高技术人才，为纽约产业发展提供了大量人力资本。

2. 波士顿：科技与教育中心

波士顿是美国现代化科学技术中心，同时，波士顿城市集中了金融、教育、建筑、运输服务以及高科技等产业，也是美国重要的科技与教育中心之一。作为美国工业革命的发源地，波士顿不仅是纽约都市圈的科技中心，还是最早完成工业化的地区。20世纪20年代后期，波士顿的制造业率先进入成熟期，并开始走向衰退。到了二战后，其衰退情况更为严重。20世纪初期，随着劳动力成本的提高，服装、纺织等制造业开始向都市圈内成本较低的地区转移，为知识与技术密集型产业的发展提供了一种可能。波士顿也因此开始向高技术产业发展，新型的高技术产业开始逐渐发展起来，当时的波士顿已经是美国的电子工业中心，到了20世纪60年代初期，波士顿的128公路附近已经聚集大量高技术企业，当时的知名度仅次于美国硅谷。与此同时，波士顿还对生物技术进行大量投资，成为了美国重要的生物技术中心。

3. 费城：制造业与运输中心

费城是全美第五大城市，拥有优越的地理位置，具有多元化的经济结构和港口的优势，城市功能定位明确。同时，费城是美国东海岸主要的钢铁和造船基地，是美国重要的制造业中心。国防、航空、电子、制药、制造业、教育和交通服务业等是该城市的主要产业，其港口也是美国的一个重要港口。港区岸线长达80多公里，港口设施齐全，有300多个码头可供远洋。根据美国各港口的统计，其港口集装箱的容量排名第二，进口货物的吞吐量排第四。另外，密集的公路网和铁路干线与港口相接，水陆联运便捷。可以说，费城整个交通运输业的发展是受到其港口的带动，促使它成为美国最重要的交通枢纽之一。

4. 伦敦：金融中心和世界文化创意中心

第一，伦敦金融保险业发展迅速，金融自由化、国际化发展迅速，伦敦率先进行金融创新、变革，金融保险业迅猛发展，这不仅使金融保险业成为伦敦最大的就业部门、最大的经济部门，也使伦敦成为全球规模最大的金融中心。伦敦的金融保险业具有鲜明的国际化特征，在世界国际经济中心城市中位居第一。从事金融业的外籍人士占到20%。第二，伦敦专业服务业发展迅速。专业服务业包括法律、会计、咨询、广告、设计、高等教育、科研、卫生等，这些产业发展与信息社会发展密切相关，也是金融服务业不断细化分工的结果。第三，伦敦的文化娱乐业发展迅猛。文化娱乐业发展一方面是金融服务业、专业服务业分工细化、联系深化的需求，同时，也是伦敦国际化程度提高，外籍人员增加，多元文化融合，城市居民对多样性文化娱乐的需求。20世纪90年代，伦敦开始认识到工业发展所导致的环境污染问题急需解决，尤其是经过对泰晤士河的治理和对伦敦"雾都"称号的深刻反思，最终，伦敦决定将发展文化创意产业作为实现经济复兴的重要途径。为了推动本市文化创意产业的大发展，伦敦市相继出台了一系列的可行性的政策措施，目前，伦敦已经成为全球的创意中心。

5. 东京：经济与政治中心

东京集中了大部分政府行政机构、教育文化机构、批发零售业、住宿餐饮等服务行业，以及金融保险业、不动产业等，发挥着巨大的中枢作用。东京不仅是日本政治、经济、文化中心，还与纽约、伦敦并称世界三大金融中心，是世界上最重要的经济中心之一。20世纪60年代后，东京制造业的产值比重处于持续下滑的状态，到2005年制造业占东京GDP的比重仅为8.7%。但从东京制造业内部结构来看，东京的工业在由劳动密集型及原材料型向加工型转型，由高消耗产业向节能型的产业转型，由电气机械、运输机械等生产向高附加值转型。与此同时，包括生产性服务业在内的其他服务业迅速发展，在金融、通信服务等行业部门实施了各种制度改革，打破行业垄断，降低了行业进入壁垒，促进了金融、租赁、广告、信息服务、研发支援以及各种专业服务业的发展。此外，得益于"总部"的集聚和生产性服务业的发展，房地产业稳步发展，产值比重逐年上升，20世纪初包括生产性服务业在内的其他服务业，已成为东京最大的产业部门，其产值占GDP的比重达到86.5%。

6. 新加坡：全球文化和设计业的中心

长期以来，制造业是新加坡经济发展的主动力。但是，制造业产值始终处于波动之中，就业人数处于持续减少的趋势中。就现状而言，新加坡作为一个制造业基地已经不具备竞争力。因此，新加坡政府适时提出以知识经济为基础，大力发展创意产业，并将创意产业定为21世纪的战略产业，努力使新加坡成为"新亚洲创意中心""一个文艺复兴的城市""全球文化和设计业的中心"，通过创意产业与传统制造业并举来提升城市创新能力，全力打造创新型城市。2000年新加坡信息与艺术部提出一份《文艺复兴城市报告》；2001年新加坡政府成立经济检讨委员会，制定《创意产业发展策略》，该策略以三个重心"文艺复兴城市2.0""设计新加坡""媒体2.1"来发展新加坡的创意产业，目前新加坡已经成为亚洲创意枢纽，并极大提升了城市创新能力。

7. 北京：企业总部和研发中心

北京市目前的产业结构呈现一定的"去工业化"特征，但是还不显著，制造业仍然是北京市产业结构的主要组成部分。北京新时期的产业发展战略强调，要大力优化制造业结构，同时也要致力于推进制造业产业集群的培育，大力发展以电子信息制造业、生物产业为主的高新技术制造业，这使得北京市的制造业逐渐呈现出集群化发展的态势。从工业总产值的角度分析，北京市具有三大制造业集群：关于化工产业的化学原料制造业集群，关于汽车装备产业的汽车及装备制造业集群以及关于信息产业的电子及通信设备制造业集群。"十二五"时期，北京市产业发展的思路逐步调整为坚持重点发展以现代服务业为主的第三产业，逐渐弱化制造业对地区经济的影响。北京市现代服务业中，具有典型大都市服务特点的科技服务业、信息服务业、金融业、文体娱乐业和商务服务业是目前具有较强优势的产业。北京正在成为服务区域、服务全国、辐射世界的生产性服务业中心城市，集聚企业总部和研发机构。

8. 上海：金融中心、科技创新中心与文化大都市

上海的产业发展一直坚持"三、二、一"产业发展方针，不断促进产业升级，优化产业结构，不断提升产业的国际竞争力，实施制造业与服务业一体化的发展战略，制造环节与研发设计等服务环节趋于融合，以现代服务业和高新技术产业引领上海经济增长。节能环保、新一代信息技术、生物医药、高端装备、新能源、新材料和新能源汽车、金融业、文化产业是上海的主导产业。上海2014年信息产业增加值占上海市生产总值比重的10.4%；上海市文化创意产业增加值占GDP比重为12%；2015年上海金融业增加值超过了4000亿元，占上海全市生产总值的比重超过了16%。目前，上海作为全国金融中心、科技创新中心与文化大都市，已成为全国城市综合经济实力最强的城市，成为中国的第一大经济中心。

9. 广州：现代服务业中心

广州的产业发展呈现"三、二、一"的产业格局，基本形成了以现代服务业为主体的都市型产业结构体系，金融保险、咨询服务、商务会展、信息服务等高端服务业迅速发展，现代服务业成为推动广州经济增长的主导力量。从工业结构内部看，轻工业比重稳步下降，重工业比重日益增长，这对于广州由外源型经济向内源型经济转变，提高对经济环境的风险抵抗力，加快自主创新能力的发展具有重要意

义，汽车、电子、石化等重工业行业是广州产业发展的中坚力量。

10. 深圳：科技和产业创新中心

深圳一直实施产业多元化战略，强调创新，加快产业调整、转型与升级，建立具有较强竞争力的、极具特色的多元化经济体系。深圳是十八大后中央批复的首个城市单元的自主创新示范区，深圳充分发挥高校和科研院所密集的中心城市、国家资助创新示范区、国家高新技术产业开发区作用，形成一批带动力强的创新性省份、城市和区域创新中心，系统推进全面创新改革试验，加快深圳科技、产业创新中心建设，成为全国科技和产业创新中心。产业重点领域包括金融业、物流业、文化产业、电子信息技术、软件、通信设备、生物医学、新材料等战略性新兴产业。

第四章

南京建设特大城市的开放经济转型发展

对外开放是中国长期的基本国策,党的十八届三中全会进一步提出了"不断完善开放型经济体系,构建新型开放型经济体系"的战略目标。上海自贸区的设立是打造中国经济升级版,顺应全球经贸发展新趋势,更加积极主动对外开放的重大举措,也催发了中国自贸区建设的热潮。南京是长江经济带下游紧邻上海的大型城市,是建设长江经济带极为重要的"龙颈"城市,承担着承接上海辐射、带动中西部发展的重任。在中国进一步扩大开放的发展进程中,南京也应加快调整贸易结构和贸易方式,推动南京形成有效配置、合理利用国内外高端经济要素,引进来和走出去相结合的对外开放新体系。深入研究自贸区,尤其是上海自贸区建设对南京将可能产生的效应,充分发挥上海自贸区示范效应、溢出效应的积极影响,减少虹吸效应可能产生的负面影响,同时立足于南京自身的城市发展特色和对外开放现状,以开放促改革,对于提高南京城市的综合竞争力及其在全球城市体系中的地位具有十分重要的意义。

第一节 南京开放型经济发展面临的国内外新态势

一 世界经济发展的新态势

在全球经济放缓和国际需求不振的影响下,世界各国都在积极探索突破的路径和方式，全球经济格局出现动荡、生产分工体系发生变化，同时带动世界贸易和投资规模及其规则的改变，概括来讲，主要体现在以下几方面。

（一）全球制造业生产分工体系出现调整

在后危机时代，世界经济进入了再平衡运行轨道，引发了全球制造业生产分工体系的新变革。一是高端制造业回流发达国家。以美国为首的发达国家开始重整制造业，发达国家先后实施了"再工业化"战略，出现了高端制造业回流发达国家的新趋势。二是新技术重构发达国家传统制造业生产体系。工业机器人、3D 打印、智能化工厂等新产品和新技术的出现，重构了发达国家传统制造业生产体系，大幅降低了发达国家传统制造业生产中劳动力和土地空间成本，使发达国家传统制造业的生产重获新生。三是低端制造业环节向低收入国家转移。在发达国家制造业回归本土生产和重振制造业发展优势的同时，低收入国家大规模吸引低端制造业的竞争优势也开始凸显，大量低端制造业环节正由刚刚进入中高收入的新兴国家向低收入发展中国家转移。这样，随着全球制造业生产空间格局变动，将会打破现有国际生产分工体系，也将形成世界贸易的发展新格局。

（二）世界地缘政治冲突不断

2015 年以来，世界地缘政治冲突频繁不断。一是欧洲一体化进程严重受阻。希腊脱欧扰乱了欧洲一体化进程。尽管希腊 GDP 产值占整个欧元区的 2% 左右，占比不大，但希腊债务危机引发的希腊脱欧，对建立一个牢不可破的联盟欧洲影响较大。英国的脱欧严重影响了欧洲一体化进程，对整个欧洲经济产生深远影响。二是乌克兰危机的持续发酵导致了俄罗斯与美国、欧盟的贸易关系持续恶化。危机发生后，俄罗斯与美国、欧盟之间的经济制裁与反制裁现象不断发生，影响了欧洲、美国对俄罗斯之间的经贸关系发展。三是中东地区教派冲突和非洲战乱时有发生。伊拉克战争后，中东地区原有大国之间稳定关系被打破，伊拉克、伊朗、叙利亚、也门等国内各教派之间冲突时有发生，"伊斯兰国"极端恐怖组织不断引发恐怖事件。刚果、中非、南苏丹等非洲国家内战频频发生，进一步加剧了地区紧张局势，影响了跨国公司以及新兴经济体对这些地区的投资意愿。

（三）全球贸易和投资规模不断下降

受世界经济不景气的影响，全球贸易和投资规模不断下降。长期以来，全球贸易增速始终快于GDP增速。自1990年以来国际贸易平均增长率为5.1%，为全球GDP增长率的2倍。但从2011年开始，国际贸易增长率已经持续5年多下滑，据世界贸易组织（WTO）统计，2015年，世界贸易额为16.5万亿美元，与2014年的19万亿美元相比，大幅下降了13%。同时，2015年世界贸易量仅增长了2.8%，连续四年低于3%，并低于世界经济发展增速。二战后持续40多年的世界贸易增速与世界经济增速"2∶1"的规律从此被打破。据WTO的统计，2016年全球贸易量同比增长仅1.3%，创下了2009年以来的最低，表明国际贸易拉动经济增长的动力在不断减弱。全球的FDI增速也相对缓慢，尤其是新兴经济体的净资本流入大大下降。2016年4月国际货币基金组织（IMF）公布了新兴市场资本流动情况报告。自有统计数据的1980年之后，新兴国家在2015年首次出现资本净流出，流出规模相当于各国和地区国内生产总值（GDP）的1.2%，中国尤为严重。根据IMF对40多个新兴经济体和地区的资本流动情况分析结果显示，在发生雷曼危机的2008年之前，面向新兴市场的投融资不断增加，在2010年达到峰值，资本净流入占GDP的3.7%，此后，流入新兴经济体的净资本流入转为减少，2015年首次出现资本净流出，为1987年以来最低点。

（四）全球贸易体系的规则和内容出现新变化

在当前全球经济增长缓慢和多哈回合不能有效达成广泛共识的情况下，世界贸易大国重新考虑贸易在经济增长中的前景和战略作用，开始不断努力调整贸易政策，进行贸易自由化和投资便利化改革。世界贸易形势也相应地出现了一些新特征，具体表现为：一是区域性贸易协定主导国际贸易规则。在WTO"多哈回合谈判"停滞不前情况下，全球大多数国家或地区都在进行区域贸易协定（Regional Trade Agreements，简称"RTA"）谈判。美国通过主导的跨太平洋战略经济伙伴关系协定（Trans-Pacific Partnership Agreement，简称"TPP"），以及美国和欧盟共建的跨大西洋贸易与投资伙伴协议，力图重新确立全球贸易新规则，并取代WTO多边贸易体制下的现有规则。二是建立对外贸易发展新载体。自由贸易区已经成为各国和地区发展自由贸易，积极融入全球贸易投资新规则的平台。目前全世界约有 1200 个自由贸易区，几乎所有的 WTO 成员国都加入了一个或者几个自由贸易区。通过自贸区的建立，对接世界贸易新规则，更直接地融入全球贸易新体系中。三是世界贸易结构和内容发生新变化。服务贸易成为新增长点，20 世纪 80 年代以来，随着服务业在各国经济中的比重持续上升，世界服务贸易的增速已是世界货物贸易的 2 倍，服务贸易占全球货物贸易总额的比重也从 20 世纪 70 年代初的 10% 升至 2014 年的 25%。技术贸易成为国际贸易新热点，技术贸易在国际贸易总额和国际服务贸易总额中的比重已从 20 世纪 70 年代的 1/30 和 1/10 左右上升到目前的 1/20 和 1/5。同时，在大数据和云计算技术支持下，电子商务成为国际贸易中的一匹黑马，异军突起，目前已经占到世界贸易的 10% 左右。

二 中国开放型经济发展的新要求、新目标和新举措

（一）中国开放型经济发展的新要求

开放型经济是一个国家（或地区）开展对外贸易，融入全球经济体系的一种经济运行方式，其具有特定的内涵，且随着时代的发展和内外部环境的变迁而不断地丰富。十八大前后，国内外经济发展条件和环境均发生了巨大变化，对内我国经济发展处于转型发展，进入全面建成小康社会历史阶段，开放型经济需要注入促进区域统筹协调发展新动力；对外以美国为首的西方发达国家开始设置新的贸易规则与壁垒，即跨太平洋和跨大西洋伙伴关系协议，同时，中外贸易摩擦持续高发，产业升级遭受到国外技术垄断的打击。面对这样的外部环境，开放型经济需要更加积极主动的新思维，实行更加积极主动的开放战略，完善互利共赢、多元平衡、安全高效的开放型经济体系，提高利用外资综合优势和总体效益，推动引资、引技、引智有机结合。加快走出去步伐，增强企业国际化经营能力，培育一批世界水平的跨国公司加快转变对外经济发展方式，推动开放朝着优化结构、拓展深度、提高效益方向转变。创新开放模式，促进沿海内陆沿边开放优势互补，形成引领国际经济合作和竞争的开放区域，培育带动区域发展的开放高地统筹双边、多边、区域、次区域开放合作，加快实施自由贸易区战略，推动同周边国家互联

互通。① 具体来看,当前中国新型开放型经济体系的要求主要体现在以下几方面:

1. 对外贸易平衡发展

改革开放以来,我国对外贸易发展一直处于不平衡状态,主要表现为出口大于进口、货物贸易大于服务贸易、劳动密集型产业出口大于技术、资本密集型出口。面对对外贸易不平衡现象,十八大报告提出,要坚持出口和进口并重,推动对外贸易平衡发展。对外贸易要从单纯强调扩大出口向追求贸易基本平衡转变,出口应从过去的数量扩张转到质量提升上来。通过大力发展服务贸易,把发展服务贸易作为优化贸易结构的重点,改变长期以来我国货物贸易大于服务贸易的不平衡现象。通过完善外贸方式,促进加工贸易转型升级,改变过去"三来一补"两头在外的传统贸易加工低附加值方式,逐步向微笑曲线两端延伸。同时,把开拓发展中国家等新兴市场作为实施市场多元化战略的主攻方向,打破过去外贸出口依靠欧美市场传统格局。

2. 引进来与走出去平衡发展

过去我国开放型经济的主要工作之一就是吸引外商投资,大量的外商投资促进了我国地方经济的发展,但在新时期,随着我国对外贸易规模的不断扩大,企业竞争力的提高及国内劳动力成本的逐步上升,原有的"引进来"对外开放模式已不能适应当前开放型经济发展的需要,企业急需通过引进来与走出去相结合,建设开放型经济发展新格局。十八大报告指出,提高利用外资综合优势和总体效益,推动引资、引技、引智有机结合,要加快走出去步伐,增强企业国际化经营能力,培育一批世界水平的跨国公司。从十八大报告中,可以看出未来我国把外资引进重点向高端制造业和服务业转型,通过鼓励企业走出去来提升我国利用外资的综合优势和总体效益。

3. 多边区域合作平衡发展

长期以来,我国改革开放的前沿阵地集中在东南沿海地区,外贸出口目的地集中在欧美市场,而随着外部发展环境的变化,以及新一轮全球贸易伙伴协议的签署,我国更加注重多边贸易合作,更加注重区域协

---

① 张玉阁、黄启云:《新一轮开放内涵和路径解读》,《开放导报》2014年第2期。

调发展。十八大提出，坚持世界贸易体制规则，坚持双边、多边、区域次区域开放合作，扩大同各国各地区利益汇合点，以周边为基础加快实施自由贸易区战略。对国内来讲，主要是拓展深度，真正形成全方位、多层次、宽领域的开放型经济格局，促进东部沿海地区与广大中西部地区间的开放平衡，优化国内开放格局。对外来讲，促进中国与东盟、韩国等多边和双边自贸区建设。

4. 政府推动与市场机制平衡发展

在改革开放过程中，政府通过制定外商投资优惠政策方式，吸引了大量外商企业落户中国，同时通过各种税收优惠政策鼓励企业出口，导致了靠政府有形之手推动我国开放型经济发展。十八大提出：扩大企业及个人对外投资，确立企业及个人对外投资主体地位。十八大还提出市场对配置资源起决定性的作用，用市场的力量推动我国开放型经济发展。上海自贸区建设是政府推动与市场机制平衡全新突破，通过负面清单管理模式的探索，实现贸易和投资的便利化。

(二) 中国开放型经济发展的新目标

基于对"十八大"开放型经济发展新要求的理解，以及国内外开放型经济发展新趋势、新态势的把握，新型开放型经济体系的建设目标可以归纳为以下几点：

1. 适应高标准全球经济规则

适应高标准全球经济规则，是构建新型开放型经济体系的首要目标。高质量和高标准已是当前全球经济规则发展的重要趋势。显然，在高标准的全球市场经济规则之下，只有能够达到标准要求的国家和地区，才能够进一步融入经济全球化之中，才有可能掌握全球经济未来发展主动权，而"不达标"的国家和地区，则极有可能被边缘化。"高标准"更多关注的是一国国内经济政策、产业政策、自主创新、政府采购、知识产权保护等。因此，适应"高标准"，其实质就是要建立更加成熟、更加完善、更加公平、更加规范、更加透明、更加法制化的市场经济体制，而要做到这一点，进一步推动经济体制改革是唯一途径。因此，从上述意义来看，为适应高标准的全球经济规则所必须进行的改革，其实质又是一种"以开放倒逼改革"的效用。"以开放倒逼改革"所能产生的经济竞争优势，在中国开放型经济发展历程中，实际上已有先例。比如，在中国入世之前，为了能够与国际通行规则接轨，为了能够成功应对加入 WTO 以后带来的冲击效应，中国就进行了一系列市场化改革。而正是这种"以开放倒逼改革"的效应，使得中国加入 WTO 后能够成功地发挥比较优势，促进了开放型经济的发展。在全球经济规则高标准化发展趋势下，构建新型开放型经济体系就是要适应甚至是参与全球经济规则制定，由此"以开放倒逼改革"必将为中国开放型经济发展培育出竞争新优势。

2. 从要素驱动向创新驱动转变

从要素驱动向创新驱动转变是构建新型开放型经济体系的重要目标。中国开放型经济的原有体制，是以简单融入国际分工体系和全球制造业体系为目标的。经过多年的高速增长，在为中国进一步扩大开放奠定坚实物质基础的同时，更面临着劳动力、土地等各类生产要素成本集中上升，以及资源、能源和环境约束日益严峻等问题[1]。因此，应对传统低成本优势不断弱化带来的挑战，开放型经济发展需要从要素驱动向创新驱动转变，这一方面需要具有"创新"要素，另一方面，也是更为重要的，就是将潜在"创新"能力转化为实践能力，这就需要充分发挥企业主观能动性。虽然中国社会主义市场经济体制正日趋完善，但市场在资源配置中的决定性作用尚未从根本上得到确立，企业微观活力难以得到有效释放。仍然存在着市场环境需要进一步优化、政府干预需要进一步减少、竞争机制需要进一步增强等问题。实际上，减少政府干预还可以避免政府"好事做过头"从而破坏了市场公平竞争秩序、从根本上扰乱了企业技术创新环境的不良后果。例如近年来以政府补贴方式发展战略性新兴产业，不仅没能在核心技术创新方面取得明显成效，反而导致了在低端产业链上"铺摊子"进而带来严重的产能过剩，甚至在有些地方被异化为圈地、争补贴和上投资的"锦标赛"[2]。普遍观点认为中国企业缺乏创新能力，而更本质地看，与其说创新能力的缺失是技术困境所致，还不如说是制度困境所致，缺乏创新能力的实质是缺乏激励创新的体制机制环境。因此，通过简政放权和减少政府干预，让

---

[1] 汪洋：《构建开放型经济新体制》，《人民日报》，2013 年 11 月 22 日。
[2] 金碚：《战略性新兴产业：谨防"竹篮打水"》，《中国经营报》2012 年 1 月 9 日。

企业在市场公平有序的竞争中发挥创新想象能力以及选择自负其责的技术路线，会更为有效地激发企业创新动力、市场活力，充分发挥"创新"要素的真正创新作用，实现开放型经济发展从要素驱动向创新驱动转变。

3. 提升"外在型"经济发展能力

提升"外在型"经济发展能力也是构建新型开放型经济体系的重要目标。在以要素跨国流动为主要内容的经济全球化条件下，"走出去"是一个国家（地区）利用世界资源和市场能力以及经济国际化水平的集中体现；是更好地从全球获取资金、技术、市场、战略资源，拓展经济发展空间，提升经济国际竞争力，增强经济发展的动力和后劲的重要战略；是企业深度融入全球市场，在全球市场中学习、竞争进而不断成长的重要途径。实际上，"走出去"整合全球优势要素资源，正是当前经济全球化下跨国公司迅猛发展的根本原因。中国开放型经济的发展，在过去相当长的一段时间主要是"引进来"，"走出去"发展则相对滞后。而导致这一问题的原因，排除中国企业自身能力不论，更为重要的在于促进企业"走出去"的体制机制还不健全、服务体系还不够完善。换言之，目前中国对外投资管理体制机制建设相对落后的事实，已不能完全适应企业"走出去"的新形势，在审批、管理、服务、出入境等方面存在许多障碍。因此，提升中国企业"走出去"的能力，增强"外在型"经济发展动力，是构建新型开放型经济体系的又一重要目标。

（三）中国开放型经济发展的新举措

一是实施顶层设计为主的政策保障措施。围绕如何简政放权、简化审批、改善贸易和投资环境，如何创新贸易发展方式和促进服务贸易发展方式转变等方面，中央系统性地制定了更加有利于开放型经济发展的政策体系。从2016年1—7月，中共中央和国务院陆续颁布了《国务院关于印发2016年推进简政放权放管结合优化服务改革工作要点的通知》（国发〔2016〕30号）、《国务院关于建立完善守信联合激励和失信联合惩戒制度加快推进社会诚信建设的指导意见》（国发〔2016〕33号）、《国务院办公厅关于加快推进"五证合一、一照一码"登记制度改革的通知》（国办发〔2016〕53号）、《国务院关于同意在天津等12个城市设立跨境电子商务综合试验区的批复》、《国务院办公厅关于印发国务院部门权力和责任清单编制试点方案的通知》、《国务院关于同意开展服务贸易创新发展试点的批复》、《国务院关于促进加工贸易创新发展的若干意见》、《中共中央国务院关于深化投融资体制改革的意见》等政策文件，从这些文件内容和出台的密集程度看，国家全方位、系统性地构建起开放型经济发展的政策基础，支撑我国开放型经济全面发展。

二是实施"一带一路"倡议。改革开放以来传统的"市场换技术、资金"的开放型经济发展模式已经难以为继，面对国内外开放经济发展新形势，我国已从单纯的"引进来"向"引进来"和"走出去"相结合的开放型经济发展新模式转变。"一带一路"倡议是我国主动走出去，参与世界经济发展，获取国外资源和市场的重大决策。通过"一带一路"建设的持续推动、促进了双向投资对外贸易的发展，拓展了国际产能合作空间。2015年，中国与"一带一路"相关国家双边贸易总额达9955亿美元，占对外贸易总额的25.1%。中国已经与相关国家合作建设了50多个境外经贸合作区。中国企业对"一带一路"相关国家直接投资148亿美元，增长18.2%；2016年我国企业在"一带一路"相关的61个国家新签订对外承包工程项目合同3080份，新签订合同额514.5亿美元，同比增长37%，占同期我国对外承包工程新合同额的51.6%。

三是积极打造开放型经济发展的新平台。在自贸区建设中，我国先后进行了一系列的探索与创新，如推进外商投资管理体制改革、试行负面清单管理、进行贸易监管模式创新、推进工商登记与商事登记制度改革等。在2016年8月国务院常务会议上，进一步提出要求扩大对外开放，尽快复制推广自贸试验区贸易便利化措施，按照便利通关要求，规范和统一不同关区、口岸业务标准，简化查验手续。此外，国家又同意在天津等12个城市设立跨境电子商务综合试验区，通过试验区的建立进一步健全完善信息共享、现代物流、金融服务、信用管理、风险防控、"单一窗口"、市场开拓和营销等服务体系，为企业提供对外贸易新渠道。同时，为了顺应世界技术贸易大发展的新趋势，国家先后批复了重庆、沈大、山东半岛、郑洛新、芜蚌、福厦泉等国家高新区建设国家自主创新示范区，对京津冀、沈阳、西安、武汉、四川、安徽、广东等省市关于系统推进全面创新改革试验方案进行了批复，以此增强我国技术和知识产品出口能力，提升我国开放型经济发展的综合竞争力。从自贸区建立、跨境电子商务综合试验区设立、自主创新示范区建设到全面创新改革试验方案的实施，我国正在逐步建立有利于开放型经济全面发展的新平台。

四是实施双边区域合作发展战略。目前，与中国签有贸易协定的贸易伙伴达到22个，涵盖中国对外贸易额的38%。中国与东盟签署了自贸区的升级议定书，《区域全面经济伙伴关系协定（RCEP）》谈判取得了实质性进展，争取在2016年结束RCEP的谈判。中美、中欧双边投资协定谈判取得了积极进展。内地同港澳地区签署了CEPA服务贸易协议。双边、区域经贸合作的稳步推进，深化了我国与贸易伙伴的关系。这些双边区域合作发展战略，夯实了我国开放型经济全面开放的基础。

三　长三角及江苏开放型经济发展的新动向

随着对国家开放型经济发展的有力推进，处于开放经济前沿的长三角地区和贸易进出口大省的江苏呈现出一些新情况。

（一）自贸区和海关特殊监管区成为开放型经济发展的新增长点

东部沿海地区的传统贸易进出口大省，依托自贸区和海关特殊监管区平台，探索开放型经济发展的新突破点。2014年，上海自贸区进出口总额为1241亿美元，占全上海进出口总额的14%，江苏省保税监管场所进出境货物和海关特殊监管区域物流货物进出口额合计732亿元，占全江苏进出口总额的13%，广东保税仓库进出口总额为1245亿美元，占广东全省进出口总额的11%。不仅如此，自贸区和海关特殊监管区已成为长三角地区开放型经济发展的引领者。2014年全国综合保税区进出口总额为2208亿美元，昆山、苏州工业园、浦东机场三者合计为817亿美元，占全国综合保税区进出口总额的37%；2014年全国保税区进出口总额为2321亿美元，外高桥、宁波、张家港三者合计为1110亿美元，占全国保税区进出口总额的48%。

（二）服务贸易成为贸易结构转型升级的新路径

长三角在全国率先迈开了贸易结构转型步伐，而且贸易转型速度领先于全国。2014年长三角地区的服务贸易进出口额为2614.1亿美元，占同期长三角对外贸易总额的18.9%，超出全国平均水平4.8个百分点。2014年，全国服务贸易进出口总额为6043.3亿美元，而长三角服务贸易进出口总额占到全国比重的43.3%，几乎占据了我国服务贸易进出口额的半壁江山。尤其是上海作为国际化大都市，对长三角地区服务贸易发展引领作用明显，2014年上海服务贸易进出口额1753.9亿美元，服务出口和服务进口均居全国首位，其服务贸易占同期上海对外贸易总额的27.3%，远远高于全国平均水平。

（三）民营经济是江苏开放型经济发展的短板

从民营经济的进出口总额占全省比重的比较数据看，2014年江苏省民营经济的进出口总额为1550亿美元，占全省比重的27%，浙江省民营经济的进出口总额为1958亿美元，占全省比重的56%，广东省民营经济的进出口总额为3507亿美元，占全省比重的33%，江苏低于浙江22个百分点，低于广东5个百分点。从全国层面看，2016年上半年，民营经济占全国外贸出口的46.7%，比2015年同期提高了2.6个百分点。今后，在开放型经济发展中民营经济的重要性将不断提升，江苏应加快民营经济发展，确立民营经济在开放型经济发展中的主力军地位。

（四）江苏以外商投资为主的加工贸易型开放经济优势逐渐弱化

改革开放后，江苏依托上海国际大都市，凭借劳动力成本和土地资源相对较低的要素优势，大力发展以劳动密集型为主的加工贸易型的外向型经济，形成了发展外向型经济的高地。但近年来，随着劳动力成本的增加，江苏外向型经济发展中劳动密集型产业已不再具备比较优势，2015年，衡量开放型经济的核心指标"外商直接投资规模"已被广东超越，2015年江苏实际利用外资额为247亿美元，广东为268亿美元，广东已超过江苏成为全国吸引外资第一的省份，此前，江苏利用外资总量曾连续12年位居全国第一。这些新的态势迫使江苏的开放型经济必须进行新一轮的转型发展。

第二节 南京发展开放型经济的现实基础及存在的问题

一 南京开放型经济发展的基础分析

经过多年的开放发展，南京日益积累的投资环境、功能配套、产业基础等优势为开放型经济转型升级创造了条件、奠定了基础。南京发展开放型经济的主要优势在于：

（一）区位优势显著

南京位于我国沿江、沿海"T"型经济发展带接合部，处于东西大动脉长江航道与南北大动脉京沪铁路的交汇点，是长江经济带"龙颈"城市、海上丝绸之路始发城市。同时也是长江三角洲地区向中西部地区辐射的第一门户、泛长三角区域经济的中心、皖江城市带与长三角经济对接的桥梁。区位优势得天独厚，在长三角和长江中上游地区能源、原材料等战略物资江海转运体系中占有十分重要的地位。

（二）综合枢纽资源优势优越

南京综合枢纽资源优势十分突出，是全国重要的交通和物流枢纽之一，金融区域性中心城市之一，我国八大通信枢纽城市之一，华东地区重要的商品贸易集散地。南京铁路南站为亚洲之最，拥有亚洲最大的内河港口南京港，为深入长江内陆最近的海港，禄口国际机场是中国内地七大门户机场。南京水铁联运优势突出，新生圩和龙潭等港区的铁路硬件设施改造一旦完成，更将进一步提高站场周转能力。《苏南现代化建设示范区规划》明确提出，要将南京建设成为全国性综合交通枢纽，形成面向亚太、辐射中西部的重要门户。

（三）产业综合发展优势突出

南京产业基础较好、门类齐全，是全国传统的工业基地，石化、钢铁、汽车和电子，基础雄厚，战略性新兴产业快速发展，规模不断扩大，初步构建了具有南京特色、富有竞争力的现代工业体系，也为服务业的发展形成有力支撑。目前，全市经济已逐渐形成以服务业为主导的产业结构，努力实现由"南京制造"向"南京创造""南京服务"的转变。服务业规模不断扩大，内部结构不断优化，金融保险、现代物流、信息服务、科技服务、商务服务等生产性服务业发展较快，目前占全市服务业增加值的比重已达到45%。软件、服务外包、旅游会展等新兴产业增长迅速。

（四）科技创新优势明显

南京是科教大市，高校和科研院所数量位居全国第三，是全国唯一的科技体制综合改革试点城市。南京研发经费支出占 GDP 比重达到了3.4%，已达到发达国家水平；各类研发机构720家，国家级重点实验室25个。南京人才资源总量位居全国同类城市前列，拥有中国科学院院士、中国工程院院士83人，列全国第三，副省级城市首位；每万人中大学生数量全国第一，每万人中研究生数量全国第二。近些年人才结构渐趋合理，金融、现代物流、国际外包业等现代服务业人才数量迅速增加。一大批年轻型、知识型和专业型人才资源进入到产业发展领域。国家创新型城市试点、科技体制综合改革试点、"三网融合"试点城市等重大制度创新活动的推进，青奥会、亚青会等国际性赛事的筹备举办，将进一步促进南京发挥科教人才资源优势，集聚创新能量，激发发展活力。

（五）现代化国际性人文绿都辐射带动作用较强

南京是区域性国际城市，外向型经济发展特色鲜明，国际化功能塑造成效显著，都市圈首位度高，区域辐射带动作用强。2014年青奥会的举办进一步推动了南京国际化水平的显著跃升，也为南京开放型经济发展提供千载难逢的历史性发展机遇和跨越式前进动力。按照规划目标，到2015年，南京将率先基本实现现代化，人均 GDP 等重要指标将达到世界中等发达国家水平，届时国际化大都市的地位将更加突出。目前，世界软件名城、科教名城、历史文化名城和体育名城及健康服务名城的规划和建设，现代化国际性人文绿都的发展定位，都促使南京正在形成较为完善的国际化城市功能架构，推动南京跻身区域性国际城市行列，进一步强化南京在区域中的辐射带动作用。

二 南京开放型经济面临的时代机遇

一是全球服务经济的发展助跑开放经济转型。在世界贸易结构大调整趋势下，服务贸易成为开放型经济发展的新动力。在上一轮以出口加工贸易为导向的对外开放经济发展中，南京没有很好地把握住发展机遇，而新一轮开放型经济的发展着力服务贸易的对外开放。"十二五"期间，我国服务贸易快速发展，贸易额年均增长14.5%，同时，我国服务贸易内部结构不断优化。高附加值服务出口规模进一步扩大，电信、计算机和信息服务、专业管理和咨询服务、广告服务、文化和娱乐服务出口等高附加值新兴服务出口增幅较快，软件、技术、文化等新兴服务出口占比突破50%。我国服务贸易的快速发展给南京服务贸易规模的快速提升提供了契机。随着我国服务贸易结构的不断优化，南京产业知识密集程度高、附加价值高等优势也将得以充分发展。

二是"一带一路"倡议助推民营经济走出去。"一带一路"沿线大多数是新兴经济体和发展中国家，处于经济发展的上升期，经济总量约为21万亿美元，占全球总产出的29%。在"一带一路"国家全方位对外开放战略下，南京充分利用"一带一路"倡议带来的契机，以"郑和下西洋"及复兴"海上丝绸之路"为主题，加快南京民营经济走出去步伐。目前，南京有700多家企业在全球99个国家和地区设立了分公司，其中赴"一带一路"沿线31个国家投资了142家境外企业，近八成境外项目的投资主体是民营企业。2014年南京市新增境外投资项目110个，实际投资额位居江苏省首位。

三是城市地位的提升助力南京开放型经济的大发展。在国家顶层设计的《长江三角洲城市群发展规划》中，上海被定位为超大城市，南京是唯一的特大城市。在《南京市城市总体规划（2011—2020年）》中，国务院又赋予了南京东部重要中心城市的定位。从世界城市发展规律看，特大城市和区域中心城市都是集聚高端要素和搭建创新发展平台的空间载体。在我国新一轮开放型经济大发展的背景下，依托城市地位的提升，南京将会吸引更多的、有利于开放型经济发展的高端要素，并构建更多的开放型经济发展新平台，南京也将出现开放型经济大发展新局面。

三 南京开放型经济发展面临的挑战

一是全球贸易和投资规模萎缩所带来的挑战。由于受世界金融危机的影响，目前全球经济仍处于低迷状态，未来的发展前景仍不明朗，短期内仍难摆脱不景气的发展困境。受世界经济不景气的影响，全球贸易和投资规模也呈现下降的态势。而且在世界技术革新的影响下，一些发达国家制造业回归的步伐有所加快，不少跨国公司开始从发展中国家撤离，回到本国开展生产。全球贸易的萎缩、投资规模的下降，尤其是发展中国家外资的流出，给南京的开放型经济发展带来了重大的挑战。如何应对全球性的贸易危机，继续通过开放发展促进城市经济的持续进步，成为摆在南京面前的一道难题。

二是我国全方位开放政策下南京开放经济政策优势弱化带来的挑战。我国新一轮的开放型经济发展是全方位的开放。从国家出台的促进开放型经济发展的政策看，国家在东、中、西三大区域内均衡地选择了试点城市和载体空间。从综合保税区、国家自主创新示范区、跨境电子商务试验区到国家级新区、服务贸易创新发展试点城市，国家促进开放型经济发展政策具有普惠性特点，不同地域的城市和区域几乎都能享受到国家开放型经济政策的待遇。在开放型经济发展政策均等化的背景下，南京原有的沿海开放型经济前沿城市所具有的政策优势正在逐渐被弱化，如何充分彰显自身优势，开辟开放型经济发展的新路径，是南京当前开放型经济发展面临的一大挑战。

三是长三角区域内开放型经济的竞争更加剧烈所带来的挑战。从国家促进开放型经济发展的普惠制政策获得上看，南京该享受的政策都已享受，多重政策优势南京都已叠加实施。但是从长三角区域内看，上海自贸区引领长三角乃至中国开放型经济发展作用和地位不可替代，今后上海开放型经济发展的优势会进一步放大，虹吸作用会进一步强化，长三角区域内的高端要素也可能大量向上海集聚，这样也会对南京下一步开放型经济发展产生一定不利影响。杭州紧紧围绕建设"国际电子商务中心"目标，稳步推进中国（杭州）跨境电子商务综合试验区建设。跨境电子商务已成为杭州开放型经济发展的新引擎，在杭州强大引擎驱动下，出现了南京一部分智能制造企业开始向杭州转移的趋势。因此，上海、杭州开放型经济的快速发展会给南京带来一定的挑战。

四是开放型经济发展规模与质量双提升的要求所带来的挑战。长期以来，南京在外贸发展和外资引进等方面的规模就低于国内一些先进地区和城市。2015年上海、深圳、广州、天津、苏州服务贸易进出口总额分别为南京的27倍、16倍、4倍、3.2倍、1.7倍，促进规模的扩大是南京开放型经济发展的长期任务。世界金融危机后，全球经济出现下滑和停止不前的趋势，我国对外贸易发展也遇到前所未有的困难，对我国开放型经济发展的内在质量和效益的提升，以及结构的转型发展等提出了更高的要求。面对世界贸易和投资规模萎缩、国内城市开放型经济竞争不断激烈的压力，必须加快开放型经济转型发展的进程，促进结构的转型和质量的提升，这使南京同时面临着规模和质量提升的双重挑战。

四　南京开放型经济发展的主要情况及存在的不足

近年来，南京坚持以企业、城市、人才"三个国际化"为引领，主动对接国家"一带一路"和长江经济带建设战略，抓改革、促开放，稳增长、促转型，开放型经济发展取得了明显成效。南京开放型经济总体呈现"稳中有进、结构优化"的特征，开放型经济实现了快速健康发展，规模日益扩张，质量明显提升，影响力不断扩大，整体发展水平迈上了新台阶，"十二五"期间，全市累计实际使用外资、对外贸易进出口额、出口额、服务外包执行额、离岸外包执行额、境外投资中方协议投资总额、对外承包工程营业额比"十一五"分别增长61%、48.5%、51%、657%、658%、530%、120%。服务外包居全国领先地位，境外投资、对外承包工程位居全省前列；实际使用外资规模自2011年以来连续4年在全省位列第二，在全国15个副省级城市中排名第五；开发区经济总量占全市的比重由2010年的31.3%提高到45.3%，实现了"十二五"圆满收官。

（一）南京开放型经济发展的总体情况

1. 对外贸易总量有所提升

近年来，南京市大力实施市场多元化战略，加快推进外贸转型升级，对外贸易稳步增长。外贸主体结构、产品结构、市场结构不断优化，开放型经济发展水平和层次实现新的提升，对全市经济增长、产业转型、科技创新、涉外税收和劳动就业贡献不断扩大。从1990年至今，南京进出口总额已经由3.64亿美元，增长到2015年的532.40亿美元，年均增长22.1%。其中出口由1.58亿美元增长到315.03亿美元，年均增长23.6%；进口由2.06亿美元增长到217.38亿美元，年均增长20.5%。2015年南京市全年累计进出口总额达532.70亿美元，其中出口额315.09亿美元、进口额217.61亿美元。其中，一般贸易方式比重大、增长较快。2015年一般贸易出口207.2亿美元，占出口总额的65.8%，提升0.3个百分点；加工贸易97.5亿美元，占出口总额的30.9%，提升0.2个百分点。从出口商品构成看，高新技术产品出口75.12亿美元，占出口总额的23.8%；机电产品出口161.25亿美元，占出口总额的51.2%。从出口商品市场看，对欧盟、美国、东盟三大经济体出口额169.22亿美元，比上年增长0.4%，占全市出口总额的53.7%。（见图4—1）

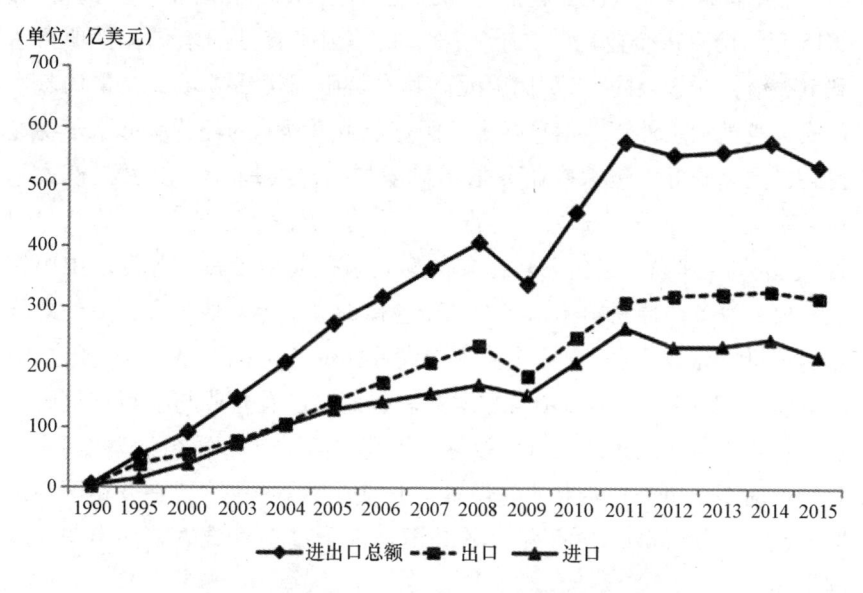

图4—1 1990—2015年南京对外贸易变化情况

2. 利用外资结构得到较大改善

南京对外贸易实施以挖潜补缺、市场开拓、转型升级、优化服务为主要内容的贸易促进战略，全力推动外贸稳定增长和结构调整。招商引资富有成效，2015全年实际使用外资33.35亿美元，比上年增长1.3%。分产业看，第一产业使用外资0.04亿美元，下降38.1%；第二产业使用外资7.77亿美元，下降15.7%；第三产业使用外资25.54亿美元，增长8.1%。分行业看，制造业利用外资占比21.8%，房地产业占比30.6%，金融租赁服务业占比13.7%，租赁和商务服务业占比10.5%，批发零售和住宿餐饮业占比9.3%，软件信息服务业占比3.5%，科研技术服务业占比3.3%。全年新批外商投资企业250个，新批注册合同外资额61.72亿美元。

3. "走出去"步伐不断加快

近些年南京"走出去"战略形成了一些新的特点。首先是"一带一路"建设促使南京企业"走出去"取得了一定成效。"一带一路"沿线大多数国家资源丰富、处于工业化阶段，互联互通的战略为南京市企业的产业结构调整、资源配置能力的强化以及市场的拓展带来新的机遇。2015年，南京市企业在"一带一路"相关国家签订的承包工程项目达到101个，新签合同14.8亿美元。其次是服务贸易领域开放格局基本形成，通过利用外资，信息技术、医疗卫生等领域的经营服务水平明显提高，国际服务外包承接业务量明显增加。再次是"走出去"模式不断创新，有的企业以EPC（含设计、采购、施工、试运行等的总包项目）、BOT（建设—经营—转让）的模式承揽大型工程，并带动中国标准和成套设备、原材料出口；有的企业借助央企等其他中资企业的对外投资项目"走出去"；有些企业则与设计咨询、施工安装等企业组成战略联盟，"升级"为整体项目方案的承包商；还有企业与项目东道国企业组建合资企业或组成联合体投标，提高中标率，合作经营模式的多元化，带动南京市外经企业业务规模、附加值等全面提升，在开拓国别地区上也有了新突破，2015年开始甚至打入了过去最难进入的南美、欧洲市场。

4. 服务贸易实现跨越发展

近几年，凭借自身的资源优势和产业基础，南京市加大对服务外包产业发展政策的支持，服务外包多年来始终保持高速增长，产业发展呈现平稳、健康、有序的良好发展局面，产业规模和发展水平稳居全国第一方阵。南京市连续出台了鼓励电子商务、总部经济等服务业新业态加快发展的政策，推动服务外包业务重点由信息技术外包（ITO）向业务流程外包（BPO）和知识流程外包（KPO）转移。2015 年，南京市服务外包各项指标继续保持稳定增长，全市共签订服务外包合同 141.1 亿美元，其中离岸外包合同额 63.6 亿美元，实现服务外包执行额 130 亿美元，接近全国总额的十分之一，各项指标居于全国、江苏省前列，并逐渐形成了以中国（南京）软件谷、南京软件园和江苏软件园为主的服务外包核心区。

5. 开放平台建设加快推进

南京市积极推进开发区及开放平台建设，开放布局得到进一步优化。市级以上园区（开发区、集聚区）数量不断增加，基础设施不断完善，产业分工更加明确，功能定位更加合理，发展特色更加鲜明，对全市经济辐射带动作用明显增强。通过转型升级，使各类产业园区成为聚集先进生产要素的主要载体、对外开放和自主创新的重要阵地、富有活力和竞争力的新经济增长极。从南京市开发区利用外资情况看，2015 全年全市 12 个省级以上开发区合同利用外资 38.14 亿美元，比上年增长 52.7%，占全市合同利用外资的 61.8%；实际使用外资 18.32 亿美元，比上年下降 6.5%，占全市实际使用外资的 54.9%。其中南京经济技术开发区、江宁经济技术开发区、南京化学工业园、高新技术产业开发区、溧水经济技术开发区的实际使用外资额较高。

（二）南京开放型经济发展中存在的不足

近年来，南京坚定不移地实施经济国际化战略，国际竞争力有效提升，转型升级步伐明显加快，国际经济合作全面拓展，开放载体建设再上新台阶，为全市经济社会平稳较快发展做出了积极贡献。但是在看到南京开放型经济取得成绩的同时，也应清楚地看到南京的开放型经济还存在一些深层次的结构性问题，总体来看，南京的开放型经济总量规模还相对偏小；存在着"引进来"与"走出去"发展不均衡、贸易结构不均衡；战略性新兴产业增长乏力；资源环境空间面临刚性约束；总部经济发展相对落后；服务贸易规模偏小，结构有待进一步优化；体制机制缺少突破口，开放型经济建设的政策实践缺少着力点等。

1. 开放型经济总量规模偏小，港口功能有待进一步凸显

虽然南京市开放型经济取得了一定成效，利用外资规模不断扩大，但是面临着转型升级和结构调整的压力，南京市的开放型经济总量规模仍然偏小，而且难以进一步显著扩大。2015 年，南京市实现进出口贸易总额为 532.7 亿美元，在全省位居第三，仅为苏州进出口总值的17.4%、无锡的 77.8%；从长江经济带主要城市比较来看，南京市进出口贸易总额仅为上海的 8.2%、宁波的 53%、重庆的 71.5%、杭州的 80%。开放型经济总体规模不大，对南京经济增长的拉动力和贡献度还不显著，离全市"五型经济"中打造"具有国际影响力的对外开放新高地"的目标还有很大差距，这说明南京港口功能还未得到充分的发挥。

2. "引进来"与"走出去"发展不均衡，产业发展实力尚未充分转化

当前，南京对外资的依赖程度还很高，"走出去"虽发展加速，但总体来看，尚处于起步加速的阶段，与先进城市相比差距较大，与"引进来"的规模相比差距也较大。具有自主品牌、核心竞争力和一定规模的龙头企业开展跨国经营力度不大，"走出去"的企业大部分还集中在商贸流通领域，智能电网、轨道交通、生物医药和航空领域等企业实力较强的领域"走出去"的规模较小，发展速度也较慢，南京产业的发展优势尚未得到充分发挥，企业利用"两个市场、两种资源"的能力有待于进一步提升。同时境外投资结构仍有待进一步优化，特别是合作开发资源类项目和国际先进技术的合作类项目不多。

3. 贸易主体结构不均衡，民营经济优势有待进一步加强

虽然目前南京保持着外贸增长趋势，但从市场需求和产业支撑来看，南京外贸发展的结构性矛盾和风险依然存在。贸易主体力量悬殊，外商投资企业进出口占比较高，部分外企龙头企业的波动较大影响外贸走向。在外商投资企业主导地位强化的同时，民营企业活力有些弱化，民营企业进出口总值仅占 21.9%，而外商投资企业进出口总

值占比为41.6%，贸易主体力量悬殊：从出口来看，外商投资企业出口额占出口总额的34.2%、民营企业占30.3%；从进口来看，外商投资企业进口额占进口总额的52.2%、民营企业占9.7%。应增强民营企业活力，促进贸易主体更趋内生化。外贸发展方式亟待转变，服务贸易出口比重偏低，服务贸易与货物贸易发展不平衡。服务贸易远远滞后于货物贸易，服务贸易仍以传统的旅游、运输、其他商业服务类等资源型和劳动密集型产业作为支撑，占全市服务贸易总额的比重偏大；而金融、保险、咨询等技术、知识密集型服务贸易领域，对我市服务贸易的支撑拉动作用还有待提高。2015年全市进出口总额为532.7亿美元，服务贸易进出口总额占外贸总额的13.53%。外贸发展方式亟待转变。

4. 利用外资结构有待优化，出口的质量和效益仍需提高

从外贸发展的质量和效益看，南京引资项目的质量和结构还不太合理，制造业利用外资以低附加值环节为主，代表战略性新兴产业的基地型、龙头性项目比例不高，代表"微笑曲线"两端的高端生产性服务业项目不多，缺乏对城市产业升级和自主创新的支撑引领作用。服务业利用外资占全市比重虽有所提高，但金融、物流、信息等现代服务业利用外资相对滞后，2015年，房地产业利用外资占30.6%，而软件信息服务业仅占3.5%，科研技术服务业仅占3.3%，代表现代服务的金融、教育、医疗项目均较少。从出口商品构成看，高新技术产品出口占出口总额的四分之一不到，机电产品出口仍占出口总额的一半以上。目前南京的出口产品技术含量和附加值较低，高新技术和高附加产品缺乏，尚处于国际产业价值链的低端环节，增长数量与增长质量不平衡，对城市产业转型升级的带动作用不明显。随着我国中西部地区、周边国家在政策、成本方面的比较优势日益凸显，劳动力价格上涨、人民币升值以及融资成本、环保成本增加等影响因素都将挤压南京市未来的外贸增长空间，迫切需要优化进出口结构、提高出口商品质量和附加值、向高附加值的两端延伸，更好地适应市场变化。可见，南京利用外资的规模和质量均待提升。

5. 开放型经济的驱动要素需要转型，开放载体功能有待提升

开放型经济发展还没有从资源依赖型、投资拉动型向人才支撑型、

创新驱动型转变。南京还存在有些领域开放力度不够大、政策创新相对弱化、对高端人才的吸引力不够、投资环境需要进一步改善等问题。开发区建设还没有从形态开发向特色开发、功能提升转变，还没有从政策优惠向体制机制优化转变，还没有完全走上集约发展和生态发展之路，总体来看南京的开发区转型升级还不明显、发展的不平衡性突出、体制机制活力减弱。目前，安徽、重庆、西北、东北等区域投资政策明显优于东部，土地等没有资源禀赋优势，高质量、高技术外资出现向西、向北分流趋势，迫切需要南京的园区向功能更加完善、专业化程度更高、分工定位更加精准的方向发展。

第三节 南京开放经济转型发展的目标及对策

一 南京开放经济转型发展的目标

构建新型开放型经济体系是南京今后外向型经济发展的重要任务，为此，必须在深入把握国际贸易格局的变化趋势和中国开放型经济发展战略任务，明晰上海自贸区对南京开放型经济发展可能产生的各种效应的基础上，明确南京新型开放型经济体系建设的目标，并以此作为促进南京经济社会全面发展的重要引擎。针对南京开放型经济发展的实际情况，在新型开放型经济体系的建设过程中，应实现五个方面的转变：

（一）从以商品贸易为主向商品与服务贸易并重发展转变

发展服务贸易是更好地发挥南京经济发展优势，应对国际经济新格局的必然选择。一方面，南京拥有良好的服务贸易发展基础。南京的服务业基础较为雄厚，其占地区生产总值的比重达到54.4%，已经成为推动城市经济发展的主导产业。近些年南京的服务外包发展迅速，总执行额从2005年的0.8亿美元增长到2013年的86.6亿美元，年均增长率达80%，其占南京第三产业的比重已经达到8%，显示出强劲的增长态势。这一切为南京开展服务贸易奠定了良好的产业基础。另一方面，从国际经济的发展情况看，近些年服务贸易的增长态势迅猛。1980—2010 年，世界服务出口总额从 3673 亿美元扩大到 36639 亿美元，30 年间增长了近 9 倍，占世界贸易出口的比重从 1/7 增长到近 1/5。发展服务贸易已经成为世界各国开放型经济发展的重要战略。但是，从南京目前的贸易结构看，商品贸易仍占有绝对优势，服务贸易虽然发展迅速，但总量还相对较低，商品贸易仍将是南京对外贸易的主体。同时，从南京城市产业的发展现状看，制造业仍有较大的发展空间，发展商品贸易仍将是今后南京外向型经济发展的重要任务。因此，南京新型开放型经济体系的目标，应是构建起商品贸易与服务贸易并重的贸易结构，而不应非此即彼，应在促进商品贸易和服务贸易共同发展的进程中，不断优化南京的贸易结构，同时建立起商品贸易和服务贸易互相促进的良性格局，以商品贸易促服务贸易的发展，以服务贸易促商品贸易的升级。

（二）从被动参与国际资源配置向主动进行国际资源配置的方式转变

长期以来，在资源的配置方面，南京主要以承接国际转移的产业资源为主，通过发挥自身在资源、土地、劳动力等方面的成本优势，开展国际产业合作。即使是在开展国际合作方面，也主要以劳务输出为主，仍旧是凭借较为低廉的劳动力成本参与到国际的价值链分工体系中。不论是引进来还是走出去，其实是国际有实力的跨国企业在对南京的资源进行配置，而南京则是被动地参与到国际资源的配置之中。然而在全球化的背景下，任何一个国家和地区都将成为全球产业价值链中的一个环节，因此，只有在全球范围内进行资源的有效配置，寻求要素的最佳组合和对资源的最优利用方式，才能在激烈竞争的世界市场中获得优势，并且最大限度地分享全球化产生的红利。因此，加快转变资源配置和利用上的思路转变，是构建南京新型开放型经济体系的重要目标，应提高南京在对国际资源配置上的主动性，由被动参与变主动出击，同时提升对国际资源配置的效率和能力。主动进行国际资源的配置需要南京在产业的对外开放上不仅要重视引进来，更要推进本地产业与国际产业之间的有效对接，注重本地优质企业的走出去，在统筹国际国内两个市场的进程中，拓宽产业的国际化道路。但是走出去并不等于一定要走向国际，其中也包括在国内进行资源的有效配置和优化，因为在全球化时期，国内市场与国际市场已经成为一个整体，在国际范围内进行资源的有效配置同样包括在国内寻求适合企业发展的最佳资源。

（三）从边境开放（措施）向境内开放（措施）转变

贸易自由化主要体现在边境开放措施上，政策取向上主要表现为相互降低乃至取消关税和非关税壁垒，从而提高相互间的市场准入水平。但是在新的历史阶段，国际开放型经济的格局已经发生了变化。经济的全球化带来的不仅是产品国际流动程度的提高，更重要的是提高了要素和资源在国家间的流动。一国或一地区的发展不再取决于产品等物质存量的多寡，而在于要素拥有量的多少，更重要的在于要素流量结构的实际情况。而在影响要素流动的各种可能因素中，境内壁垒相对于边境壁垒可能起着更为关键的作用。正如 Baldwin 的研究所指出的，与以往主要以商品跨境流动为主要内容的经济全球化不同，在以要素流动性日益增强为主要内容的当今经济全球化发展，一国或区域内相对自由的货物、服务、信息、资本、技术、管理、人才等相对自由的流动，以及提供更为完善的产权保护，对全球优质要素的集聚具有极为关键的意义。[①] 目前我国正在进行全面深化改革，其目的也在于降低内部交易的壁垒和成本，提高国内要素流动的程度和质量。因此，从边境开放（措施）向境内开放（措施）转变应成为南京新型开放型经济体系发展的重要目标。要从本市及周边区域（都市圈）统一市场的培育入手，提高内部开放的程度，提高资源的流动程度，提升要素结构和层次。

（四）从主要依靠土地、劳动力等要素禀赋优势向培育国际竞争新优势转变

由于受到发展阶段的制约，长期以来南京在参与国际产业分工、开展外向型经济的过程中，主要依靠土地等自然资源以及廉价的劳动力，这是符合南京要素禀赋结构的一种必然选择。但是，经过改革开放 30 多年的快速发展，通过对国外先进生产要素的引进和自身经济

---

① R. Baldwin, "WTO 20: Thinking Ahead on Global Trade Governance", http://www.voxev.org/article/wto-20-thinking-ahead-global-trade-governance.

发展的积累，南京的要素禀赋结构已经发生了一定的变化，原有的禀赋结构得到升级。土地等自然资源的稀缺性日渐明显，劳动力的成本优势逐渐丧失，环境约束压力也日益增强，而同时，以创新为主的生产要素的丰裕度则逐渐提高，南京正在由以土地、廉价劳动力为主的要素禀赋结构向以创新要素为主的结构转变。与此同时，创新要素也已经成为全球产业发展的核心要素，创新能力的高低已经成为判定一个国家或地区竞争力高低的主要衡量标准。因此，南京在发展外向型经济的过程中，应由依靠土地、劳动力等要素禀赋优势向培育和发展创新要素转变，形成南京国际竞争的新优势，这不仅是城市发展的必然结果，也是应对全球经济竞争新格局，摆脱产业价值链低端锁定、促进产业升级的必然选择。在这一过程中，南京一方面要不断积累城市的创新要素，提高创新要素的内在结构，另一方面，也是更为重要的，就是要充分发挥企业的主观能动性，将潜在的"创新"优势转化为现实竞争力，这需要南京不断加强制度创新，加快城市的市场化进程，充分发挥市场在资源配置中的主导作用，提高企业创新的积极性和主动性，真正释放城市的创新潜能。

（五）从产业或产品等物质领域的开放向适应全球经济规则转变

在以往的开放型经济发展过程中，大多重视的是对国际先进生产要素的引进和城市重要产品的出口，从根本上说，重视的是物质领域的开放。虽然在这一过程中，通过引进国际先进生产要素，南京的贸易结构、外商投资结构不断升级，并促使南京的产业整体实力得到不断的提升，产品的出口竞争力得以增强，进而带动了南京经济的整体升级。但是从当前中国开放型经济面临的困境看，如何更好地适应全球经济规则已经成为中国当前需要重点解决的问题，同样也是南京开放型经济发展进程中面临的重要问题。可以说，只有适应高标准的全球经济规则，才能够进一步融入经济全球化之中，掌握全球经济未来发展主动权，而不被边缘化。上海自贸区的建设正是中国为更快、更好地适应全球经济规则而进行的尝试。因此，南京在构建新型开放型经济体系的进程中，同样要以"开放倒逼改革"作为首要原则，由重视物质领域的开放向加强规则的国际对接转变，加强开放型经济的制度软环境建设，加快政策创新的力度，在综保区等开放型经济的重要载体中，进行政策上的先行先试，并以此倒逼南京经济社会各项事业的改革和创新，激发改革红利，逐步培育出南京开放型经济发展的竞争新优势。

二 促进南京开放型经济转型发展的主要对策

（一）充分激发园区开放发展的积极性，推动园区功能转型

园区是南京开放发展的载体，南京开放型经济的发展离不开园区作用的发挥。促进南京开放型经济的转型发展，仍需要以开发区为抓手，通过充分激发园区开放发展的积极性、主动性，推动南京开放型经济规模的提升和结构的转型。

1. 充分发挥南京综保区的前沿引领作用

综保区作为开放型经济的前沿载体，不同于一般的园区，其发展的重点不仅仅在于自身的园区发展，更重要的是要通过自身所具有的优惠政策，带动周边区域和其他园区的发展。因此，在促进南京综保区自身发展的同时，提高其辐射带动作用显得尤为重要。为此，一要促进综保区两大片区之间的联动发展。在江宁片区与空港之间、综保区两个片区之间实施一次查验、一次放行的海关监管措施，构建起南京综保区两大片区联动发展的大监管、大通关新格局。二要促进综保区与周边区域的联动发展。加强综保区配套区域建设，龙潭片区要加快推进配套区域建设的步伐，高起点进行配套区域规划，尽早实现综保区内外部之间的有效互动；江宁片区则要强化与空港及周边区域的对接发展，弥补目前江宁片区配套区域缺乏的不足。同时综保区要将自身的发展积极嵌入所在区域的产业链条之中，形成良好的产业合作关系。同时加快与所在区之间在社会事业配套、公共服务项目等方面的衔接。三要形成综保区与其他园区联动发展的格局，促进综保区与其他园区之间的要素流动，从产业关联、空间规划、功能互补等方面开展对接，更好地发挥综保区在区域经济开放上的独特优势，带动南京开放型经济的全面升级，形成产业关联、园区联动、功能互补的发展格局。同时以开放倒逼改革，探索南京在对外开放进程中的体制创新与机制创新，促使全市在经济社会各项事业上进行制度创新，并逐渐形成可复制、可推广的新经验、新措施，辐射南京周边区域。

2. 加快南京园区开放合作的步伐

加快南京园区服务业开放合作的步伐。根据南京服务业的发展优势，可重点引进与制造业密切相关的金融、保险、法律、咨询、研发设计、科教培训、文化创意、物流、贸易等生产性服务业，围绕制造业基地发展服务业的配套区域建设，合理规划科学布局商业设施，形成制造服务一体化发展的产业体系，通过服务业先进企业的带动和引进作用，提高园区服务业的集聚效应。同时，要大力促进高新技术的开放合作。20世纪90年代初期以来，发达国家跨国公司向海外转移先进技术的速度也在大大加快，在信息产业和其他技术升级较快、产品更新较快的产业中，除极少数独家垄断的技术外，先进技术和产品向海外迅速转移的趋势已经较为普遍。各国科技系统的开放程度也在不断增强，许多重要产品的技术系统已不受国界的约束和限制，成为全球性的技术系统。南京要继续加大对国外先进制造业、先进技术和研发企业、研发机构的引进，通过人力资源外溢效应、示范效应、合作效应等促进本地的科技水平、技术含量以及创新能力等的提高，可以利用综保区和江北新区服务贸易创新发展试点，探索南京与国外进行科技合作方面的制度创新，进一步推动南京开放合作一些瓶颈性制度问题的突破。此外要加强园区服务业发展的制度创新，积极借鉴上海自贸区先行先试的成功经验，为服务业的发展营造良好的外部环境。

3. 促进园区向"功能区"园区转型发展

对于一个城市而言，在其发展的起步阶段，产业主要以承接发达国家转移的初级加工环节为主，这时对园区的要求主要是希望其能提供更加便宜的土地和场地租金，以降低成本，同时降低生态、环保等方面的标准以满足低端技术的需要。但是当城市的发展进入更高的阶段时，产业的升级对园区的功能提出了更高的要求，这些产业不会再仅仅关注于土地和租金等方面提供的优惠政策，而是更加注重园区的服务、配套、培训、管理运营的能力、环境的维护以及对制度的执行和落实等。因此，需要园区能够摒弃传统的低端竞争方式，推动园区向"功能区"园区转型升级，以发展功能型园区作为未来南京园区发展的方向，通过园区功能的优化和升级实现对要素的集聚和吸纳作用。对此，南京首先应对园区进行细致的分类管理。不同的园区所具有的功能是不同的，对于南京而言，各个园区也不能具有同样的功能，必须进行适当的错位。按照园区在集聚要素上作用的不同，可以将园区大致分为要素培育型园区、一般要素集聚型园区、高端要素集聚型园区，对于不同的园区进行功能上的区分，并根据功能的不同制定不同的园区政策，发展适合园区需要的配套措施等。同时，还要注重发展特色型园区，塑造园区的一些特色功能，实现精准服务，使园区能够满足不同层次、不同类型企业和创业者的需要。

（二）加快服务贸易发展，促进开放型经济结构转型

1. 合理规划南京服务贸易发展

依托南京服务业较为雄厚的发展基础，加快发展服务贸易的重点领域。在加快服务业对外开放的过程中，首先要对服务贸易的发展进行明确规划，确定近期服务贸易发展的重点领域，中远期的培育替代部门，以及未来服务贸易发展的战略构想等。鉴于南京服务业的发展现状，近期可以重点加强对外承包工程、劳务合作、运输、住宿餐饮、旅游、通信、计算机和信息服务、金融、文化、咨询、分销、研发等领域的服务贸易。同时重点培育医疗、健康服务、技术贸易、文化创意、会展、文化艺术、广播影视、新闻出版、保险、证券期货、节能、体育以及国际人才交流与合作等领域的服务贸易发展。其次要加快培育一批拥有自主知识产权和知名品牌的重点企业，打造"南京服务、服务全球"的品牌影响力。最后，要继续加大对服务外包的扶持，通过服务外包的发展，积累技术创新、服务质量、经营管理等方面的经验和能力，促使南京企业从承接国际服务外包向集成发包的方向转变。

2. 推动服务贸易结构升级

加快重点产业发展。明确"十三五"期间南京服务贸易发展的重点产业，做大服务贸易规模，促进服务贸易结构的优化。巩固发展旅游、劳务输出、建筑等传统服务贸易产业，促进产业链的延伸，提高服务质量和服务产品的技术水平，以传统服务贸易领域的发展降低贸易逆差；加快软件信息、文化、中医药、商务以及技术等高附加值的服务贸易新兴产业的发展，积极发展具有较高知识和技术含量的服务贸易领

域。同时借鉴和吸收国外先进的管理制度、经营方式、服务技术等，提升重点产业的整体竞争力。加快高新技术在服务贸易领域的应用，鼓励服务贸易企业对大数据、云计算、物（务）联网等先进技术的应用，运用高新技术促进服务贸易资源和业务的整合、重组，加强资源共享程度，提高市场竞争能力，推进服务贸易的模块化和集成化水平，改变企业的服务能力、赢利能力和增长模式，增强南京服务贸易的整体实力和全球竞争力。

3. 推动服务贸易的体制机制建设

一是积极推进服务贸易便利化。促进南京江北新区和综保区在跨境电子商务、新型贸易业态、开放领域以及服务贸易便利化等方面的制度探索，加快研究编制服务贸易创新发展鼓励类产业目录。积极争取国家先行先试政策，推进教育、文化、医疗等服务业领域有序开放，逐步放宽服务贸易各领域在注册资本、股权比例、经营范围等方面的准入限制。主动对接上海自由贸易试验区，加快复制改革试点经验，推动海关、国检、海事、边防等口岸查验单位在新区增设分支机构。探索实施新型服务贸易监管方式。对跨境电子商务、供应链管理等新型服务贸易模式，探索建设与企业征信系统互通对接的"服务贸易网上服务平台"。二是创新服务贸易促进手段。探索服务贸易特有的政策扶持方式，以政府资金引导撬动社会资本参与服务贸易发展，在符合国际规则和惯例前提下，把更多政府资金用在促进平台和重点项目上。鼓励金融机构加大对服务贸易企业和重点项目的扶持力度，探索和创新服务贸易金融产品和服务，积极为"轻资产"服务贸易企业提供融资便利，开展更为便捷的企业海外融资、贷款和抵押服务。三是鼓励保险公司为服务贸易企业提供新型保险业务和产品。同时探索建立南京服务贸易风险基金等，为广大企业，尤其是中小型企业开展服务贸易提供风险担保等，降低企业海外发展的市场风险。支持符合条件的服务贸易企业上市，对新上市服务贸易企业给予资金补助等。

（三）推动有条件企业走出去，有效配置国内外资源

1. 加强企业核心竞争力的培育

要提高企业的走出去能力，首先要帮助企业树立全球化经营的理念，坚持按国际标准不断对企业进行技术改造，实施知识产权战

略和品牌战略提升企业的创新能力和核心竞争力。同时严把出口产品质量关，要求企业按照国际标准（ISO9000 和 ISO1400）以及国际上通行的其他技术标准、安全标准、卫生检疫标准和绿色环保等的要求进行生产，提高产品的质量和档次，使之符合国外消费者的需求，并结合进口国的各种标准的要求，加速完成企业营销策略从以量取胜到以质取胜的转变，促使出口产品从"三低"产品（档次低、附加值低和科技含量低）向"三高"（档次高、附加值高和科技含量高）的转变，全面提升企业的核心竞争力。进一步完善市场机制，促进市场公平竞争，让企业在激烈的市场竞争中提高应对国际市场需要的能力。

2. 为企业走出去营造良好的政策条件

从当前南京开展开放型经济的方式看，在过去相当长的一段时间主要是采取"引进来"的方式，"走出去"发展则相对滞后。而导致这一问题的原因，除了企业自身能力不足外，更为重要的还在于促进企业"走出去"的体制机制还不健全、服务体系还不够完善。换言之，目前对外投资管理体制机制建设相对落后的事实，已不能完全适应企业"走出去"的新形势，在审批、管理、服务、出入境等方面存在许多障碍，制约了南京企业"走出去"的步伐。为此，南京应加强这一方面的制度创新，进一步简化和完善境外投资的审批管理手续，借鉴上海自贸区的经验和做法，将上海自贸区一些先行先试的创新制度移植到南京，在外汇资金管理、境外账户管理等方面进行一定的创新，变事前审批制为事后备案制。加强境外投资外汇管理信息化建设，完善境外投资统计监测系统，提升监管手段和监管效率；尽快制定境外投资保险制度，为企业在境外投资可能遇到的政治风险提供保护等。同时加强金融机构（如南京银行）与企业之间的积极对接，鼓励金融机构为企业走出去提供更加充足的资金保障。

3. 组建跨国经营战略联盟

与国际跨国公司相比，目前南京的企业整体实力相对较弱、企业规模相对较小，整体竞争实力相对薄弱，在进入国际市场之后，必然在竞争中会处于不利地位，尤其是广大的中小企业。因此，组建同行业或上下游产业链企业间的跨国经营战略联盟，是一个较为有效的战略。相关政府部门应鼓励行业相同或相近的企业，以及处于产业链上下游的企业，联合起来走行业集团化的道路，形成联合力量，以提高南京企业在国际市场上的话语权。也可以选择一些具有一定规模和竞争实力的企业，以其为龙头，让一些中小企业成为这些龙头企业的配套企业，形成"核心+外围"的跨国经营集团，参与国际分工，这样不仅提高了广大中小企业的竞争力，为其提供了走出去的机会，同时通过外围企业的技术支撑和配套服务，使核心企业能够在提高核心竞争力、加强技术创新方面更具效率，也增强了核心企业的抗风险能力。

4. 建立政府部门联合服务机制

为走出去的企业提供政府部门的有效服务，是国外促进企业走出去的重要举措。例如，德国财政部、经济劳动合作部、中央银行、金融监管局等部门致力于建立科学、高效、透明的公共信息服务平台，为跨国公司提供投资国家的法律政策、投资环境分析、市场和风险咨询等，并委托律师行、会计师行及各类专业调查公司协助跨国企业做详细的市场调查，使跨国企业能够"有备而来""有备而去"。而且在政府颁布的法律中有明确而清晰的界定，无论是在统计数据共享、现场检查合作、共同制定政策、处理重大事件的意见交换等方面都有很清楚的合作要求，极大地提高了管理效率。南京也可借鉴国际上的先进经验，为南京企业的走出去提供"联合服务"。通过完善商务、海关、税务、工商、外汇等监管部门共享的信息平台，使跨国公司方方面面的行为同时进入各部门的视野，加强联合分析工作，对"走出去"的企业要实行各部门认同的"一揽子"鼓励和保护政策，对"引进来"的企业也要实行相同程度的优惠政策，对异常的跨境关联交易要联合进行跟踪、联合打击，提高联合执法效力。

（四）加快市场开拓能力，不断提高对外开放总体水平

1. 进一步巩固和扩大传统市场贸易规模

美国、欧洲、日本、韩国等传统贸易市场增长的缓慢是南京当前对外贸易面临的一大困境。美国等西方发达国家制造业的回归，以及南京传统制造业竞争力的逐渐弱化，使南京与传统贸易市场的出口贸易额出现下降的趋势。为此，南京要把加强与传统贸易市场的对外贸易作为今

后的重要任务。针对南京当前对传统贸易市场出口出现的困境，可以从两个方面采取措施：一是要充分认识到美国、欧洲、日本等传统贸易市场在国际市场需求中的重要地位，紧密跟踪传统贸易市场的发展动态，进一步提高南京产品的质量和档次，加强企业和产品的标准化管理，推动原有贸易方式、贸易结构等的转型升级，力图更好地满足当地的市场需要，倒逼南京贸易结构转型。二是查找制约瓶颈，进一步扩大贸易领域。对具有较强贸易壁垒的行业领域，尤其是服务贸易领域，分析制约的具体原因，尽力寻找突破方向和方法，通过创新贸易方式、寻求当地法律支援、政府牵线搭桥等，帮助南京企业开拓新的贸易领域，拓宽发展空间。

2. 利用"一带一路"契机加快新兴市场的开拓

依托"一带一路"等新型开放性战略的历史契机，积极开展"南京企业出国门"等活动，大力开拓"一带一路"沿线国家出口市场，提高新兴国家市场占比，拓展国际产能合作的新空间。结合南京优势领域和市场需求，积极开展与"一带一路"沿线国家的贸易往来，尤其要利用好南京"海上丝绸之路"起点城市的优势，培育具有丝绸之路特色的国际精品旅游线路和产品，加大对南京地方特色和优势领域的推介活动，大力发展南京具有较强比较优势的产业领域，可重点加快承载中华文化和金陵文化特色的文化、旅游贸易、健康休闲以及南京具有比较优势的高新技术产业等的发展。鼓励南京有条件的企业到"一带一路"沿线国家投资，或者开展工程承包，以及交通、能源等重大基础设施建设。鼓励南京企业在不断巩固现有"走出去"的优势领域，如对外劳务承包等方面的基础上，进一步向设计研发、工程咨询、售后服务等附加价值较高的领域拓展和延伸。

3. 积极探索开放型经济发展的新业态

紧跟世界技术发展的前沿，加快推动互联网、物联网、云计算、大数据等先进技术的应用，高新技术促进贸易资源和业务的整合、重组，加强资源共享程度，提高市场竞争能力，推进对外贸易的模块化和集成化水平，改变企业的服务能力、赢利能力和增长模式，增强南京开放型经济的整体实力和全球竞争力。加快引进金融后台、电子商务等新型业态的发展，围绕新业态、新型贸易方式，探索和建立有特色的"互联网+外贸"企业出口发展模式。同时加快文化、旅游、休闲、娱乐等新兴服务业态发展，打造具有竞争优势的现代服务业，通过这些服务业的发展，促进服务贸易等开放型经济的发展。

(五) 加快市场化建设，适应开放型经济发展新要求

1. 由全能型政府向有限的服务型政府转变

构建新型开放型经济体制的目的，在于增强城市对资源配置和利用的效率与能力，而市场是资源配置最有效的方式，因此，让市场成为资源配置的主要手段是构建南京新型开放型经济体系的重要内容。为适应开放型经济发展的新要求，以往的全能型政府或者说以政府主导的开放型经济发展模式，必须向有限的服务型政府转变。南京要积极利用上海自贸区的政策溢出效应，力争优先将上海自贸区的一些成熟制度和做法用于南京的实际工作中，通过开放型经济相关监管、审批、财税、金融、行政管理等方面的改革，促进南京政府机构的职能转变，充分发挥市场在资源配置方面的决定性作用，真正实现服务型政府的建设。减少对企业的行政性干预，取消对于国有企业的扶持和补贴政策，让国有企业和民营企业处于平等的竞争环境之中，促使企业之间按照市场规制公平竞争，并通过市场优胜劣汰提高企业的生产效率和创新能力，提升企业的竞争力。全力打造政府主导的公共服务型外经贸综合服务平台，支持各类中介服务机构发展，扶持各类平台类企业发展。加大财税、金融和信息支持力度。特别是要建立和完善推动企业"走出去"的综合服务体系。

2. 建设统一开放的市场体系

一国或区域内资源和要素的自由流动对外向型经济的发展具有极为重要的意义。刘志彪认为，中国经济当今面临的发展问题已经不是没有市场竞争，也不是没有市场自由，更不是没有发展竞争，而是缺少"平等竞争"，缺少自由竞争中的公平环境和条件。他将国内统一开放市场体系的建设称为中国经济改革、开放和发展的"第二季"。① 对于南京

---

① 刘志彪：《经济发展新常态下产业政策功能的转型》，《南京社会科学》2015年第3期。

来讲，建设统一开放的市场体系，一方面要在城市内部降低各种行政垄断和行政干预，减少政府的指令性政策和对国有企业变相的政策扶持，破除各种利益联盟，在全市营造出公平竞争的良好市场环境。另一方面要加快南京都市圈的统一市场体系建设。通过区域内的一体化发展，减少各行政区之间的地方保护和市场进入壁垒，协商制定"南京都市圈统一市场体系建设协议"等；实行统一、透明、公开的都市圈市场准入制度，加快都市圈区域内的要素市场建设，真正实现生产要素在都市圈内的自由流动；改革户籍管理制度，探索建立都市圈内部的统一户籍管理体系和社会保障体系。

3. 促进民营经济和混合经济快速发展

民营经济具有较强的市场活力和创新能力，是维护和促进市场竞争的主体，南京国有企业比重高，规模较大，加上政府对国有企业给予的政策性倾斜，对民营企业的发展造成了一定的挤压。要形成资源有效配置的开放型经济体系，必须加快民营经济和混合经济的快速发展。除了营造良好的市场环境外，南京还应在以下几个方面采取措施：一是要放开投资领域，按照非禁即入的原则，允许民营经济进入相关领域，特别是垄断领域。建议由市政府相关部门针对重点领域，如教育、文化、卫生、电力、供水、燃气、市政、交通等公共领域，拿出明确的年度开放计划，具体到项目，吸引民营资本进入。对在竞争领域的省、市属的国有企业，不必局限于控股地位，通过产权交易市场，向民营企业出售。对上市的国有企业，在股价合适时，通过二级市场，出售国有股权，引入民营企业合作者。对国有企业新上市公司，在同等条件下，优先引入省内民营企业作为战略合作者。二是要创造配套的产业环境。改革传统的产业发展政策模式，借鉴负面清单的方式，进行产业政策的制定，尽可能地减少对鼓励发展产业、优先发展产业等的政策扶持，让市场在产业的发展过程中起决定性作用，让市场决定产业发展要素的流动方向和集中的重点，将政府在产业发展上的作用回归到营造公平、科学监管、价格监督、消除垄断、降低壁垒以及制度完善等方面。三是优化各项政策的制定流程，更多地体现企业的合理诉求与愿望，在政策的制定中充分、广泛听取企业的意见，请企业参与到政策的决策与制定中，使政策的制定更加科学合理有效。加强政策执行的监督检查,保证落实到位。要利用第三方机构,强化对政策落实的评价与反馈,及时了解政策执行的效果及遇到的问题,及时修正、修订。

第五章

南京建设特大城市的科技创新之路

创新是一座城市发展不竭的动力之源。当前，新一轮的科技革命和产业变革正在孕育并兴起，世界主要国家都在强化产业科技创新部署，抢占未来经济科技发展的制高点。党的十八届五中全会中，明确将创新作为推动未来中国发展的五大理念之一，促使更多的城市将创新作为驱动其发展的主要动力。建设"具有全球影响力的产业科创中心"是南京市发挥科教优势，凸显城市发展特色，提升城市综合竞争力的重要举措。

第一节 南京加快科技创新面临的形势和挑战

一 南京加快科技创新面临的形势

（一）科技发展和技术变革日新月异

当今世界，科技创新已经成为提高综合国力的关键支撑，成为社会生产方式和生活方式变革进步的强大引领。知识化和全球化是当今世界发展的两大趋势，这两大趋势正在重塑世界城市功能，重构全球科技和经济版图，加速形成全球创新网络（GIN）。在全球创新网络中，各国（地区）凭借自身的科技实力和对全球化的参与程度，处于不同的位置，有着不同的能级。发达国家拥有雄厚的技术基础和人才优势，拥有强大的研究开发能力和良好的市场机制,很可能率先在信息网络、高端制造、生命科学、可再生能源等新兴产业发展方面取得突破,进一步巩固其在全球产业竞争中的主导地位。新一轮科技和产业变革的酝酿和推进,也为我国提供了难得的"赶超发展"的可能。

(二)国际分工加剧,产业发展格局出现深度调整

发达国家纷纷实施"再工业化"和"制造业回归"战略,力图抢占高端制造市场并不断扩大竞争优势。如美国制定了《重振美国制造业框架》《先进制造伙伴计划》和《先进制造业国家战略计划》,英国政府科技办公室推出了面向2050年的未来制造业战略研究等。新兴国家也在加快对外开放和产业结构调整步伐。如印度启动了"印度制造"战略,巴西等其他国家也在积极引进国际产业转移。未来一个时期,全球范围内围绕市场、全球技术、资本和产业转移的竞争将更为激烈,国际产业结构调整将对我国制造业发展产生影响。

(三)中国工业发展呈现由高速增长向中高速增长转变的新常态

我国已经进入经济发展新常态,工业进入增长速度理性回落的新阶段,工业的潜在增长率出现趋势性下降。从产业结构看,传统产业产能大幅超出需求,产品价格水平持续走低,企业经营困难加大,投资意愿和能力不足,化解过剩产能、企业兼并重组势在必行。从发展动力看,生产成本持续上升,资源环境约束不断强化,要素的规模驱动力减弱,必须更多依靠人力资本质量和技术进步,着力提升创新能力,通过供给创新激活消费需求,形成新的增长点。总体来看,我国经济发展进入新常态后,工业增长正从高速转向中高速,经济结构正从增量扩能为主转向调整存量、做优增量并举,发展方式正从规模速度型转向质量效率型,发展动力正从要素驱动转向创新驱动。

(四)"新四化"激发新动力,企业技术创新环境不断优化

"十三五"时期,随着新型工业化、信息化、城镇化和农业现代化的同步发展,我国的增长动力将更为多元。当前,信息化与工业化融合发展已成为一种不可阻挡的趋势。基于互联网、大数据、云计算的产业融合发展和创新,拓展了新的创业和增长空间,是我国最有可能形成新的比较优势的重要领域。全面深化改革释放企业活力,企业逐渐成为技术创新的主体。十八届三中全会以后,我国全面进入深化改革时期,提

出要发挥市场在资源配置中所起的决定性作用，为制造业企业提供公平、公正、公开的市场竞争环境。

二 南京科技创新的问题及难点分析

（一）产业结构与科技成果之间量能不匹配

需求是拉动科技创新的重要力量，任何一种科技创新都是建立在需求的基础之上的。南京目前科技创新中面临的一个突出问题是科技成果转化率较低，这其中固然有科技成果针对性不强，与市场需求相脱离等问题，但是南京目前的产业结构与科技创新量能之间的不匹配，产业结构对科技创新成果的需求较少，导致产业结构对科技创新成果产生了较强的"挤出效应"，这也是造成科技成果转化率较低的一个重要原因。科技创新与产业结构之间是相互影响、相互促进的，一方面，科技创新可以推动产业结构的升级与调整，新的科技成果的出现可以形成新的产业，同时可以推动传统产业的技术升级；但另一方面，产业结构也会对技术创新形成一定的影响，这种影响主要表现在不同的产业结构对科技成果的吸收情况也会不同。总体上看，南京目前的产业结构仍以生产加工型产业为主，高新技术产业的规模还较小。已有的研究结果表明，南京制造业的技术结构仍主要以中低技术密集度的产业为主，距离以资本、技术密集型产业为主的发展还有一定差距。[①] 可见，加快调整南京产业结构，加快发展高新技术产业，推动现有产业向产业链高端发展，可以大大增加对科技创新成果的需求，从源头上促进南京科技创新能力的增强。

（二）科技创新主体不明确

南京科技创新主体不明确主要表现在两个方面：第一，企业没有成为技术创新的主体。科技创新实际上包括了两部分的内容，即科学知识的创新与技术的创新，这两部分的创新主体是不同的。高校、科研院所是科学知识的创新主体，而技术创新的主体则是企业。但是在南京，企业这一技术创新主体的地位尚未确立，其技术创新的作用并没有得到充

---

① 参见南京市 2007 年重点社科咨询课题《实现南京经济又好又快发展的主要问题分析及对策研究》，项目编号 SKZX2007008。

分发挥。由于高校、科研院所与企业科技创新的目标不同，高校难以像企业那样关注市场的需求与变化，也缺乏促进科技成果转化的动力，这样就会在一定程度上影响科技成果的转化。第二，科技型中小企业缺乏。实践已经证明，科技型中小企业是科技创新的主力军，在科技创新中具有十分重要的地位。南京科技型中小企业虽然在近些年发展较快，但同其他先进城市相比，数量较少，规模较小。南京的很多民营科技企业还面临着资金、人才等方面的困难，科技创新能力也相对较弱，难以发挥科技创新生力军的作用。

(三) 科技创新中介服务体系不健全

近几年，南京市在加快科技中介服务体系建设上做了很多努力，南京市的科技中介服务体系在不断壮大和完善，在科技孵化器、技术市场、技术转化平台、风险投资等的建设上取得了一定的成就。但是总体来看，南京科技中介机构数量还不够多，规模还不够大，服务能力还没有根本性的提高，还难以满足经济社会日益增长而形成的科技中介服务需求。南京地区大多数科技中介机构（如资产评估、管理咨询、人才市场、法律咨询及会计审计等）提供的是面向各个行业的共性服务，功能单一，很多创业中心、科技园还停留在为企业提供场地、服务人员等"物理空间"的水平，软性的专业化服务特征不明显，对服务对象需要的金融信息服务、法律服务、市场评估、经营服务、财会服务等显得无能为力。同时，科技中介信息资源没有实现充分共享。长期以来，南京市现有的科技信息资源共享问题并没有得到根本的解决，特别是一些中小型科技中介机构之间的信息资源仍然缺乏整合与共享。

(四) 创新制度建设不完善

科技创新制度最根本的特征在于将分离的、由不同部门制定和实施的各类制度整合起来，形成一个整体，并发挥出整体效益。南京市科技创新的制度环境仍有待进一步优化，在科技创新制度的整体推进、各项制度的相互耦合、适应科技创新的需要适时进行动态调整、落实各项科技创新制度等方面均存在一些薄弱环节。科技政策创新体系不完善，目前，我们的科技创新政策没有形成一个完整的体系，科技创新政策政出多门，管理不统一，没有形成科技创新的合力。现在的促进科技创新的税收政策缺乏系统性设计。现行科技税收政策很多都是各项税收优惠措施的简单罗列，有些政策是临时性需要而仓促出台，缺乏总体上的规划，没有系统性和规范性，部分政策甚至互相冲突，直接削弱了税收优惠政策作用的发挥。另外在符合国家税法的基础上地方的灵活性发挥得不够，税收激励政策不如深圳等城市。南京在"一线人才"尤其是"创新创业人才"方面总体上并无优势可言。南京对科技创新的一线人才的吸纳和留驻能力都亟待提升。与自主创新发展较好的国家和地区相比，南京市政府在推动科技创新方面还有一些不足，还没有真正树立起以服务为主导的管理理念，没有主动走出"条条框框"，放下"官架子"，放下"副省级城市""省会城市"的架子，走出政府大门，服务好大中小企业、高校科研院所。另外服务效能也有待提升，杜绝各部门扯皮推诿现象。

第二节　南京建设"全球有影响力的产业科技创新中心"战略

推动南京科技创新的快速发展，应立足南京的科技创新的发展现状，提出更具前瞻性和引领型的科技创新发展目标。2016年上海提出了"建设具有全球影响力科技创新中心"的发展目标，随后江苏省也提出了"建设具有全球影响力的产业科技创新中心"的目标。南京是长三角的特大城市，江苏省的省会城市，也是全省的科技创新中心，在全省建设"具有全球影响力的产业科技创新中心"的进程中，南京必须肩负起率先建成"产业科技创新中心"的重任，推动南京的科技创新发展迈上新的台阶。

一　具有全球影响力的产业科技创新中心的内涵和特征

产业科技创新中心应具备极强的产业驱动能力，是区域产业创新系统的增长极。产业驱动功能是指技术对产业发展和产业结构升级的推动作用。产业科技创新中心强大的知识生产和技术创新功能，决定了其在全球产业范式变革中的主导作用，驱动产业发展既是科技创新活动的出发点，也是其目的和归宿。鉴于"有全球影响的产业科技创新中心"

是一个新的发展理念，目前没有准确界定和详尽描述，与之类似的提法有"全球创新中心""全球高科技中心""国际产业研发中心""国际研发中心"等，在借鉴这些理念以及江苏省"有全球影响的产业科技创新中心"的发展目标及其思路的基础上，我们认为：具有全球影响的产业科技创新中心是指在全球产业范式变革中起主导作用的城市或地区，其产业创新活动的影响可以波及全球，成为引领世界科技及产业变革的源头，从而驱动全球或地区产业结构升级。它汇聚充裕的科技创新资源，主导产业创新引领作用和国际竞争优势突出，凭借产业形态的"高端化"和产业结构的"高新化"在全球产业分工和价值链中占据一定领导和支配地位；它是世界新知识、新技术、新产品、新产业、新业态的策源地；这些城市或地区还是全球先进创新文化、优良创新制度、卓越创新环境的先行区。

什么样的城市才能称之为"有全球影响力的产业科技创新中心"呢，魏晶等认为应该具有以下方面特点：一是拥有世界一流的大学和研究机构，是创新资源密集、领军人才富集、研发活动频繁的区域。二是具有高效率的成果转化体系，这些城市或地区的知识产权商业化机制成熟，技术转移、风险投资、创业服务等发达，成果转移转化渠道畅通，研发创新充分融入产业发展。三是具有高竞争力的产业集群，其产业集群特色鲜明，具有较强的产业国际竞争能力，主导产业的产品开发和技术创新水平世界领先，能够引领全球产业发展方向。四是具有高影响力的企业群体。其拥有若干具备全球影响力的领军企业，并吸引跨国公司在该城市设立全球性研发机构，与国际研发体系紧密衔接。五是具备高度发达的创新创业文化，树立崇尚创新、创业致富的价值导向，大力培育企业家精神和创客文化，使大众创业、万众创新在区域内蔚然成风等。[①]

综合现有研究，在江苏省建设"全球有影响的产业科技创新中心"的发展思路和目标的基础上，我们认为具有全球影响力的产业科创中心至少应具有以下特征：

---

① 魏晶等：《建设"全球有影响的产业科技创新中心"的内涵与对策》，《天津科技》2016年第2期。

——新兴产业的引领力。新兴产业因其具备较高的生产率和增长率，在一定程度上代表着科技创新和产业发展的趋势。它是提升产业整体竞争力和提高产业增长质量的核心要素，也是经济增长方式转变和实现经济可持续发展的重要因素。创新是整个生产体系中的重中之重，产业科创中心围绕新兴产业集聚了创新型企业和新型研发机构，以创新推动产业向价值链中高端跃升，打造创新型经济体系。具有将全球领先的科技成果迅速产业化，形成高技术产业集群规模，并带动周边区域经济发展的能力。通过新兴产业发展促进区域企业的创新能力，改善创新创业的资源环境，提高在国际分工中的地位。

——产业创新资源要素的集聚力。具有全球性创新技术、创新人才和创新生产要素的吸引、集聚和配置的能力。吸引其他地区和部门的产业创新资源和人才等到产业科创中心来，促进其不断发展。产业科创中心的产业因具有很强的生命力和创新能力，同时中心拥有良好的投融资环境和较大的投资机会，能够吸引其他地区的金融机构到本地区投资，资本的集聚促进区域产业创新活动的开展壮大。产业科创中心有利于规模经济的形成，可以产生内在的经济效益，扩大区域主导产业的生产规模、提高企业的获利能力。一方面促进各经济部门和各行业在该区域进行集聚并不断发展壮大，另一方面还会促使各类生产要素在该地区集聚，形成多功能的经济区域，与周围地区在资本、信息、技术和人才等方面存在密切交流，推动区域经济发展。

——产业创新的辐射力。具有对全球产业优化升级产生示范和引领作用的能力，在产业技术创新网络体系中具有重要节点地位和能力，是区域经济持续发展的动力。产业科创中心的产业高成长性和创新能力可以促进新技术、新生产方法和新组织不断在区域和城市的主导产业中涌现，同时成为区域产业创新的"核心区"和增长极，并将产业系统内部的新技术和新生产方法推广到其他地区和部门（创新的边缘区）。产业创新的"核心区"通过极化效应和扩散机制带动相邻创新边缘区的协同发展。

——产业创新成果的影响力。具有产生一定数量全球领先的原创性科技创新成果和创新思维及生产标准及先进工艺的能力。具有若干有国际影响力的产业创新品牌，在全球价值链中具备一定掌控能力，在新一轮国际科技竞争中占据产业制高点和主动权。通过科技的创新、生产工艺的创新、企业运营管理理念的创新、产业资源环境的创新、市场需求主体的消费水平的创新对区域发展产生影响力和驱动力。

——产业创新环境的吸引力。具有在世界范围内吸引创新产业人才及创新生产项目、资金、信息的能力。具有综合的开放创新、协同创新、大众创业万众创新的产业创新生态体系。形成产业创新生态体系后，创新主体之间除了地理上相近外，还表现在文化、经济、产业、人员的互动和交流，创新生态体系的凝聚力越来越大，相互依赖、共生共赢。

二 南京建设有全球影响力的产业科创中心的条件评估

南京拥有丰富的产业科技创新要素，在普通高校数量、大学生人数以及高质量人才方面优势明显。2015年南京市普通高校数量为52所，南京万人在校大学生人数达到987人，在全国同类城市中排名前列。此外，南京目前拥有的千人计划人才在江苏省排名第一，达到306人，比苏州多了87人。近些年，南京十分重视产业科技创新的发展，围绕人才引进、平台和载体建设、科技成果转化、金融扶持等方面出台了一系列的政策文件，有力地促进了南京产业科技创新要素在南京的进一步集聚。据"南京321"引进计划实施情况中期检测评估报告显示，2011年以来321计划共签约引进了2947名领军型科技创业人才，总计注册资金72亿元。丰富的创新资源为南京市的产业科技创新发展创造了良好的基础条件，为南京市建设"具有全球影响力的产业科创中心"奠定了良好的基础。但是，在建设具有全球影响力的产业科创中心的过程中，还应看到南京的产业科技创新综合能力还相对较弱。根据福布斯发布的"中国内地城市创新力排行榜"显示，截至2015年底国内创新型城市排名前五位的为深圳、北京、苏州、杭州、上海，南京位列第7位。

在此，根据全球产业科创中心的主要特征等及相关文献资料，从产业科技创新主体，产业科技创新要素，产业科技创新载体和产业科技创新制度四个方面进行分析，对南京建设"有全球影响力的产业科创中心"的条件进行评估和诊断，明确南京在建设"有全球影响力的产业科创中心"方面存在的优势与不足。

（一）产业科技创新主体情况分析

产业科创中心的重要特征之一就是创新能力，它是衡量科创中心发展的重要指标之一，这里通过企业科技创新投入与产出进行分析。

第一，企业 R&D 人数和经费支出情况。

南京企业 R&D 人数和经费支出规模在同类比较城市中不具有优势。2014 年，南京的规模以上工业企业 R&D 人数为 5.85 万人，深圳、苏州、广州、杭州、武汉分别是 15.75 万人、13.71 万人、8.02 万人、7.41 万人、5.18 万人，南京的规模以上工业企业 R&D 人数除高于武汉外，均低于其他同类比较城市，深圳、苏州、广州、杭州分别高出南京 2.7 倍、2.3 倍、1.4 倍、1.3 倍。同样，南京企业 R&D 经费支出为 141.61 亿元，在同类比较城市中处于最后一名，深圳、苏州、广州、杭州、武汉分别高出南京 3.9 倍、2.2 倍、1.3 倍、1.3 倍、1.2 倍（见表5—1）。

表5—1 南京与国内主要同类城市企业科技创新投入与产出比较

城市	企业 R&D 人员（万人）	企业 R&D 经费支出（亿元）	企业申请专利数（件）	企业发明专利申请数（件）
深圳	15.75	552.13	74029	27969
广州	8.02	189.62	9715	3678
武汉	5.18	172.24	7009	3125
杭州	7.41	177.39	—	—
苏州	13.71	313.54	20333	7064
南京	5.85	141.61	23392	9761

资料来源：根据各城市《2016 年统计年鉴》整理计算而得。

注：深圳企业申请专利数和发明专利数经过推测而得，主要依据深圳 2015 年企业作为专利权人的专利占总量的 93.54%，因此，保守推算 2014 年深圳企业申请专利数和发明专利数占比 90%。

第二，企业专利申请及授权情况。

南京企业专利申请量在同类比较城市中优势比较明显，尤其企业发明专利申请量占比较高。2015 年，南京企业专利申请量为 23392 件，在同类比较城市中排名第二,除低于深圳外,南京企业发明专利申请量比武汉、广州和苏州分别高出16383件、13677件和3059件。不仅如此,南京企业发明专利申请量占比也在同类比较城市中处于领先地位。2014年,南京企业发明专利申请量占总申请量的比重为41.7%,除比武汉企业发明专利申请量占比的44.6%低2.9个百分点外,南京均高于其他同类比较城市,比广州、深圳、苏州分别高出3.8个百分点、3.9个百分点和7.0个百分点。

第三,高新技术产业发展情况。

南京高新技术产业产出规模相对较小,且占规上工业总产值的比重也较低。2015年,深圳、苏州、广州、武汉、成都等城市的高新技术产业产值分别为17300亿元、13962.32亿元、8420.56亿元、7701.41亿元、7500亿元,均高于南京。不仅如此,深圳、苏州、武汉、成都等城市高新技术产业产值占规上工业总产值的比重分别高出南京18个百分点、1个百分点、11个百分点、24个百分点(见表5—2)。

表5—2　南京与国内主要同类城市高新技术产业比较

城市	高新技术产业产值(亿元)	占规上工业总产值比重(%)
深圳	17300	63
苏州	13962.32	46
广州	8420.56	44
武汉	7701.41	56
成都	7500	69
南京	5918.94	45
杭州*	4639	36

资料来源:根据各城市《2016年统计年鉴》整理计算而得。
注:杭州为2014年数据。

(二)产业科技创新的要素情况分析

产业科技的创新离不开大量创新创业人才支撑。创新驱动能力,关键是要重视人才在创新中的核心作用,创新型人才是产业创新的第一资源。人才评估分析主要包括人才总量规模、专业人才占从业人员比重、万人在校大学生和研究生数量，规模以上工业企业 R&D 人数、国家千人计划专家数量等指标。

第一，人力资源要素情况。

人才规模总量和专业人才拥有量与同类城市相当。2015 年南京的人才规模总量为 212 万人，深圳、杭州、苏州、武汉分别为 400 万人、196 万人、212 万人、220 万人，南京的人才规模总量比深圳少 188 万人，比武汉少 8 万人，而比杭州多 16 万人。南京的人才规模总量除比深圳少外，与杭州、苏州、武汉等城市的人才规模总量基本持平。同时，2015 年，南京专业人才占从业人员比重为 23.9%，深圳为 58.7%、广州为 20.7%、武汉为 21.3%，南京的专业人才占从业人员比重比深圳低 34.8 个百分点，而比广州高 3.2 个百分点，比武汉高 2.6 个百分点（见表 5—3）。

表 5—3　　　　　南京与国内同类城市人才指标比较

城市	人才资源总量（万人）	专业技术人才占从业人员比重（%）	万人在校大学生人数（人）	万人在校研究生人数（人）	规模以上工业企业 R&D 人数（万人）	千人计划专家（人）	千人计划专家中创业类人才（人）
深圳	400	58.7	264	—	15.76	208	—
广州	—	20.7	702	92	8.02	172	—
杭州	196	—	574	58	7.41	272	—
苏州	212	—	293	—	6.31	219	120
南京	212	23.9	1062	156	8.27	306	34
武汉	220	21.3	1312	171	5.18	317	—

资料来源：根据各城市《2016 年统计年鉴》以及网上相关资料整理而得。

国家"千人计划"专家数量优势明显，但其中创业人才所占比重相对较低。2015 年，南京引进国家"千人计划"专家数量为 306 人，武汉、杭州、苏州、深圳、广州分别为 317 人、272 人、219 人、208 人、172 人，南京引进国家"千人计划"专家数量除比武汉少 11 人外，分别比杭州、苏州、深圳、广州多 34 人、87 人、98 人、134 人。从引进国家"千人计划"专家数量看,南京在全国同类比较城市中优势比较明显。但在引进国家"千人计划"专家中创业人才比重相对较低。2015年,苏州引进国家"千人计划"专家中,创业人才所占比重为55%,而南京仅为11%。按照引进国家"千人计划"合理比例分布情况看,整个创业类的比例在20%—25%,创新类则占75%—80%,南京创业类人才引进人数所占比重低于国家平均水平。

> 链接:海外高层次人才引进计划简称"千人计划",主要是围绕国家发展战略目标,从2008年开始,在国家重点创新项目、学科、实验室以及中央企业和国有商业金融机构、以高新技术产业开发区为主的各类园区等,引进2000名左右人才并有重点地支持一批能够突破关键技术、发展高新产业、带动新兴学科的战略科学家和领军人才来华创新创业。

万人在校大学生人数和研究生人数在全国同类城市中处于优势地位。2014年,南京的万人在校大学生人数为1062人、武汉为1312人、广州为702人、杭州为574人、苏州为293人、深圳为264人,南京的万人在校大学生人数除比武汉低250人外,均高于其他同类比较城市,南京的万人在校大学生人数分别比广州、杭州、苏州、深圳高出360人、488人、769人、798人。2014年南京的万人在校研究生人数为156人、武汉为171人、广州为92人、杭州为58人,南京除比武汉万人在校研究生人数少15人外,均高于其他同类比较城市,分别比广州、杭州的万人在校研究生人数多64人、98人,万人在校研究生人数将近是杭州的3倍。

第二,土地要素情况。

高房价增加了企业经营成本。从土地资源成本比较看,2016年,南京房价上涨幅度较大,截至9月,南京房价比2015年同期上涨了36.09%,每平方米平均房价为23472元。南京房价上涨速度仅仅低于北京和苏州,位居国内第三。从单位房价看,南京房价高于广州、杭州、苏州等国内同类城市。上涨较快的房价会增加企业运行成本(见

表5—4）。

表5—4　　2016年9月全国主要城市住宅行情

城市	平均房价（元/平方米）	同比上年增长（%）
北京	52104	41.11
上海	46154	35.04
深圳	49970	30.42
南京	23472	36.09
广州	21211	6.43
杭州	19323	7.91
苏州	15000	37.01
武汉	12732	29.96
无锡	9037	21.21
西安	6789	0.06

资料来源：中国房价行情平台。

第三，劳动力价格情况。

从劳动力成本看，2015年南京冬季求职期平均薪酬为6336元，不仅低于北京、上海、深圳、广州等一线城市，而且也低于同处于长三角地区的杭州、苏州和宁波，分别比杭州、苏州、宁波低761元、234元、62元（见表5—5）。劳动力成本是企业商务成本重要组成部分之一，也是企业考虑投资某地区或城市的重要衡量指标之一，与周边城市相比，南京的劳动力成本具有一定的竞争优势。

表5—5　　2015年冬季求职期平均薪酬城市分布

城市	平均薪酬（元）	排名
北京	9227	1
上海	8664	2
深圳	7728	3
杭州	7097	4
广州	6913	5
苏州	6570	6

续表

城市	平均薪酬（元）	排名
宁波	6398	7
南京	6336	8
成都	6249	9
重庆	6181	10

资料来源：http://www.phbang.cn/education/151483.html。

第四，资金要素投入情况。

南京用于科技的资金处于同类比较城市中游水平。在科技资金投入方面，2014年，南京的R&D经费支出占GDP比重为2.98%，低于深圳与西安，与杭州和武汉的R&D经费支出占GDP比重相当。南京的科学技术财政支出占财政总支出比重为4.85%，低于杭州、苏州和武汉（见表5—6）。

表5—6　　2015年南京与国内同类城市用于科技资金比较

城市	R&D经费支出占GDP比重（%）	科学技术财政支出占财政总支出比重（%）
深圳	4.05	3.60
广州	2.5	2.23
杭州	3.0	5.45
苏州	2.67	5.55
南京	2.98	4.85
武汉	2.90	5.07
西安	5.24	1.65

资料来源：根据各城市《2015年统计公报》《2016年统计年鉴》以及网上相关资料整理而得。

（三）产业科技创新载体情况分析

科技创新载体的建设是助推产业科创中心快速发展的重要引擎。创业创新领军人才的集聚，创新团队的打造，企业自主创新能力的提升都需要通过科技创新载体和平台来推动实现。科技创新载体主要包括知识研发创新平台和高新区产业创新载体两大类。知识研发创新载体条件主要从国家级、省级、市级的重点实验室、工程技术研究中心、孵化器和公共技术服务平台规模与内部结构比例方面进行分析评估。

第一，创新载体建设情况。

南京的创新载体条件优势明显，但创新载体内部结构有待优化。目前南京拥有国家级重点实验室、工程技术研究中心、孵化器分别为25个、17个、20个，三者合计62个，国家级知识创新载体平台数量位于同类比较城市中第一，尤其是在国家重点实验室数量上，仅仅比位居第一的武汉少2家。但从国家级知识创新载体内部结构看，杭州、广州、武汉等城市国家重点实验室和工程技术研究中心之间的比例接近1∶1，内部结构相对均衡，但南京的国家工程技术研究中心数量与同类城市比较相对较少，低于武汉、深圳、广州等城市。南京的省级知识创新载体处于同类比较城市中游水平。南京的省级重点实验室、工程技术研究中心、公共技术服务平台、孵化器分别为55家、309家、84家和79家，合计为448家，其数量除比广州、苏州少外，排在同类比较城市第三位。但从省级知识创新载体内部结构看，南京的省级重点实验室相对较少，省级重点实验室与工程技术研究中心两者比例接近1∶6，比例相对失衡。南京的市级知识创新载体相对较弱，工程技术研究中心、公共技术服务平台、重点实验室合计303家，低于深圳、广州、苏州等城市，尤其是内部结构比例相对不合理，深圳和苏州的工程技术研究中心和公共技术服务平台数量比例接近3∶1，而南京为10∶1，公共技术服务平台建设相对较少（见表5—7）。

表5—7　　　　　南京与国内同类城市创新载体指标比较

城市	国家级			省级				市级		
	重点实验室	工程技术研究中心	孵化器	重点实验室	工程技术研究中心	公共技术服务平台	孵化器	工程技术研究中心	公共技术服务平台	重点实验室
深圳	14	24	13	24	100	1	57	382	137	212
广州	17	18	16	171	392	—	69	247	—	101

续表

城市	国家级 重点实验室	国家级 工程技术研究中心	国家级 孵化器	省级 重点实验室	省级 工程技术研究中心	省级 公共技术服务平台	省级 孵化器	市级 工程技术研究中心	市级 公共技术服务平台	市级 重点实验室
杭州	15	14	21	232	115	60	69	—	—	—
苏州	3	2	—	20	524	55	—	472	135	117
南京	25	17	20	55	309	84	79	274	29	—
武汉	27	27	7	126	167	—	149	114	—	—

资料来源：根据网上相关资料整理而得。

第二，园区研发机构情况。

南京的国家高新区研发机构在注册企业中占比及科技企业孵化和加速器内在孵企业数占所有注册企业比重除低于深圳外，高于同类比较城市，但境外技术研发机构数量相对较少，排在同类比较城市最后一名（见表5—8）。南京、杭州、武汉、广州、苏州、深圳等国家高新区的研发机构数占注册企业比重分别是4.00%、3.76%、3.69%、3.30%、2.63%、1.85%，在同类比较城市中南京排名第一。南京科技企业孵化和加速器内在孵企业数占所有注册企业比重为12.42%，排在深圳之后，深圳占比为13.90%，南京与之相差仅1.48个百分点。从境外技术研发机构数量比较看，南京相对处于劣势。南京、苏州、广州、武汉、杭州、深圳的国家高新区境外技术研发机构数量分别是2家、150家、27家、17家、16家、8家，在同类比较城市中南京排在最后，与其他同类比较城市之间的差距相对较大。

链接：中国高新技术产业开发区，简称"国家高新区""国家级高新区"，属于中华人民共和国国务院批准成立的国家级科技工业园区。是中国在一些知识与技术密集的大中城市和沿海地区建立的发展高新技术的产业开发区。

第三，留学归国人员情况。

留学归国人员占从业人员比重相对较低，但外籍常驻人员占从业人员比重具有一定优势。南京的留学归国人员占从业人员比重是0.30%，在同类比较城市中排名最后，仅为苏州留学归国人员占从业人员比重的1/3，杭州和武汉的1/2，深圳和广州的2/3。在外籍常驻人员占从业人员比重方面，除低于苏州外，南京的占比均高于其他同类比较城市。

第四，科技创新服务机构发展情况。

科技创新服务机构数占注册企业比重和高新技术服务从业人员占从业人员比重相对较低，南京在创新服务方面劣势比较明显。南京国家高新区的创新服务机构数占注册企业比重为0.15%，排在同类比较城市的最后一名，这是南京高新区发展的劣势指标。在高新技术服务从业人员占从业人员比重指标上，南京为11.05%，除高于苏州外，南京均低于其他同类比较城市，南京的高新技术服务从业人员占从业人员比重约是杭州、广州、深圳等城市的1/3，比武汉低6个百分点。

每万人从业人员拥有欧美日专利数及境外注册商标数量处于同类比较城市的中下水平。杭州的每万人从业人员拥有欧美日专利数为101.39个，排在第一位，处于遥遥领先地位。深圳、苏州分别是64.94个、48.46个，处于第二梯队。南京处于第三梯队，每万人从业人员拥有欧美日专利数量为22.13个，武汉和广州处于第四梯队，每万人从业人员拥有欧美日专利数量分别为12.89个和10.41个。

表5—8　　　　南京与国内同类城市高新区载体指标比较

城市	境外技术研发机构数（家）	研发机构数占注册企业比重（%）	科技企业孵化和加速器内在孵企业数占所有注册企业比重（%）	留学归国人员占从业人员比重（%）	外籍常驻人员占从业人员比重（%）	创新服务机构数占注册企业比重（%）	高新技术服务从业人员占从业人员比重（%）	每万人从业人员拥有欧美日专利数及境外注册商标数量（个）
深圳	8	1.85	13.90	0.45	0.15	0.22	27.78	64.94
广州	27	3.30	10.48	0.45	0.22	1.43	35.91	10.41
杭州	16	3.76	3.04	0.69	0.33	0.18	38.90	101.39

续表

城市	境外技术研发机构数（家）	研发机构数占注册企业比重（%）	科技企业孵化和加速器内在孵企业数占所有注册企业比重（%）	留学归国人员占从业人员比重（%）	外籍常驻人员占从业人员比（%）	创新服务机构数占注册企业比重（%）	高新技术服务从业人员占从业人员比重（%）	每万人从业人员拥有欧美日专利数及境外注册商标数量（个）
苏州	150	2.63	3.56	0.98	1.99	0.20	9.30	48.46
南京	2	4.00	12.42	0.30	0.65	0.15	11.05	22.13
武汉	17	3.69	5.50	0.60	0.22	0.31	17.13	12.89

资料来源：根据各城市统计年鉴及统计公报整理而得。

（四）产业科创中心制度情况分析

制度建设是优化产业科创中心发展环境的重要基础。目前，衡量制度建设的指标主要从市场化视角进行评估。市场化方面可以用民营经济数量规模、民营经济增加值占 GDP 比重、民间投资占全社会投资比重等指标来反映。

第一，企业结构情况。

南京民营经济数量规模相对较低，但民营经济对 GDP 贡献率处于同类比较城市中上游。2015 年，南京民营经济数量 69.57 万户，在同类比较城市中处于最后一位。从比较城市民营经济数量规模看，今后南京民营经济发展的空间还应该很大。从南京的民营经济对经济的贡献度看，2015 年，南京民营经济增加值占 GDP 比重为 44.0%，低于杭州和苏州，它们分别为 59.2%、46.5%。虽然南京民营经济数量规模相对较少，但其对 GDP 贡献较大（见表5—9）。

表5—9　南京与国内同类城市民营经济发展指标比较

城市	民营经济数量（万户）	民营经济增加值占 GDP 比重（%）
深圳	209.59	42.8
广州	125.51	40.0
杭州	72.09	59.2

续表

城市	民营经济数量（万户）	民营经济增加值占 GDP 比重（%）
苏州	80.64	46.5
南京	69.57	44.0
武汉	83.42	42.5

资料来源：根据网上相关资料整理而得。

第二，民间投资情况。

南京民间投资占比低于北、上、广、深等一线城市，但与苏州、杭州等城市基本相当。从民间投资占比看，2015年，南京民间投资占比为51.5%，广州、北京、上海、深圳民间投资占比分别为65.6%、64.1%、64.0%、64.0%，南京与这四个一线城市相比，民间投资占比低于它们10多个百分点。但与长三角及周边同类城市相比，南京与苏州和杭州民间投资占比基本相当，2015年，苏州民间投资占比为53.6%，杭州为52.9%。

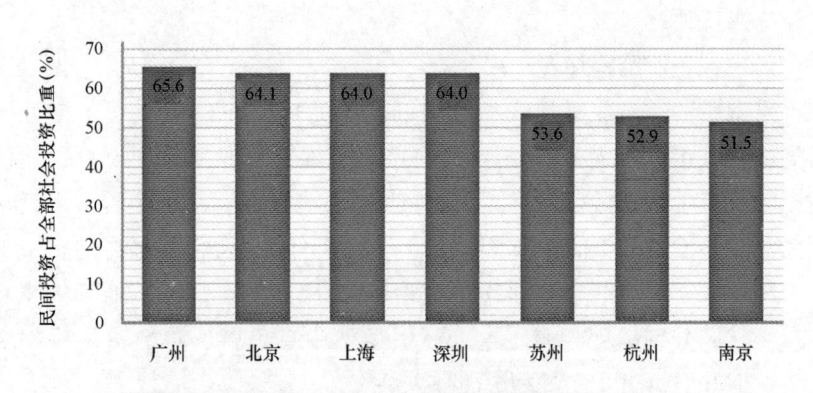

图5—1　2015年南京与国内主要城市民间投资占比比较

综上所述，南京产业科技创新的主体企业的投入与产出效率很高，在R&D人员和费用支出数量低于其他同类比较城市的情况下，获得了高于其他同类比较城市的科技创新成果。但南京高新技术产业规模和占比处于同类比较城市中游水平，也就是南京科技创新成果的转换水平相对较低。在南京科技创新要素方面，南京具有较为强大研发和知识创新能力等优势，但高房价会增加企业成本、用于科技创新的资金相对较少，导致南京科技创新资源潜力没有充分发挥出来。在人才条件上，南京拥有本校大学生和研究生数量优势，同时国家千人计划引进人数和企业研发人数等方面优势明显，但在创业领军人才方面相对缺乏。在创新载体建设方面，南京载体规模优势明显，但载体内部结构需要优化，同时在创新服务机构建设上需要进一步加强。在制度建设上，南京市场化程度与长三角及周边城市基本相当，但与北、上、广、深等一线城市相比，具有一定差距。

第三节 南京建设有全球影响力的产业科创中心的目标与对策

一 南京建设有全球影响力的产业科创中心的目标

科技创新大体可以分为两大类：一类是影响人类科技进步的基础性研究领域的科技创新；一类是着眼于实际应用的产业领域的科技创新。建设有全球影响力的产业科创中心，其重点在于产业领域的科技创新。世界产业领域的科技创新中心一般具有以下几个核心要素：一是一批具有创新力的科技型企业及大量的科技型人才，具有创新力的科技型企业是产业科技创新的主体，引领着世界产业科技创新的方向，人才是科技创新的源泉，是创新的核心要素；二是发达的科技服务业体系，尤其是大量活跃的风险资本投资机构的存在，是实验室科技创新能够产业化的必要保障，是产业科技创新活跃并产生经济效益的催化剂，是市场实现产业创新资源配置的有效途径；三是良好的科技创新生态环境，包括有利于创新的制度体系、宽容开放的创新文化、宜居的生活环境等，这是产业科技创新发展的土壤，也是创新要素集聚的重要条件。

对照这样的发展特点，在"十三五"期间建设"有全球影响力的产业科创中心"的过程中，南京可以确定如下目标：

一是在产业创新能力方面，加快培育市场主体，积极推动双创活动，拥有一批在世界市场上有较强影响力的骨干科技企业和大批活跃的创新型中小企业，以企业为主体的产业创新格局基本形成，在部分产业领域拥有具有国际领先水平的创新型企业。

二是在产业创新要素方面，推动"人才新政"的实施，吸引和集聚拥有专利技术和创新热情的产业科技人才落户南京；完善科技要素市场体系建设，充分发挥市场功能，初步形成人才、资金、技术等要素有效配置的市场体系，让南京成为国际化产业创新要素的集聚地。

三是在产业创新服务体系方面，大力引进风险投资公司和科技中介服务企业，推进科技金融的发展，优化园区产业结构，推动科技服务业进驻园区，形成较为完备、活跃高效的科技服务体系。

四是在产业创新环境方面，营造有利于科技创新的政策环境和基础设施环境，推进科技创新制度改革，形成有效的科技创新治理体系，为产业创新奠定良好的政策环境；进一步完善基础设施建设，推进智慧城市建设，打造宜居环境；营造开放包容的创新文化氛围，激励更多人才参与产业创新。

二 南京建设有全球影响力的产业科创中心的对策建议

（一）加快培育产业创新主体

一是加大企业对科技研发的投入，提升企业在创新中的主体地位。近年来，南京不断加大对科技的投入，2014年R&D经费占国内生产总值的比例达到2.98%，这一比例虽高于国际上很多国家，但是与国际上科技研发的重点国家和地区相比仍有很大差距。目前以色列R&D经费占国内生产总值的比例已达到4.4%，此外，芬兰3.9%，韩国3.7%，瑞典3.4%和日本3.3%，均明显高于南京。更应值得注意的是，在南京R&D经费总投入中，规模以上工业企业投入仅占53.87%，而深圳占到90%以上，相比之下差距明显。为此要进一步强化企业在研究与开发中的主体地位，提高企业科研与开发投入，鼓励企业依靠自身优势和潜力，开展与国内外先进企业进行合作，积极吸引其他企业的先进科研成果，尤其加强设计领域共性关键技术联合研发，通过联合、协同创新，攻克信息化设计、过程集成设计、复杂过程和系统设计等共性技术，开发一批具有自主知识产权的关键技术，促进南京工业进一步向高端环节跃升，实现由规模扩张向提质增效的根本性转变。在重视引进消化吸收再创新的同时，积极开展原始创新和集成创新，不断完善企业创新体系，推进不同领域的产业联盟建设，全面提升南京企业自主创新能力。

二是建立技术创新市场导向机制，加快创新成果产业化。发挥市场对技术研发方向、路线选择和各类创新资源配置的导向作用，调整创新决策和组织模式，强化普惠性政策支持。加大创新产品和服务的采购力度，鼓励采用首购、订购等非招标采购方式，以及政府购买服务等方式予以支持，促进创新产品的研发和规模化应用。完善财税、金融、政府采购等政策措施，大力开展新产品新技术推广应用、重大装备首台（套）保险、首购首用等，增强政府调动和优化全社会资源配置的能力，为企业技术创新提供支撑和保障。鼓励企业参加高新技术产品和新产品推介会。利用南京会展资源，定期组织和策划南京优势产业和战略性新兴产业领域新产品推介会，通过政府组织搭建平台，向长三角地区乃至全国推介南京创新新产品和技术。组织高新技术产品和新产品参展国内外展会。组织南京本地优秀企业，通过政府组团，企业以整体规模化形式向国内外进行宣传，让南京新产品和新技术快速走向世界，放大南京新产品和新技术的集群效应。

（二）促进产业创新要素集聚

一是多元化加快人才引进。围绕未来网络、卫星应用、智能机器人、3D打印等前沿领域，重点引进培养具有世界领先水平的创新创业团队核心成员或领军人才，国内领先水平的高端创新创业人才。依托"人才新政"等高层次人才引进计划，围绕全市重点产业领域和创新方向，引进具有国际水平的科学家、领军人才、工程师和创新团队。按照产业链布局创新链，创新链完善人才链的发展思路，通过招引人才突破产业链、技术链的关键节点。对人才公寓入住、租房补贴、购房补贴、子女入学等方面的支持力度和条件进行明确规定。尤其对生命科学、商务商贸、旅游休闲发展中紧缺的科技研发、金融、法律、创意设计等中高端专业人才进行"精准补贴"，以优惠待遇弥补城市层级落差。依据企业的行业特征，结合企业的区域贡献度，增强人才政策与特定行业的匹配度。

二是为人才成长提供广阔的发展空间。加大财政支持力度，鼓励建立校所高端人才落地机制，在园区设立专家（教授）工作室或技术成果专业中心,为校所人才提供更及时的创业辅导、更完备的创业扶持。制定与完善新常态下扶持高层次科技人才团队创新创业实施新办法,支持企业对高端人才实施期权、股权等中长期激励,包括以知识产权、技术、管理等生产要素按贡献参与分配,把政策优势转化成人才优势。拓宽高校、科研院所与企业之间的人才流动渠道,通过停薪留职、项目承接等方式,为各类人才提供施展创新才华、参与市场竞争的舞台。鼓励人才以研发技能、管理经验等人力资本作价出资创办、联办高新技术企业,把人才优势转化成创业优势。鼓励青年人才负责或承担重大科技计划项目,大规模组织青年科技人才到国际研发平台上进行培训、锻炼。扶持高端人才创办的企业做大做强,围绕关键技术形成产业集聚,打造较为完善的产业链,把智力优势转化成产业集群优势。

　　三是积极发展高水平的人才服务中介机构。采取措施吸引高端人才服务机构为企业开展猎头、人才培训、人才认定和测评等服务,对成功引进企业所需紧缺人才的服务机构给予奖励。完善高层次创新人才引进培养模式,大力集聚国际化高端人才,推动南京产业科技创新逐步走向世界先进行列。完善人才服务体系,为高层次人才合理流动提供优质服务。引进具有高素质的人才中介工作者,以现代化的经营管理模式,提高人才服务机构的信息化水平和技术水平,制定规范、全面的服务内容,建立完善的服务管理制度,运用多种服务手段,提高人才中介机构的服务水平。进一步完善就业和社会保障信息服务体系,建设多元化和多功能的就业信息服务体系,建立全面的人才汇总数据库,不断更新和维护人才服务网站内容,加强就业信息统计、分析和发布工作来提高工作效率,促进人才中介机构的信息化发展,为南京的人才发展提供更有针对性和有效性的服务。

　　四是加快创新载体建设,为企业提供更多的开放共享服务。依托科技创新特别社区空间载体资源,推进科技企业孵化器、市级企业重点实验室建设,打造适合大众创业、万众创新的众创空间。着力加强实验室、中试基地等基础条件平台和智能电网技术平台、特种膜分离工程技术研究中心、生命科学技术平台、医药中试平台等一批开放高效、专业化水准高的公共技术服务平台建设,打造一批世界一流的科研开发平台,建设跨地区、跨领域、面向行业的南京机器人研究院、中科院南京先进激光技术研究院及未来网络创新研究院等制造业创新中心,为企业提供创新知识和工程数据的开放共享服务,形成创新服务资源的共享机制,为全市科技型中小企业提供技术创新动力平台。打造创新平台,促进实验条件、仪器设备、科技成果和人才培训等创新资源的互联共享。

(三) 进一步完善产业创新服务体系

一是加大金融对科技创新的支持力度。建立多层次的资本市场,完善全链条的科技金融支持体系。发挥各类金融工具的作用,扩大企业技术创新的融资渠道。做大做强紫金创投,加大人员投入,发挥好紫金创投的引导和示范效应,带动更多的风投机构投资南京科创企业。大力引进世界性的风投机构,这样一方面可以带动更多的风投企业落户南京;另一方面大型风投机构的引进可以产生溢出效应,为具有高成长性、高发展潜力的高科技企业提供基金融资渠道。引导商业金融机构加大对技术创新、技术改造、技术升级项目的支持,鼓励企业利用资本市场融资,支持已上市企业采用增资扩股方式开展技术创新。政府加快进行风险投资法规的制定,在信贷担保、政府资助等方面为企业创新投资提供支持,扩大企业债券发行规模,增加企业债券品种,发展融资租赁等。改革科技创新财税政策,保障创新风险投资的收益,使创新资本市场力量能够健康、高效、持续地服务于企业的科技创新。通过设立专项基金、实行税收减免等方式减轻创新型企业的资金问题。拓宽创业投资的退出渠道,认真落实《国务院关于促进创业投资持续健康发展的若干意见》(国发〔2016〕53号),探索多种形式的创业投资退出机制。改进对企业的信贷服务,完善资金管理办法,增加信贷品种,拓展担保方式,扩大对企业创新的信贷投入等。

二是加快科技创新中介服务体系建设。大力发展以市场为导向、以利益为纽带的社会科技中介机构。支持高校和大院大所设立专门的技术转移机构,促进科技成果在南京本地的转化和扩散。引导科技中介机构延伸服务,除了促成技术供需双方的交易外,鼓励其更多地介入项目评估、市场调研、技术孵化、投资咨询、管理咨询、法律援助、人才培训、市场推广和技术更新等环节,鼓励和促进科技经济人才队伍的建设和扩大,引入专业服务机构及促进产业联盟建设等实现协同创新。加快技术交易市场、科技中介服务市场、产权交易市场主体建设,探索项目开发+人才培养+创新资源的协同创新模式提升企业创新能力，打通产学研分割瓶颈，共同推进科研成果的产业化、工程化，实现创新资源的协同效应和科研开发的规模效应。建立长三角区域乃至世界级的科技成果交易平台，加快科技成果市场的区域化、国际化发展，加速科技成果转化。

三是建设创新资源数据库与联网服务平台以推动信息共享。完善和形成全市大数据库，汇聚长三角、全国乃至世界科技创新数据，建立健全科技创新数据的收集、处理、存储及共享机制，利用该服务中心或支撑平台组织专家和服务商开展面向科技创新的服务，形成一批互联互通、信息资源共享的专业数据库，为南京科技创新活动的展开提供有效的决策支持数据。基于南京已建成的研发公共服务平台、金融信息服务平台等，联合都市圈其他城市已建成的科技信息、文献、孵化器等资源，建立共享平台，实现南京都市圈地区科技创新平台的整体联网。

（四）加快产业创新生态系统建设

一是形成宽容的文化氛围。文化是催生创新的土壤，只有在开放包容的创新文化下才能确保科技型企业不断衍生、成长和壮大。为此，要继承和弘扬南京优秀文化传统中创新的价值理念，通过政府倡导、舆论支持和全民努力，培养民众创新意识。通过多途径、多方式对各级领导干部、机关公务员、青少年以及全体市民进行创业创新创优精神教育，培育"敢冒风险、勇于进取、不怕困难、百折不挠"的精神，培育创业创新创优意识，加强创业创新创优能力锻炼。同时形成包容失败的宽松范围，让创新创业者能够在宽松的氛围中尽情施展自己的才华，在不断试错的过程中实现创新创业的理想。推进城市信用体系建设，为科技创新发展营造诚实守信的社会环境。

二是加快建立高效的制度体系。要营造各种所有制经济公平获得创新资源的市场环境，消除行政垄断和限制不正当竞争，改变政府支持创新的方式，减少点对点的资助和补贴，探索采取综合性普惠政策。建立公开透明开放的市场规则，放松新兴行业准入管制，鼓励创新企业通过科技创新在市场上脱颖而出。推进科研项目审批制度改革，清理各部门和各环节的审批事项，实行同步简政放权。按照国际惯例，加快建立适应科技创新规律、职责清晰、科学规范、公开透明、监管有力的科研项目和资金管理机制，完善科研人员收入分配政策，健全与岗位职责、工作业绩、实际贡献紧密联系的分配激励机制。

三是积极推动政府在科技创新中的职能转变。作为推动创新的三螺旋之一，政府在科技创新中扮演着重要的角色，加快推动科技创新管理体系向科技创新治理体系的转变，是转变政府管理职能，促进南京科技创新有效性提升的重要途径。为此，要加快构建多层级的治理体系，形成市级科技创新治理体系、园区（区县）科技创新治理体系、企业（高校、科研院所）科技创新治理体系等多层次的科技创新治理体系，并促进不同治理体系之间的统筹协商和利益协调。进一步优化治理机构，鼓励多方参与科技创新治理，提升各体系中主体的治理能力，明晰政府、企业、高校、科研院所、中介组织和金融机构在创新治理体系中的职责和作用，政府要转变科技管理理念和管理手段、途径和模式，形成创新治理的发展模式。

四是营造优良的生活环境。宜居是宜商的前提，拥有能够吸引科学家等高层次人才的高品质生活环境是全球科技创新中心形成的重要条件。进一步优化生活空间，要强化问题导向，针对交通堵塞、废弃物处理等城市生活环境问题，重点攻克，加快建设安全高效便利的生活服务设施和市政公用设施网络体系，实现"精致生活"。注重城市公共空间的建设，为创新创业人群提供休闲、交流、互动的场所，让他们能够在相互的沟通中产生创新创业的思想火花。优化城市生态空间，注重历史文化传承，放大绿色生态优势，充分展现文化古都、滨江城市、人文绿都有机融合的特色风貌，保证"精美品质"。同时加大对房地产的调控力度，控制房价过快上涨，一方面降低企业的发展成本，提高生存空间；另一方面为人才的引进和留住创造条件，提升城市的综合集聚能力。

链接：国内外全球科技创新中心的建设及经验启示

一、上海全球科创中心的目标与路径

建设全球科技创新中心既是上海服务国家战略的使命所系，更是上海自身实现创新驱动、转型发展，建设全球科技创新中心的内在要求，可为打造中国经济升级版、实现中华民族伟大复兴的中国梦提供永续动力和有力支撑。建设全球科技创新中心是一个系统工程和长期过程，科学合理的战略定位和发展路径至关重要。因此，上海要在全国发展大局及全球创新格局中找准自身的战略定位，明晰发展目标和发展路径，力争到2050年左右真正建成具有广泛影响力的全球科技创新中心。

1. 上海全球科创中心的战略定位

上海建设全球科技创新中心的战略定位包括城市自身、国家和全球三个层面：

从城市自身来说，将科技创新定位为城市未来30年发展的核心功能，以科技创新推动产业特别是制造业的转型和升级，以提升实体经济的总体实力；以科技创新为支撑，促进国际金融、国际商贸等服务功能的发展，以全球科技创新中心建设充实和引领全球科技创新中心发展。

从国家层面来说，上海建设全球科技创新中心，首先要在全国科技创新格局中发挥引领作用，要成为全国科技创新的"龙头"和"引擎"。在科技创新实力方面，上海应该是全国的"排头兵"，科技创新综合实力领先全国；在创新体制机制方面，上海应该是全国的"先行者"；在企业和产业创新方面，上海应该成为中国新产业、新技术、新模式和新业态的源头，成为创新型企业集聚的高地，并涌现创新龙头企业；在创新文化和环境方面，上海应成为全国乃至全世界的新文化风向标。

从全球层面来说，上海作为全球科技创新中心的功能定位至少应包括：成为世界创新产品的生产源地；成为新兴产业的世界战略高地；成为世界创新文化的传播中心；成为全球创新资源的配置中枢。

2. 上海全球科创中心的发展路径

上海到2050年基本建设成为具有全球影响力的科技创新中心，在发展路径方面应遵循：始终坚持综合型的产业发展方向，既要面向全球产业技术发展前沿，围绕信息、生物医药、新材料等高新技术和新兴产业领域，加快推进产业关键技术和共性技术的研发与突破，以新技术带动新服务、以新服务促进新产业，也要立足现有产业基础，鼓励和引导企业加大技术改造力度，利用高新技术和先进适用技术改造和提升传统产业，通过技术创新推动传统产业转型升级，提高产业技术水平和经济效益；同时，引导和鼓励企业强化技术集成应用能力，加快推动商业模式创新，加速培育新业态和新模式，为全球科技创新中心建设提供宏大的产业体系和深厚的产业基础。

二、波士顿高科技产业转型发展的经验启示

到20世纪末，波士顿因高等教育人才与机构的集聚，实施最新一轮的转型，并成功成为美国金融、教育及高科技中心城市之一。在城市经济转型过程中，波士顿利用全球化大力发展高科技产业，参与最高层次的全球城市竞争与协作。这种高端定位使波士顿成为全球最重要的高科技产业城市之一，美国主要高科技创新中心和最大医疗研究中心，同时也是全美第二大生物科技中心。波士顿高科技产业三次转型发展的经验，特别是依靠"大学城"坎布里奇推动城市创新发展的经验，具有重要的启示意义。

1. 推动高校与企业界的密切联系和合作

麻省理工学院作为智力支持，不仅科研实力雄厚，而且与产业界密切合作，因此在当地的高技术产业成长过程中扮演关键角色。哈佛大学虽然科研实力极为雄厚，但由于对校企合作重视不够，没有在波士顿高技术经济中发挥重要作用。因此，中国城市在高技术产业发展及创新城市建设进程中，必须鼓励学校与企业界的密切合作，以产学研紧密联系为基础平台，推动知识技术向产业的转化，形成真正的生产力。

2. 把握机遇推动新兴战略性产业发展

中国城市高技术产业在发展的进程中，必须重视机遇的重要性，积极响应国家重大战略实施，坚持有所为和有所不为的原则，不是笼统地推进战略性新兴产业，而是基于本地资源情况，探究外部市场调节，进一步明确产业优先发展方向，制定产业政策，特别是要突出发展有利于培育新兴市场、扩大内需、改善民生的技术和产品。

3. 配合现代服务业的建设推动高科技产业发展

现代服务业应该突出为实体经济尤其是高科技产业服务的功能。

第一是大力培育发展投资基金,研究制定鼓励专项政策,特别是引导企业界、银行家、律师等有行业背景和专业特长的人员加入天使投资人的队伍。第二是促进多种资本的有机整合。建立多种资本来源捆绑式的投资机制,增强政府引导资金的放大效应。第三是推进无形资产担保。要积极研究制定企业期权、知识产权和信誉担保的有关管理制度和操作办法,同时政府应探索建立政策性的风险补偿资金。第四是形成资本退出机制,这是创业投资可持续发展的重要环节。

4. 大力培育发展服务于高科技产业的非政府组织

大力培育一批非政府社会组织,为高技术产业发展服务。目前需要重视两类非政府组织:一是鼓励按产业、企业或从业人员的特征和需求,设立社团或协会等非政府机构,政府应引导并发挥其桥梁纽带作用,吸纳它们参与有关规划决策。二是鼓励高校、科研院所等成立科技中介机构,如生产力促进中心、技术转移中心、知识产权交易中心,支持其按照市场化、社会化要求,开展技术转移、技术评估、技术融资等活动,加快科研成果的推广应用。

5. 围绕大学建设城市高技术产业发展的中央智力区

在城市功能上,大学城要担当整个城市的中央智力区角色,提供高教、研发等服务。为此,我们的城市必须进一步在高校教育体制改革、创业环境建设、产学研融合发展等领域实现突破,切实推动大学城智力资源转化为经济效益。

三、东京大田技术研发与集群发展的经验启示

东京作为国际大都市,在20世纪中期后受到制造业的发展带动,其服务业开始出现快速发展,产业结构中的第二产业比重逐步下降。为使制造企业保持核心竞争力,越来越多的制造企业利用各自的技术进行更为细化的专业分工。大田制造业发展便是这一环境背景下的产物。它给予我们的启示是:

第一,制造业尤其以先进科学技术作为支撑的精细加工业是制造业高附加值生产的重要基础和必备条件。

第二,国际大都市制造业的发展与集聚,促进了科研以及研发等服务性产业的快速发展与集聚。都市制造业利用与大学科研机构近距

离的便利，加强产、学、研协作，促进产业创新发展。

第三，技术创新与产品创新是制造业发展的动力。国际大都市的人才优势和高技术型制造业发展相互促进，缺一不可。国际大都市能够针对制造业发展需要，集中资金、人力等进行技术攻关。

第四，制造业的集群依赖于产业网络，但也依赖城市的经济、社会和人才集聚等基础条件。为此，要加大对制造业的扶持力度，应组织社会力量积极向企业提供好的专业性支持，使企业在技术与技能创新方面占据产业链的高端环节，为都市制造业集聚创造外部条件。

第五，在都市制造业的发展过程中，各大都市圈应加强同周边省市之间的区域经济协作，通过区域发展战略发挥大都市制造业在都市圈中的辐射和带动作用。

四、慕尼黑以创新塑造内陆中心城市竞争力的经验启示

慕尼黑作为最为著名的欧洲内陆城市之一，在整个德国甚至欧洲的城市体系中都占有重要的战略地位，其城市发展的主要战略转折点是第二次世界大战，经过战后多年的经济建设和城市更新，慕尼黑从最初的工业城市转变为科技创新和文化发展都十分显著的创新型城市。2009 年，其城市竞争力在欧洲排名第一，这为内陆城市的发展转型提供了很好的发展模板。

第一，重视科技研发。慕尼黑能成为德国甚至欧洲最具竞争力的城市，其中一个关键指标是 R&D 经费占 GDP 比重，慕尼黑高达 4.1%，可见研发投入之高及政府对研发的高度重视。慕尼黑形成城市品牌直接得益于以下三个方面：欧洲著名的企业总部会聚地、研究开发活动的集聚地及兴盛的创意文化地。

第二，加强企业总部的聚集。慕尼黑是欧洲著名的企业总部会聚地，企业总部的类型主要有两种：一是金融服务类公司总部，二是制造业企业总部，集聚了许多成长于慕尼黑的世界著名制造业公司，行业类别十分广泛，包括电气公司、电子公司、汽车公司。

第三，优质创新资源的汇聚。慕尼黑的研发开发水平在整个欧洲都占有极其重要的地位，一个最为明显的特征就是欧洲专利局和德国专利局均设于此，慕尼黑企业的研发人员与员工总人数的比值在全欧

洲排名第一。慕尼黑还是德国集聚科研机构最多的城市之一，集聚了大量的大学、科研机构及与科研相关的协会。

第四，浓厚的文化创新氛围。慕尼黑有着浓厚的文化创意氛围。慕尼黑良好的环境和文化艺术氛围，吸引了大量的艺术家会聚于此。随着制造业的外迁，原有工厂成为文化创意活动的载体，传统产业的创意也十分盛行。

五、芝加哥建设"先进制造业大都市"的经验启示

制造业对芝加哥大都市区发展起着核心支撑作用。制造业长期担当芝加哥区域经济的"基石"，即便在全球要素流动的时代，制造业依然是区域经济健康发展的关键性要素。芝加哥的制造业是区域创新能力的主要动力，提供了85%的私人研发力量。制造业就业的连带效应也非常显著，远远超出其他行业。每创造一个新的制造业就业岗位，便会支撑至少2个区域经济中的其他就业岗位。其中，轨道装备制造业的就业乘数效应最为突出，其100个新增就业能够连带支撑区域的407个其他就业，其中124个在制造业集群内部，283个在制造业集群之外。在出口方面，制造业在区域货物出口总量中占据2/3。

芝加哥的制造业发展经验说明，先进制造业的发展自然会"挤出"低技能劳动力，同时实现劳动力结构上的"技能提升"趋势。但这种挤出与升级的趋势并非没有前提，而是建立在区域具备大量高技能工人的基础上。中国城市应在发展制造业的同时，重视对高技能劳动力的培养，特别是高水平技工的培养，如此才有产业升级的坚实基础。

芝加哥的先进制造业发展战略特别提出企业、高校、学生三方之间的技能培训互动体系。这种贴近制造业实际需要以及学生就业需求的主张，将有助形成产业——人力之间的良性互动。我们也有必要制定一套促进企业、教育机构、学生三者之间互动的规划与实施体系，从而具备适应先进制造业发展的人才基础。

六、国际科技创新园区建设的经验启示

美国硅谷、英国剑桥、法国索菲亚、以色列特拉维夫等科技创新园区，是目前世界上最顶尖的科技创新园区的典型代表。这些国际科

技创新园区的发展历程和建设经验，对我们的借鉴和启示意义是：

产学研的紧密合作是国际高新技术园区强大的人才培养基地。依托高水平的研究型大学，为科技园区输送有价值的知识型员工。以美国硅谷为例，其中集聚了斯坦福大学、加州大学伯克利分校等著名学府，以及一些专科学校、技工学校等，通过不同形式培养各种研究型和技能型人才，然后输送给硅谷企业；建设高质量的国立科研机构，为科技创新园区提供良好的科研支撑。

良好的创新生态环境推动创新载体不断提升。良好的创新生态环境是为创新创业提供持久活力的核心要素。一是突出企业创新主体地位，搭建企业内部生态系统。例如英国剑桥创新园区依托剑桥大学，根据产业创新需要和市场需求，将学校与市场有机地结合起来，并注重发挥出企业主导的作用，其中科技园区专门设立剑桥企业有限公司，负责剑桥大学在世界范围内的专利申请和管理事宜，然后接受知识产权许可的企业负责支付相关的专利费用；推动产学研紧密结合，构建区域创新生态。英国剑桥创新园区注重构建创新生态系统，并注重利用剑桥企业有限公司，来构建直接基于剑桥大学的创新型企业。以剑桥科创中心为例，通过剑桥大学为中心形成了一个辐射面积40公里的大剑桥地区，该地区集中了1400多家高技术企业，创造了超过4万个就业岗位，这个高技术产业集群被称为"技术极"。

知识本土化为整合全球创新资源提供内在驱动力。高新技术园区在全球化外部驱动的背景下快速发展，创新资源不局限于特定区域范围，而是通过多种方式拓展创新载体，并逐渐向知识本土化转型，这不仅带来了内驱式创新型发展模式，而且使得科技园的发展更具稳定性、安全性和持续性。例如在法国索菲亚科技创新园区，目前大部分创新型企业中的技术人员均来自世界各地，而这些高素质人才的集聚，为科技园区的技术创新和可持续发展提供了强有力的智力支持。

雄厚的创投资本搭建起精准高效的投融资平台针对科技企业和高新技术产业发展的融资需求，美国硅谷通过吸引风险资本的积极介入，初步建立起多层次、全方位的科技金融体系，将高新企业在产学研合作基础上形成的技术优势，转化为企业的产品竞争优势，进而有力地促进企业的收入回报。以色列 2014 年获得风险投资总额达到创纪录的 34 亿美元，人均风险投资额全球第一。多元化的资金支撑渠道是国外科技创新园区企业形成具有市场竞争力的技术与产品优势的资金保障。

第六章

南京建设特大城市的区域发展战略

南京一直以来都是我国区域经济发展中重要的增长极和节点城市。随着我国新一轮区域发展战略的调整，以及新城镇体系规划的出台，南京被赋予了特大城市功能定位，围绕这一定位，南京开始了培育国家区域发展的新增长极、都市圈发展、长三角门户城市发展等不同空间尺度下的新一轮城市发展新战略。

第一节 国家新区域战略下南京城市发展的功能定位

进入"十三五"期间，国家开始了新一轮区域发展战略布局，这一轮区域发展战略主线是以国家中心城市为主导的区域新增长极。国家中心城市是实现"城镇化质量明显提高"、推动中国城市现代化进程的必然要求。国家中心城市是城镇体系最高位置的城镇层级，是在全国具备引领、辐射、集散功能的城市，这种功能表现在政治、经济、文化、对外交流等多方面。城市的"中心性"将直接决定城市发展的能级水平。对"国家中心城市"目标定位的追求，体现了区域中心城市在全球城市体系重构与国家城市体系建构中的历史使命与责任担当。南京作为长三角唯一特大城市，应将建设"国家中心城市"作为自身在区域发展中的功能定位，承担起国家中心城市的功能，带动区域的全面进步和繁荣。

一　建设国家中心城市是中国特大城市的发展追求

（一）激烈的国际竞争推动我国新城镇体系变革

全球金融危机以来，世界多极化、经济全球化深入发展，世界经济增长速度放缓，欧美的再工业化战略进一步加剧了国家市场的竞争，我国发展的外部环境日益复杂。随着中国在世界上的地位和角色不断发生巨变，日益强大的中国成为世界产业和城市竞争的目标和对手。中国需要培育一批在国际上有影响力、有话语权的城市，代表国家参与国际间的竞争与合作，需要建设一批有基础有条件、有能力有发展潜力的城市及区域，它们在加快转变经济发展方式、增强自主创新能力、建设两型社会发展方面成为改革的试验田和科学发展的典范，来引领城市发展。

（二）国家中心城市是我国特大城市未来发展追求的目标

在国家区域发展战略中城市担当的角色和职能决定了其未来在区域发展中的地位和作用。国家中心城市的地位和功能作用可以使一个原本就有区域中心功能的城市拥有响亮的名片、确立更加明确的功能方向，有利于城市对相关产业和资源的集聚作用的发挥。因此，在我国，特大城市开始竞相把国家中心城市作为追逐的目标，都想在未来发展中能够更好地承载国家发展战略，争取到更多国家的相关政策支持，获得更大的发展平台，从而更快地提升特大城市在国家区域发展新格局中的地位、综合竞争力、辐射带动力、国际影响力。

（三）以国家中心城市为核心的城镇体系成为我国新型城镇体系的基本框架

随着我国长三角、珠三角、环渤海几大城市群的快速发展，北京、上海、广州等城市已经成为我国联系世界的枢纽和战略前沿，并深刻影响着我国区域经济的战略布局。五个国家中心城市的设立初步构建了我国城镇体系的基本框架，形成了我国新时期区域经济的新布局特征。我国经济增长由依靠东南沿海的珠三角、长三角等少数地区的单极驱动转向依靠包括中西部在内的广大地区支撑的多元驱动格局。随着我国内陆开放及中部崛起战略、振兴东北战略的强化，我国另外一些区域中心城市也谋求进入国家中心城市序列，这样构筑的国家中心城市体系将全面支撑引领我国城镇体系的基本框架。

二 "国家中心城市"的建设认知

（一）"国家中心城市"与区域中心城市一脉相承

国家中心城市的研究和讨论在我国开始时间较短，其出现改变了我国原有的行政城镇体系结构，影响着我国原有的城市竞争格局，同时在理论学术界也引起广泛讨论。如何认定国家中心城市标准、国家中心城市属于何种范畴、如何建设国家中心城市？各种研究视角不一而足。

国家中心城市首先是中心城市，更多学者把国家中心城市作为城市体系范畴中"中心城市"的一种来探讨，倾向于研究其影响力、辐射力以及评价标准，因此，与现有五大国家中心城市的对比研究、与国际城市的对标研究成为研究视角。我国当前的国家中心城市中有四个是直辖市、一个是南部区域的中心城市，从城市体系的视角研究成为国家中心城市的基本条件和指标体系是很有必要的。

但除了将国家中心城市放在城市体系范畴中分析外，国家中心城市又是一种特殊的中心城市，带有一定的行政色彩，它们不仅发挥区域中心城市的作用，强调城市职能、城市在区域中的地位和作用，更是国家战略的载体。因此研究也认为，国家中心城市能代表某一方面的国家最高发展水平及职能，可以代表国家最高端城市参与国际竞争和合作。国家中心城市的本质是国家价值的支点及国家战略的载体。因此，国家中心城市不仅应有城市级别和区域经济的研究视角和评价指标，更应有国家战略高度的研究视角，体现国家政治、经济、文化、军事等诸多方面的诉求。除了应对国家中心城市的静态指标加以研究，更应研究国家阶段性政治政策、经济社会格局的变化态势指标。

因此，国家价值维度的分析是国家中心城市研究的重要视角，城市体系研究范畴也应以国家的价值要求和战略导向为参照。

（二）"国家中心城市"的价值维度

从总体上看，当前学界对国家中心城市的研究，主要从以下四个价值维度进行评价：

政治价值维度。我国当前的五大国家中心城市都具有一定的政治要求，只是轻重不同，其中北京作为国家首都其政治特征最为突出。但在特殊的发展时期，国家为了某个方面的政治需要也可能形成区域政治中心。

经济价值维度。国家中心城市的经济价值是一种基础性要求，当该区域的发展直接影响并决定国家的经济战略时，该城市的经济价值就会进一步凸显。如天津位于环渤海经济圈的中心，是我国北方的经济中心，天津作为北方的经济中心成为我国产业发展与转型的重要支柱，经济角色成为其在国家层面的主导价值之一。重庆是我国长江上游地区经济和金融中心，西部地区发展循环经济的示范区，中央实行西部大开发的开发地区以及国家统筹城乡配套改革试验区，因此重庆的经济发展、产业升级的责任很大。上海是中国大陆的经济、金融、贸易中心，2011年其经济总量排在世界大城市第11位，上海经济的发展带动了整个长三角，乃至全国的经济高增长，到2020年上海要基本建成与我国经济实力和国际地位相适应、具有全球资源配置能力的国际经济、金融、贸易和航运中心。广州是我国华南地区的经济中心，自古以来是我国的商埠重镇和对外口岸，其"十二五"规划中明确要建立以现代服务业为主导的现代产业体系，建设具有较强全球辐射力的国际商贸中心。

文化价值维度。人文因素是构成一个民族、一个地区文化个性的核心内容，是衡量一个民族、一个地区的文明程度的重要尺度。城市人文精神是一个城市的内在文化底蕴和根本价值追求，是一种缘于传统、基于现代的文化理念和文明素养的总和，也是有别于其他城市的精神气质和魅力所在。但是现在文化在城市价值中的主体地位仍然没有得到充分体现，文化产业及文化经济的作用有待进一步发挥。现在，北京把中国的文化中心职能作为主要职能，上海突出海派文化，广州彰显商业文化，未来一段时期内，随着我国战略重点的转移，城市的文化价值也将具有更大的潜力和发展空间。

科技创新价值维度。自主创新目前已经成为国家层面的主导价值，是决定我国经济转型发展的关键，因此也成为国家中心城市必备的价值要求。每个城市的创新资源不同，因此其创新发展战略重点也不一样。北京的目标是建成具有全球影响力的国家创新中心；广州依托自身的开发优势强化引进吸收再创新、创意创新、区域协调创新等，打造华南科技创新中心；重庆的目标是通过努力，建设以"国家重要的战略性新兴产业基地"和"长江上游的科技创新中心和科研成果产业化基地"为主要内涵的创新型城市。

（三）"国家中心城市"的基本条件

从国家中心城市的价值维度来看，国家中心城市的评价是多维的，因此很难用完全统一的标准进行衡量，而且随着经济社会形势的变化，其形成条件也是随之变化的。但总体来讲，能成为国家中心城市的城市必须具备一些足以承载国家战略、形成一定影响力的基本条件，如城市的发展规模、资源配置能力、区位条件、创新条件等，这些国家中心城市要在其自身承载战略价值方面有突出的资源条件和实力。

国家中心城市的基本条件应该包含以下一些方面：具备战略性条件，如能承载国家战略、承载社会发展战略；具备示范性条件，如能成为国内外城市发展的示范、能成为国家产业转型和地区产业优化的示范；具备引领性条件，如对区域的引领、对周边城市的辐射带动、对文化的引领等；具备竞争性条件，如能代表国家参与国际竞争与合作、成为国际产业链条关键节点等；创新性条件，如具备自主创新能力、具备体制创新能力、具备文化创新能力、能打造创新环境、能发展创新性产业等；可持续发展条件，如国家中心城市的综合承载力和在经济社会发展与人口、资源、环境相协调前提下实现城市永续发展的能力；具备资源配置能力，国家中心城市在一定时期内经济社会发展水平较高，能在国家主要经济区内外优化配置资源；具备公共服务和社会治理能力，国家中心城市公共资源、公共服务满足城乡居民日益增长的物质文化需要的能力和发展民主法制、实现公平正义、建设法治社会、促进社会和谐的能力；具备文化软实力，国家中心城市由其历史文化积淀、精神文化品质、文化创新能力和市民素质等综合形成的文化软实力。归纳来看，国家中心城市必须具备以下一些基本条件：

具备雄厚的经济基础。国家中心城市是要素或资源"引进"和"输出"的窗口，但是，在要素或资源的"引进"和"输出"过程中，国家中心城市并不仅仅是一个进出的廊道，还对资源和要素进行一定的吸收和再整合，在此基础上才形成更加有效的传递和辐射效应，以适应资源引进方的需求。同时，城市经济发展程度的强弱也会影响国家中心城市地位的发挥。经济实力雄厚的城市，自身的集聚和辐射作用相对较强，在充当国家中心城市的过程中，可以将资源进行有效的对外传递，有效带动下游城市的发展；反之，如果经济实力相对较弱，就难以很好地发挥经济的溢出效应，纵使具有良好的区位条件，也难以将发展资源向外传递，而无法担当起国家中心城市的地位。

优越的区域位置。作为国家中心城市，一般都具有较为优越的地理区位条件，使城市在区域中具有较为突出的区域位置。国际性中心城市，都要具有面向海上的交通枢纽地位，具有一定的海港优势，如欧洲门户——鹿特丹。而内陆性中心城市，一般要在内陆的交通体系中具有特殊的地位，如南京，长江从城中穿城而过，本身就具有贯穿长江两岸的发展格局，而且是重要的航空、铁路、公路交通枢纽，在长江三角洲是重要的交通枢纽，是我国承东启西、承南带北的重要城市。因此，具有建设长三角中心城市的有利地位。

完备的"流量"设施。国家中心城市，流通是纽带，流通不畅就会影响其对外沟通的作用，衰减其城市的功能，而完备的"流量"设施是国家中心城市加强对外沟通和交流的基础，通过"流量"设施的建设，可以提高国家中心城市要素流的通达能力。现今的"流量"经济，不仅包括传统的人流、物流、资金流这些传统的"流量"要素，还包括技术流、数据流、信息流等生产资源要素。因此，合格的国家中心城市需要具备较为完善的"流量"设施。如立体综合交通枢纽体系的建设，其不仅有城际铁路连接城市，而且还应具备内部便捷交通体系及内外交通体系之间的无缝对接体系。大容量综合传输信息流系统建设也是国家中心城市必须具备的基础设施，其不仅需要完善的高性能宽带骨干网络体系及公共平台的建设，还需要公共技术服务平台及科技中介服务体系的完备。通过"流量"设施的建设，提高国家中心城市要素流的通达能力。此外，公共技术服务平台及科技中介服务体系的完备，金融、保险、证券公司的集聚等也都是国家中心城市重要的"流量"设施。

较强的综合服务能力。国家中心城市是大量要素的汇集地，物质流、信息流、资金流和技术流不是一种简单的空间距离转移，其不仅需要大量基础设施来支撑，还需要较强的综合服务功能来配套。大量人的流动需要国家中心城市提供航空、铁路、公共交通等综合服务，物质流动需要国家中心城市提供便捷的交通运输、快速的海关通关、低廉的物流分流等综合服务，资金的流动需要国家中心城市提供银行、证券、保险、担保等综合服务，信息的流动需要国家中心城市提供信息采集、收集、分类、筛选和发布等综合服务。更重要的是国家中心城市应提供集成综合服务能力，也就是把物质流、信息流、资金流和技术流整合成有机的大系统。

特色鲜明的要素枢纽功能。信息化时代，三网融合技术的实现，进一步压缩了信息交流的时空距离。高铁时代的到来，城市与城市之间空间距离也在压缩，各大区域中心城市与周边城市之间的要素流动已基本处于均质化。现代城市发展需要走差异化道路，政治中心、文化中心、信息中心和金融中心已成为国家中心城市打造重点。传统的区域中心城市具有吸引一般要素资源的优势，而国家中心城市不同于一般区域中心城市，它不仅是吸引各种要素集聚的中心，而且更应具有特色鲜明的要素汇集枢纽功能，只有这样，国家中心城市才能吸附比其他区域中心城市更多的要素资源，实现经济发展倍增，实现要素双向交流，成为区域要素资源流动的廊道。

三　南京建设国家中心城市的优劣势比较

（一）南京建设国家中心城市的优势分析

南京已初步具备创建国家中心城市的软硬件基础及条件。在创建国家中心城市过程中，南京的优势体现在经济实力强、科教人才资源丰厚、历史文化底蕴深厚、区域位置优越、基础设施完善、服务功能较强，具有可持续发展能力。

要成为国家中心城市必须具备鲜明的城市形象。南京具有良好的城市形象和较强的城市吸引力。南京是中国著名古都，世界历史文化名城，先后被评为中国城市综合实力"五十强"第5名，荣获"国家园林城市""中国优秀旅游城市""全国双拥模范城市""全国城市环境综合整治10佳城市""全国科技进步先进城市""国家卫生城市""国家环保模范城市"等称号；2009年南京被评为"全国文明城市"，成为获得此称号的第一批省会城市。

南京具备独特的历史人文优势。源远流长的文化传统，是南京的一线血脉，也是南京的立市之本。南京当仁不让地领衔南北交汇、东西融合的长江流域区域文化。"天下文枢，智慧之都"，南京拥有实力雄厚、人才荟萃的当代科教文化。"滨江依淮近海"的南京，其文化的优点就是兼容并蓄，并在此基础上形成自己独特的集各家之长的多样化的城市精神与城市形象。南京已经开始走出长期为内陆文化传统所束缚的"内秦淮河时代""内河时代"而进入了为开放文化所推动的"外秦淮河时代""长江时代"。鲜明的城市形象和独特的人文历史优势为南京创建国家中心城市提供了坚实的软件基础。

南京具备高度发达的城市经济。南京位于经济发达的长三角经济圈内，是国内经济大省江苏的省会，近几年国民生产总值快速增长，万商云集、万物流通。南京产业的基础和发展空间巨大，近年来经济发展呈现出一系列显著变化，经济运行质量得到改善，自主增长动力增强，结构调整成效明显，国际化程度较高。经济快速发展为南京创建国家中心城市提供了物质保障。

南京拥有优越的地理区位优势。随着重大交通枢纽工程的实施，南京港由内河港变为海港，铁路交通由节点城市转变为交通网络枢纽城市，可以通过铁路、公路、航空、水运等综合交通枢纽的打造进一步凸显南京的交通枢纽地位。南京背覆全国人口最集中、经济最发达的长三角地区，是长三角三大中心城市之一，也是泛长三角地区中心城市，是长三角向西部辐射的国家中心城市。

南京拥有丰富的科教资源和创新要素。南京丰富的科技教育和人才资源使南京在国内城市中处于领先地位，"十一五"期间人才资源总量年均增速超过9%，目前南京人才资源总量已达162万，进入全国第一方阵，居于同类城市前列。2010年，南京拥有中国科学院院士、中国工程院院士78人，列全国第三，居副省级城市的首位。每万人中大学生数量全国第一，每万人中研究生数量全国第二，高端人才集聚度全国第三。南京已成为海外留学人员回国就业创业的首选城市之一。南京市雄厚的科教资源和丰富的创新要素是创建国家中心城市的有利条件和智力支持。

南京"三都市""三名城"建设全面推进，已经初显提升城市能级水平的功效。在2011年的中共南京市第十三次代表大会上，提出今后五年南京将打造"三都市""三名城"的发展目标。打造独具魅力的人文都市、绿色都市、幸福都市；打造中国人才与创业创新名城、打造中国软件和新兴产业名城、打造中国航运（空）与综合枢纽名城。"三都市""三名城"任务的提出及建设的推进，深刻揭示了南京转变经济发展方式、塑造城市核心竞争优势的发展之路。

(二) 南京建设国家中心城市的差距与障碍

南京经济总量偏小，经济发展活力不足，规模领先优势不明显，代表国家参与国际合作和竞争的实力不强；经济外向度不够，外向型经济发展水平不能适应经济长期高速发展的需要，全球化城市的特征要素不明显；直接发展腹地规模有限，构成基础性约束；在长三角区域的龙头地位不显著，对周边城市的辐射带动有限，城市体系支撑力较弱；城市功能价值在全国的独具性和引领性不足，体制机制等深层次综合配套需跟进，这些都是南京建设国家中心城市的障碍。

南京行政管辖面积较小，快速膨胀的人口规模，对水、电、煤、气等能源需求已经形成较大压力，对城市交通、住房、医疗、教育、社会保障等公共资源以及生态环境带来的压力日渐显现。南京市域面积6587.02平方公里，在15个副省级城市中排第13位，常住人口密度在副省级城市中排名第4；全社会用水量排名第3，全社会用电量排名第5，全社会液化气供应量排名第6；人均工业废水排放量排名第2，人均工业二氧化硫排放量排名第3，人均工业烟尘排放量排名第6。南京市域面积与现有的五大国家中心城市相比，仅与上海市域面积相当，为北京市域面积的40%、天津市域面积的55%、广州市域面积的89.7%、重庆市域面积的7.99%。从人口规模来看，目前南京市的常住人口规模与其他5个国家中心城市也有较大差距，南京现有常住人口为816万人，仅为北京市人口的39.4%、天津市人口的57.7%、上海市人口的34.3%、广州市人口的64.0%、重庆市人口的27.7%。（见图6—1、6—2）

(单位：平方公里)

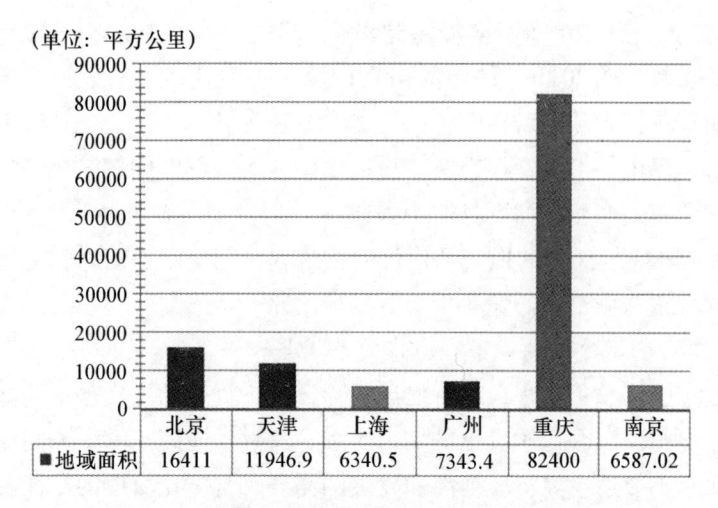

	北京	天津	上海	广州	重庆	南京
■地域面积	16411	11946.9	6340.5	7343.4	82400	6587.02

图6—1　南京与国家五大中心城市市域面积相比

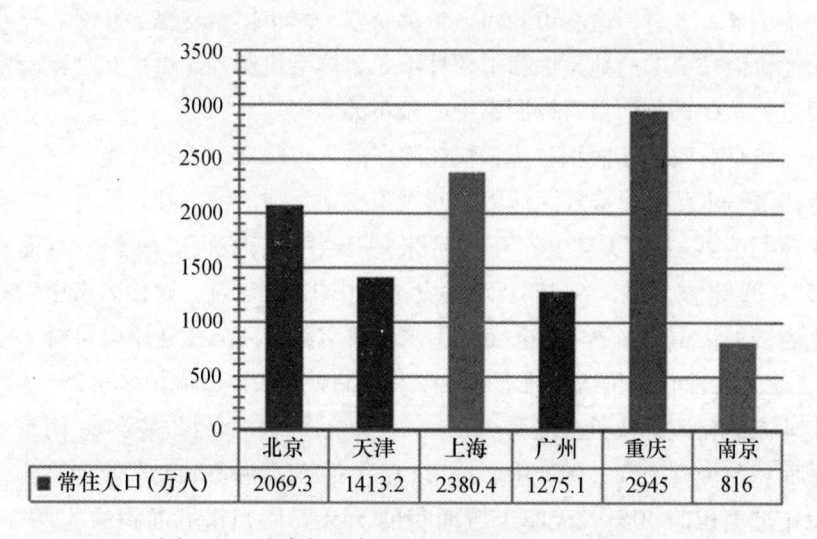

	北京	天津	上海	广州	重庆	南京
■常住人口（万人）	2069.3	1413.2	2380.4	1275.1	2945	816

图6—2　南京与国家五大中心城市人口规模相比

南京公共服务优质资源主要集中在中心城区，新城区、郊区、产业功能区等区域配置相对不足，农村地区公共服务设施水平和服务能力仍然偏低。导致城乡教育、医疗、交通、社会保障等公共服务资源配置存在明显差异，人口集聚与产业集聚的空间严重错位，就业居住分离现象非常突出，大规模产业人口在居住地与工作地的钟摆运动，不仅增加了企业的通勤成本，更给城市交通、环境保护带来沉重压力，"房价高、出行堵、上学难、看病贵、生活成本大、城市环境差"等"大城市病"严重困扰广大城乡居民。因此，任何城市在加速城市化进程的过程中，都要统筹规划人口布局，南京作为区域中心城市更应通过区域产业调整、人口功能区建设，以及公共资源均等化配置，从根本上缓解人口城市化落后于土地城市化的矛盾、大规模人口职居分离的矛盾，逐步形成科学合理的人口空间结构。

人文国际化程度较低与城市国际化发展定位的矛盾凸显。2011年南京常住外籍居民1.7万人（包括港、澳、台居民），仅占常住人口总量的0.21%，按国际城市最低的5%标准衡量，南京外籍人口规模对国际城市定位的支撑显得较弱；从国际航班数量来看，南京市国际人口流动总量为95.7万人（年国际性人口流动量＝国际航班数×机载量），仅为新加坡的20.58%、特拉维夫的8.3%；从利用外资水平和对外经济比例看，引智远远落后于引资和引技；从对外交流看，南京入境旅游人数为150.7万人次，仅为北京的30.74%、上海的17.7%、杭州的49.2%。2011年，南京因私出境41.2万人次，上海245.5万人次、杭州68.9万人次，南京有友好城市14对（不包括17对友好合作关系城市），北京、上海、杭州分别为45对、49对和19对。与国内标杆城市相比，南京的国际化基础设施和文化特色品牌的塑造等方面都存在较大差距，仅国际学校，目前南京只有1所，而上海有12所、北京有17所。

南京初步具备了城市国际化的基本条件，但南京国际化水平与世界发达城市差距还较大。一是从经济总量与收入水平看，南京与国际化城市的经济功能及市民收入水准仍有较大的差距。2011年，南京人均GDP突破1万美元，为伦敦、巴黎1990年时的1/2左右，纽约、东京1998年时的1/4左右。在世界银行公布的2010年各国（地区）人均GDP数据排行中，南京可以排到第50位，基本处于世界平均水平，位列中等富裕城市阵营。2011年南京城镇居民可支配收入为36322元，而一些国际化城市居民收入水平约在南京市的10倍以上。与国际化城市相比，南京经济总量仍需要大幅提高，居民富裕程度差距也较大。二是从产业发展层次看，无论是发展阶段还是产业业态都存在较大的整体结构性差别。2011年南京市第三产业增加值占GDP比重为52.4%，而纽约、伦敦、东京、巴黎、柏林、中国香港等世界城市早在20世纪末就达到了70%以上。2011年南京非农劳动力比例达到73.9%，虽接近初级国际化城市标准，但大多数国际化城市的比重均超过80%。而且现代服务业又在服务业中居主导地位，如伦敦、纽约、曼彻斯特、大阪、香港等城市的创意、设计、传媒、金融、信息等现代服务业产值，都占到近2/3乃至更高比重。三是从技术创新能力看，原创能力和技术影响力仍然较低。与南京相同的是，国际化城市的高等教育比较发达，大专院校密集，科研机构集中，但与这些城市不同的是，南京原创性核心技术的研发方面仍然处于劣势，拥有核心技术的高新技术产品不多。如大阪关西地区每年专利数占全日本的1/3，南京市专利数仅占全国的1/100。洛杉矶市是美国科技创新最为活跃的地区之一，占全美科技创新较大份额。四是从国际集散能力看，南京在区域性、国际性流通节点上缺乏代表性、唯一性。禄口国际机场目前可满足年旅客吞吐量1250万人次，仅分别为香港、新加坡和波士顿的23.5%、26.9%、43.4%。虽然南京已开通了至法兰克福、阿姆斯特丹等国际客货运航线27条，但国际航线数仅为香港的7%。2011年南京港集装箱吞吐量184万标箱，仅分别为香港、新加坡、洛杉矶等城市的7.4%、6.2%、21.3%。2011年南京全年接待入境旅游者150.66万人次，仅为新加坡2010年的12.9%，香港2010年的4.2%。外籍人士占本地人口比重，波士顿、芝加哥、曼彻斯特、伯明翰等城市大都超过1%，而南京2011年常住外国人总量为1.7万人，占总人口的0.2%。特别在东亚地区、长三角地区，仍不能形成与香港、上海等城市差别化竞争的集散功能节点，还不能完全适应协同长三角参与全球发展竞争需要。五是从发展环境看，缺乏吸引跨国公司总部或地区总部落户南京的政策支撑和良好氛围。国际城市一般拥有较多国际政府组织和国际非政府组织。南京市拥有12个友好城市，但还没有国际政府组织和国际非政府组织的常设机构。2011年全球500强企业有93家在南京投资，全市近3000家外企，雇员总数有44万多人。南京现有跨国公司地区总部及外资功能性机构在数量和质量上，与世界上国际化城市和国内一线城市相比差距很大。一方面，南京吸引跨国公司地区总部落户的政策措施缺乏吸引力，如京、沪两地均有针对跨国公司总部的扶持政策并多次修订完善。另一方面，在研发能力、商务设施、专业服务、政府服务、开放程度等诸多方面，也难以满足跨国公司地区总部落户的要求。六是从城市社会发展功能性设施看，仍然难以满足城市国际化发展的需要。南京的国际医疗服务尚处于起步阶段，教育的国际化程度也不高。目前只有 2 所国际学校，而上海有 50 所本土学校可以为外籍人士子女单独编班。缺乏功能完善的国际化社区，外国人生活需要的休闲、娱乐、宗教等活动场所不健全，很难帮助外籍人士和企业迅速融入本地环境。市民运用英语交流的普及率不高，如大阪、慕尼黑、巴黎等非英语城市均超过 60%。剧院、电影院与国际城市相比差距较大，仅为纽约、巴黎的 1/50，洛杉矶的 1/40，首尔、东京的 1/30。人的现代化水平还不高，缺乏国际化的眼光和视野，全市文明素质和行为习惯、法律意识与国际化城市要求仍有较大差距，知识产权保护、政府地方法规及依法行政意识与国际规则及惯例仍不相适应。

四 南京建设国家中心城市的新增长极战略路径

南京市具有创建国家中心城市的经济、区位、交通、资源、环境、科教、创新等方面的明显优势，具备进入国家中心城市序列的机遇条件，同时也面临着国内同类城市日渐激烈的竞争压力和挑战。因此，南京建设国家中心城市，在做好"系统的系统"的顶层设计的前提下，应重点从以下方面实施建设路径的新突破。

（一）城市功能体系突破——以功能论地位，提升城市功能品质

1. 完善支撑区域发展的基础设施，全面提升城市功能品质

这是建成区域性中心城市乃至国家中心城市的前提，城市具备完善的社会服务功能和基础设施，是汇集人气、聚集商气和展示城市灵气的基础。作为经济和社会必不可少的公共基础设施和公共服务设施建设，南京应坚持绿色、人文、智慧、集约发展的城市发展特色，提升城市品质和人居质量。利用自身优势，整合空间资源，推动区域之间基础设施共建共享，加快陆港、空港、江海港、信息港等交通、通信枢纽型基础设施建设，强化城市的文化、金融、信息、物流等枢纽地位，形成大交通、大流通格局，使各种要素流无障碍流动。

发展枢纽经济，建设综合枢纽名城。把握功能融合、产业支撑、市

场导向、服务区域的原则，按照现代化、国际化标准，大力提升综合设施水平，以枢纽经济为主攻方向，以产业发展和城市功能提升为重点，通过优化体制机制环境，充分发挥市场配置资源的基础性作用，促进各类产业功能提升层级、接轨国际、扩大影响，推动全市经济发展方式进一步转变，提升城市的美誉度和中心地位。以推动枢纽经济为核心，大力强化枢纽功能，推进枢纽设施加快建设、推动产业体系加快发展、推动枢纽经济区加快成长，积极培育新的经济增长极，以打造长江航运物流枢纽、金融枢纽、信息枢纽、市场枢纽等各类枢纽为总体推进，以建设海港经济区、空港经济区、高铁经济区等各类经济区为重点聚焦，进一步提升南京作为江苏省会、南京都市圈核心城市，以及辐射带动中西部发展门户城市所应有的枢纽功能和枢纽经济竞争力，建设全国航运（空）和综合枢纽名城。

2. 以"中心性"为导向，提升城市的影响力

在日益落实国家战略和迎接全球化趋势的今天，国内很多城市提出了成为"中心城市"的发展诉求，并明确了增强城市实力和城市影响力的发展战略导向。但在实际的应用中需要明确"城市实力"和"城市影响力"的内涵差别，城市影响力体现城市的相对重要性、城市的中心性，城市实力是城市在经济、社会、物质等诸方面的综合能力，是指城市的绝对重要性也即结节性。两者并不矛盾但不能混为一谈。对于中心城市而言，其核心是增强城市的影响力。城市实力是提升城市影响力和辐射力的基础条件，一个没有综合实力的城市是不可能有很强的城市影响力的，但实力的增强并非必然会转化为城市影响力的提升。城市影响力的提升更需要城市积极主动地以"中心性"为导向，在城市职能拓展和产业选择方面进行有效的引导，避免在发展过程中单纯的实力导向以及GDP导向。

3. 深化城市发展的绿色、人文内涵，增强城市内在吸引力

努力形成资源节约、环境友好、集约有效、社会和谐的区域发展格局。自南京市第十二次党代会以来，南京市就确立了建设现代化国际性人文绿都这一城市定位。其内在要求就是要建设一个具有现代化水平、国际性功能、以人为本、以文化为魂、以绿色为特色，集人文特质和绿色发展特点、智慧型内涵与生态型品质于一身的城市。要按照现代化、

国际性的定位，把南京未来发展放在更大范围来考量，强化辐射带动中西部地区重要门户、长三角区域中心城市、南京都市圈核心城市的地位和作用，全面提升综合承载力和辐射带动力，争取跻身国家中心城市行列。

（二）创新带动突破——彰显城市创新优势，系统发挥南京城市的科教中心功能

1. 利用南京的科教优势，推动区域创业创新体系建设

国务院把南京定位为长三角唯一的科技创新中心，进一步确立了南京在国家创新体系中的重要地位。但是要把科教资源禀赋优势转化为自主创新的能力，需要制度安排和制度建设的保障，政府应加快改革和创新来消除自主创新建设中仍存在的一些障碍如科研、产品开发和生产系统彼此隔离、相互脱节、条块分割、部门垄断、知识产权制度不完善等；要加大对具有战略性意义的重大科技政策的研究，对那些提高南京城市综合竞争力和综合实力有直接影响的重大科技问题提出政策导向，着力推进支撑和引领南京实现跨越发展的关键领域的科教创新，以发展先进制造业和现代服务业为目标进行自主创新的产业引导，构建新的产业竞争优势，实现科技政策与城市产业结构调整、经济发展方式转变协调发展；南京自主创新的关键是充分发挥大学和科研机构在自主创新中的引领作用，将高校和科研机构的自主创新潜力充分释放出来，实现高校和科研机构的知识资源和企业技术创新资源对接，建立高校、科研院所的知识创新源泉向企业技术创新顺畅流动和转移的社会机制，将科教资源转变为现实的高科技企业和技术；更加注重对南京市丰富的存量创新资源进行跨部门、跨行业的有效整合，并通过整合产生合力、产生集聚效应，促进研究机构之间、研究机构与企业之间、企业之间以研发为主的产业联盟，克服经济与科技分离、科研与企业需求相互脱节的问题，避免 R&D 低水平重复投入现象；科技型中小企业在南京市的产业结构调整、经济发展方式转变和创新型经济发展中的作用越来越重要，今后应该把支持科教型中小企业作为经济政策和科技政策的重点；针对目前相当一部分企业还没有真正成为自主创新和发展、保护、创造知识产权的主体的现状，今后要促进企业不断地提高知识产权意识，要鼓励企业的发明创造活动，加强对电子信息、汽车制造、生物医药、环境保

护、新材料新能源等技术领域的专利技术实施给予支持，促进自主创新的成果和专利成果向现实的生产力转化；科技创新人才是自主创新的核心，南京是全国闻名的人才培养基地，具有突出的人才优势，但南京在"一线人才"尤其是"创新创业人才"方面总体上并无优势可言，采取针对性的措施建立有利于自主创新的用人机制显得尤为重要，要提高对科技创新人才的吸纳与留驻能力，提高南京市域内各类人才的工作"净所得"，使南京逐步成为人才最能实现价值的地方；市场是自主创新的出发点和着落点，要形成有利于自主创新的动态竞争型市场结构，重视市场需求对技术创新巨大的拉动作用，通过倡导公平竞争的市场秩序来实现企业自主创新成果的价值，还要造就善于组织技术创新的企业家市场；倡导激励探索、包容个性、鼓励创新、宽容失败的城市创新文化，为形成创新能力提供文化背景和动力支持。

2. 推动建立创新型产业集群，积极发挥中心城市的产业创新溢出效应

创新是一种集体努力、一种合作进程，产业集群的空间模式可以大大降低自主创新的风险和费用、提高地区企业自主创新的积极性与能力。产业集群化有利于地区自主创新的成功，也有利于发挥中心城市的创新溢出效应。南京应从以下几方面入手，促进产业集群的健康发展和自主创新能力的提高：第一，要提高区域经济发展的开放程度、面向国内开放市场、提高企业的全球竞争意识；第二，改善制度环境，聚集人才等高级生产要素，减少企业合作的不确定性；第三，营造区域创新文化氛围与宽松工作环境，培育大量的企业家与科技人才资源，培养创新精神；第四，要对产业集群进行明确、科学的规划，对现有的开发区进行科学管理，围绕重点产业促进企业间的相互合作和集聚，引导投资方向；第五，政府要加强监管，在产业集群内部营造良好的市场秩序，维护公平竞争，市里要加快对相关法规、措施的制定；第六，提供优质的公共服务。政府一方面要为产业集群的发展提供优良的基础设施，同时还要为产业集群的发展提供诸如工商、税务、产品质量等多方面的优质服务。此外，政府还要明确产业集中并不是真正意义上的产业集群，产业集群不是某一产业在地域空间上的集中，对于现有的经济开发区或工业园，要积极引进以生产性服务业为主的现代服务业的加入，促进其外

部优势的产生,推动它们向真正的产业集群方向发展。

3. 发挥科技创新引领作用,以建设国家自主创新示范区促进南京上升为国家中心城市

国务院把南京定位为长三角唯一的科技创新中心,进一步确定了南京在国家创新体系中的重要地位。南京市委十二届二十二次全体(扩大)会议认为,南京必须聚焦人才第一资源、教育第一基础、科技第一生产力、创新第一驱动力"四个第一",充分认清城市性质的深层内涵和自身特质的潜力空间,加快建成长三角科技创新中心和创新型城市。

南京要想发挥好中心城市的作用、进入国家中心城市序列,必须发挥科技创新的引领作用,进一步争取国家对南京科技创新工作的支持扶持力度,在更高的战略定位上,把南京这一承东启西、融南汇北的区域中心城市,打造成为区域创新中心城市、国家创新基地城市乃至国家中心城市。可以说,南京建设国家自主创新示范区可以推动南京的高科技产业在产业链高端环节占有一席之地,推动南京城市创新力和城市整体实力的快速提升,促进南京上升为国家中心城市。国家自主创新示范区属于国家层面的发展战略,不仅要发挥出创新示范区对本城市(南京地区)转型发展的推动作用,发挥出对本区域(长三角区域)的辐射带动作用,更是要能在全国起到先行先试的创新引领作用,担当起引领国家自主创新和高技术新兴产业发展方向的责任,为全国探索经验、做出示范,这是国家赋予创新驱动示范区的使命,也应该是南京争取在本城市创建一个国家自主创新示范区的目的所在。南京建设国家自主创新示范区应该成为南京新时期城市发展战略的核心,是聚焦"四个第一"、实现第一资源和第一生产力相结合的有效路径。南京建设国家自主创新示范区将实现南京城市自身创新驱动发展与建设创新型国家发展战略的有机统一。南京建设国家自主创新示范区更是将南京发展战略上升为国家发展战略的愿景。

(三)国际化提升突破——加大城市外向功能,增强城市对外联系能力

1. 加大城市外向功能,提升城市产业体系的外向度

南京市应逐步建立与国际规范接轨的经济管理和城市运行方式,加快建设特色鲜明的国际性城市。首先,优化进出口结构,加快转变

外贸经济增长方式。其次，扩大技术进口，提高区域技术能级。再次，在全面提升在岸服务业的同时，突出发展离岸服务业；实施"走出去"发展战略，融入世界经济产业体系。最后，占据国际服务业产业链高端环节，提升服务业创新内涵，尽快建立与南京的城市定位相适应的国际化的城市新产业体系，并使南京的经济尽快融入世界经济的高端层次，并成为南京新产业体系和经济增长的新动力。把培育发展软件与信息服务、新型显示、未来网络、智能电网、生物技术、节能环保、航空航天等战略性新兴产业摆在突出位置，抢占国际技术、产业、人才制高点。

2. 借助长三角世界级城市群平台，提升国际化水平

中共南京市第十三次代表大会明确提出，"面向东部和南部，通过强化沪宁发展轴发展，加快宁杭发展轴发展，充分借助长三角世界级城市群这个具有国际竞争力的平台，更好地参与国际竞争，提升国际化水平"。

"十二五"是城市发展的重要时期，城市功能将面临重要调整。在《长三角区域规划》中，国务院对长三角地区的城市进行了更加合理的定位，对城市各自未来发展指明了方向，解决了长期以来核心城市定位不清、发展重点重叠的问题，有效规避了城市之间不必要的内耗，对于未来城市发展具有重要意义，为未来发展节约了城市发展的成本，赢得了发展机遇。南京在创建国家中心城市过程中要正确处理好与长三角龙头城市上海的关系。从某种意义上讲，厘清长三角核心城市关系，有效规避内耗，对南京未来发展明晰道路意义重大。

上海是首批获批的国家中心城市之一，在上海的"十二五"规划中，"十二五"时期上海经济社会发展的奋斗目标是"四个中心"和社会主义现代化国际大都市建设取得决定性进展，根据国家对上海的战略定位和要求，到2020年上海要基本建成与我国经济实力和国际地位相适应、具有全球资源配置能力的国际经济、金融、贸易、航运中心。在《长三角区域规划》中，南京被赋予"长江航运物流中心、科技创新中心"地位，在南京的"十二五"规划中，南京提出要加快长三角辐射带动中西部地区发展的重要门户、综合性枢纽城市、国家科技创新中心和国际城市，打造"人文绿都、智慧南京"，努力建设国家中心城市。

南京同时提出要重点推进国家科技体制综合改革试点城市和国家创新型城市建设，激发创新活力，加快科技成果产业化，到2015年，率先基本建成国家创新型城市。对照两个城市的新一轮发展规划，未来城市定位并没有很大冲突，上海和南京处于不同的城市发展阶段，城市核心功能差别巨大，也没有绝对意义上的可比性。

作为长三角向中西部辐射桥头堡、人口吸引集聚地，未来南京承担着传递上海作为长江流域龙头城市向长江中上游城市和区域辐射的区域性"增压"责任。充分认清国内区域发展竞争形势，城市之间正从传统领域的首位度竞争向创新领域的首位度竞争转向，从综合层面的首位度向具体环节的首位度渗透。因此，在长三角区域，南京应该充分运用自身优势资源，与上海错位发展，在国家科技体制综合改革试点城市和国家创新型城市建设等方面取得突破，共同为建设具有较强国际竞争力的长三角世界级城市群做出贡献。

3. 建立体制机制保障，提升城市国际化水平

一是城市国际化推动机制，优先发展既能有效发挥南京城市要素优势又符合国际产业发展方向的产业，形成产业导向目录，发挥政策在优化城市产业结构、提升城市国际化水平上的积极作用；同时加快建设开放的人才市场体系，完善人才战略和人才政策。二是配套建设国际化城市基础设施，加快陆港、空港、江海港、信息港等枢纽型基础设施建设，积极承接国际客货运业务；高标准建设能够满足城市国际化功能需要的现代化基础设施，建设大型涉外居住区及配套设施，建设高档的商务活动服务设施、国际一流赛事的体育设施、具有国际影响力的文化设施等。三是强化国际化体制框架，加快建立与国际经济接轨的现代市场经济体制、社会信用体系和法律环境，吸引世界500强企业入驻；建立国际化社区管理和服务机制，为国内外人士提供居住安全、服务周到的生活环境。四是打造国际化实施平台，发挥开发区在招商引资中的积极作用，提高引进外资质量，增强开发区在优化城市产业结构、推进城市建设方面的积极作用；推进国际研究机构和在宁企业、研究机构合作，发挥高新技术开发区、经济技术开发区和各类科技园区在科技创新中的平台作用，建设国际化创新平台载体；发挥南京丰富的历史文化资源、自然资源、人文资源禀赋，增强城市文化载体功能，打造国际化交流

平台。

第二节 南京都市圈资源共享与整合发展战略

都市圈是我国未来区域经济发展的主要空间形态之一。但长期以来我国都市圈内各个城市之间的资源共享受制于行政经济的影响，导致了都市圈区域经济一体化和同城化效应不显著。南京都市圈是我国为数不多的跨省区域合作经济体，通过南京都市圈资源共享与机制研究，为我国其他都市圈同城化发展起到示范作用。

一 资源的内涵及特征

（一）资源的概念及分类

"资源"的概念源于经济学科，是作为生产实践自然条件的物质基础提出来的，具有实体性。《辞海》把资源解释为"资财的来源，一般指天然的财源"。"资源"是由资与源两字联合组成，"资"是指财物、费用，是指具有现实的或潜在价值的东西；"源"就是来源、源泉，是一切事物之本。由此可见，资源是指可以获得物质财富的源泉。狭义的资源是指自然资源，如土地资源、矿产资源、气候资源、水资源、生物资源等一切能为人类作为生产和生活资料利用的自然物。

资源一词已广泛出现在各个研究领域，其内涵和外延已有明显变化，不同学科领域各取其是，资源已包括人力及其劳动成果的有形和无形积累，如资金设备、技术和知识等。广义而言，人类在生产、生活和精神上所需求的物质、能量、信息、劳力、资金和技术等"初始投入"均可称之为资源。

为了便于都市圈资源整合的研究，我们把资源分为自然资源、经济资源和社会资源三大类，其中，自然资源主要包括土地资源、水资源、矿产资源等，经济资源包括人力资源、资本资源和产业资源等，社会资源包括旅游资源、教育资源、医疗资源、信息资源和公共设施资源等（见图6—3）。

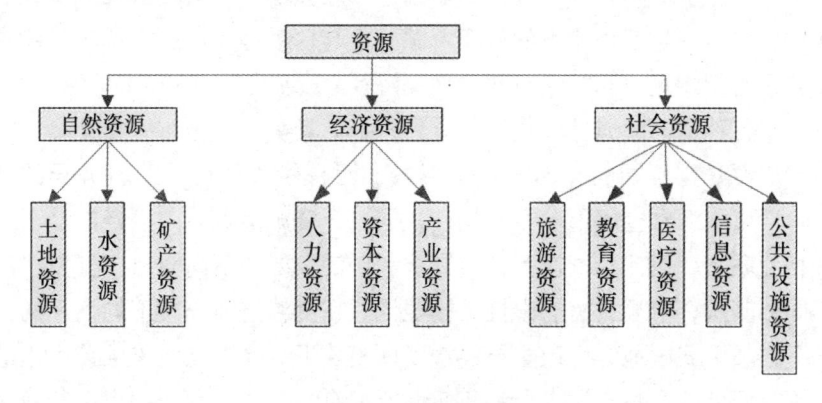

```
                        资源
        ┌───────────────┼───────────────┐
      自然资源         经济资源         社会资源
    ┌───┼───┐      ┌────┼────┐    ┌──┬──┬──┬──┬──┐
   土  水  矿     人   资   产   旅 教 医 信 公
   地  资  产     力   本   业   游 育 疗 息 共
   资  源  资     资   资   资   资 资 资 资 设
   源      源     源   源   源   源 源 源 源 施
                                            资
                                            源
```

图6—3 资源分类图

（二）资源的属性与特点

资源与人类社会发展紧密联系，其是大自然赋予人类的一种具有潜在价值的东西，不同的资源具有不同的属性。

自然资源的可用性与稀缺性有极密切的关系，它具有有限性和分布不均衡性特点，对于绝大部分矿产资源，它们的蓄藏量是有限的。例如，煤炭、石油、天然气以及各种金属及非金属的资源，需要经过漫长的地质年代，并在特定的条件下才能形成，开采出多少，它们的蓄藏量就减少多少，直至枯竭。土地资源和水资源虽然是可再生的，但在一定时期，在一国范围内也是有限的。不同地区的自然条件是千差万别的，不同的自然资源要在不同的自然条件下才能形成，从而自然资源分布呈现出不均衡性。

经济资源并非指向经济物品本身，而是经济物品中相对于人类社会而言的有用性，例如人力资源，它具有社会性，人处在一定的社会之中，人力资源的形成、配置、利用、开发是通过社会分工来完成的，是以社会的存在为前提条件的。在现代社会中，在高度社会化大生产的条件下，人力资本和其他非人力资本一样，都是一种生产要素，具有可流动性。

社会资源是人类社会在自然资源基础上，通过劳动力、资本和技术等经济资源的开发，形成具有一定地域分异的资源分布特点。比如教育资源、医疗资源和一些公共设施资源等，它们都是一个城市或地区人们通过生产活动长期积累下的社会资源。它与一个地区自然资源、经济资源分布密切相关，同时它也与本地经济社会发展紧密相连。

从各种资源的属性特点看，首先，资源具有时空分布差异性。由于不同资源是在不同的自然条件下形成，而自然条件具有地域分异的特征，所以资源在空间上分布不均衡，同时，资源消费与人类经济社会发展相互联系，因此，资源因社会需求和经济发展的不同会出现开发时序不同。其次，资源具有有限性、排他性。在资源空间分布不均衡性的情况下，加上我国地方行政主导经济发展模式下，除影响国家国计民生的战略资源外，大量资源被所在行政区所拥有，自然开发利用也由行政区所主导。最后，资源具有社会性和共享性。随着经济社会的发展，网络技术和交通基础设施的建设，大量的资源在不同地域开始流动，一些社会公共资源被不同行政区所共享。国内一部分都市圈在资源共享上进行了大量探索，形成可资借鉴的经验。

二 新常态下都市圈发展的最新趋势及成功经验

（一）都市圈发展的最新进展

1. 顶层设计与市场化协同发展

十八大以来，国家对都市圈的未来发展给予高度的关注。在关于推进京津冀协同发展问题上，习近平总书记提出七点要求。一是要着力加强顶层设计，抓紧编制首都经济圈一体化发展的相关规划，明确三地功能定位、产业分工、城市布局、设施配套、综合交通体系等重大问题，并从财政政策、投资政策、项目安排等方面形成具体措施。二是要着力加大对协同发展的推动，自觉打破自家"一亩三分地"的思维定式，抱成团朝着顶层设计的目标一起做，充分发挥环渤海地区经济合作发展协调机制的作用。三是要着力加快推进产业对接协作，理顺三地产业发展链条，形成区域间产业合理分布和上下游联动机制，对接产业规划，不搞同构性、同质化发展。四是要着力调整优化城市布局和空间结构，促进城市分工协作，提高城市群一体化水平，提高其综合承载能力和内涵发展水平。五是要着力扩大环境容量生态空间，加强生态环境保护合作，在已经启动大气污染防治协作机制的基础上，完善防护林建设、水资源保护、水环境治理、清洁能源使用等领域合作机制。六是要着力构建现代化交通网络系统，把交通一体化作为先行领域，加快构建快速、便捷、高效、安全、大容量、低成本的互联互通综合交通网络。七是要着力加快推进市场一体化进程，下决心破除限制资本、技术、产权、人才、劳动力等生产要素自由流动和优化配置的各种体制机制障碍，推动各种要素按照市场规律在区域内自由流动和优化配置。从七点要求看，过去束缚都市圈经济发展的行政壁垒将被打破，用自上而下的顶层设计来科学编制规划，按照规划依法进行协调机制的制度安排，同时加快市场化进程，用自下而上的方式推动要素的自由流动和配置。

2. 长江经济带赋予都市圈发展新动力

长江经济带和丝绸之路经济带是我国未来协调东中西区域发展的重要国家战略，是中国可持续发展的新引擎和新的经济增长极，长江经济带的建设将会形成沿海与中西部相互支撑、良性互动的新棋局，形成直接带动超过 1/5 国土、约 6 亿人的强大发展新动力。长江经济带最重要的举措是建设以快速铁路和高速公路为骨干，以国省干线公路为补充城市群城际交通网络，实现城市群内中心城市之间、中心城市与周边城市之间的快速通达，完善城市公共交通和乡村交通网络，促进新型城镇化有序发展。由于南京都市圈内城市隶属不同行政主体，其一直以来受到周边地区交通基础设施建设不同步的制约，在城市与城市之间交通网络建设上相对滞后，影响了都市圈发展。这次长江经济带规划中已明确按照"零距离换乘、无缝化衔接"要求，加快建设 14 个全国性综合交通枢纽（节点城市）和重要区域性综合交通枢纽（节点城市）。南京位于 14 个全国性综合交通枢纽（节点城市）规划中，今后通过国家顶层综合交通枢纽规划，可以与安徽省域城镇体系规划、城市总体规划、土地利用总体规划等相衔接与协调。同时可以统筹综合交通枢纽与产业布局、城市功能布局的关系，以综合交通枢纽为核心，协调枢纽与通道的发展，为南京都市圈的发展提供新动力。

3. 江北新区发展战略助推南京都市圈发展

江北新区的范围包括浦口区、六合区所辖行政区域和八卦洲，规划面积约 2450 平方公里，占南京总面积的 40%。在国家批准实施苏南现代化示范区建设规划背景下，南京市委市政府提出江北新区定位要体现出国家级层面新区建设水准,希望江北新区能升格为"国家级"。无论如何,南京举全市之力着力打造江北新区。江北新区的发展可以增强都市圈内核心城市南京对周边城市的辐射带动力。以往南京发展重心在江南,南京辐射带动都市圈的传动力被长江所制约,随着江北新区的发展,大量要素资源在江北集聚,通过江北集聚发展可以进一步向周边扩散辐射。按照江北新区未来400万城市人口规划,江北新区将由宁镇扬的地理中心变成南京都市圈向中西部辐射的门户中心。因此,江北新区的发展会进一步加快南京都市圈发展。

(二)国内都市圈资源共享与整合的成功经验

1. 乌鲁木齐都市圈一体化措施

乌鲁木齐都市圈在经济社会发展中存在的种种障碍,其背后主要是地区或部门利益冲突在作怪,为了实现该区域的整合,政府应首先负起责任,按照市场经济的运行规律,协调利益,实行彻底的机制创新,建设良好的制度平台。

一是把观念整合作为统一各级政府思想的一把利器。观念整合就是要各级政府、部门有区域发展的整体意识,为区域发展的远景目标共同努力,切实改变在计划体制下形成的条块分割、合作观念淡薄的状态,使政府发挥在经济活动中的服务功能,为企业的发展保驾护航。二是用产业整合打破行政区壁垒。产业整合就是各县市应结合自身的资源条件和发展基础统一协调确定各自的产业发展重点,集中资源,在都市圈内形成生产要素互补、上下游产业配套、城市合理分工的产业布局;以核心城市乌鲁木齐为基点,建立大型跨区企业集团,借助专业分工与合作,带动上下游企业的产生与发展,绕过行政区划所造成的壁垒,达到产业集聚效应和规模效应;遵循市场机制,让企业自主地为追求经济效益和生存空间主动联合;通过城市之间产业的合理分工协作,形成城市之间生产的垂直一体化,使得各个城市都能相对地发挥出自己的比较优势,延伸产业链;实施一批重点项目,按比较优势来统一定位各个城市主导产业和支柱产业,推动都市圈内产业结构合理化和高度化。三是通过行政区整合保证资源共享与整合,形成区域经济发展一体化。行政区划整合就是将昌吉、米泉、阜康划归乌鲁木齐市,从根本上扩大核心城市乌鲁木齐的城市发展空间。通过三者有机的整合,使各城市间建立起良好的协作关系,区域内的生产要素在各种规章和政策的引导下能够在各个县市间自由地流动,达到区域发展的一体化。[①]

2. 广佛都市圈同城化的主要做法

同城化作为区域经济一体化的一种实现形式,主要是指两个或两个以上相邻的城市的社会经济发展到一定阶段,要求突破现有行政区划的制约,按照同一城市(地区)来统筹规划考虑,优先配置资源,以实现"规划统筹、交通同建、信息共享、市场同体、产业同布、科教同兴、旅游同游、环境同保护",达到共同繁荣的目的。所谓"广佛同城"指的是广州和佛山两市打破行政壁垒、进行区域一体化建设。两地政府首先从提供公共产品的安排上为区域联合着想,统一规划区域内的基础设施投入和管理,实现"无缝对接";放弃部分地方或小团体利益,促进区域统一的、"无障碍交流"的管理;相互提供优惠待遇,以相同的市民待遇吸引双方易地投资,实现"无区界投资";加强两市科技文化的往来,推进优势互补的"无冲突合作"。[②]

一是建立委员会制的广佛同城化合作模式。合作委员会作为领导机构,领导小组成员主要由两地书记和市长组成,负责区域重大事务的决策和协调工作;建立了常态化的联席会议制度,两市市长为联席会议召集人,分管发展改革工作的副市长和政府秘书长参加,两市相关部门主要负责人为成员,负责同城化工作的具体组织协调工作,联席会议在两市发展改革部门设立办公室作为日常办事机构。建立城市规划、交通基础设施、产业协作、环境保护等专题委员会小组作为具体执行机构,建立行政磋商机制和行政互认机制,负责两市相关领域衔接协调工作。[③]二是按照"科学发展、先行先试,优势互补、合作共赢,整体规划、循序渐进,政府推动、市场主导"的原则,制定了《广佛同城化发展规划(2009—2020)》,涉及重大基础设施对接和重点协调发展区域建设,资源优化配置,合作领域拓宽,城市规划统筹协调,基础设施共建共

[①] 董雯、张小雷:《乌鲁木齐都市圈整合及其发展趋势研究》,《人文地理》2006年第4期。

[②] 谈锦钊:《广佛都市圈的区域资源整合初探》,《珠江论坛》2005年第11期。

[③] 杨海华:《同城化视角下的区域合作研究:广佛同城化例证》,《广州城市职业学院学报》2010年第2期。

享，产业发展合作共赢，公共事务协作管理等方面。三是积极探索广佛基础设施同城化。广佛两地通过建设通用的电子识别卡系统，使两地市民在两地公交、地铁、购物等多个领域实现电子消费支付，初步实现两地市民的同城化消费。已经推动广佛两地通信运营商成立广佛边界网络专项工作小组，统一整治边界网络信号，开展现网边界普查，统一制定网络整治方案，分别提升双方边界的信号覆盖质量。经进一步理顺广佛边界模糊区域（佛山392个模糊小区，广州414个模糊小区）及模糊计费流程，重新核对广佛两地模糊计费区域基站资料。在固话通信领域，尝试在广佛交界的黄岐、大沥等地推广"双号游"电信业务，用户固话有佛山和广州两个号码，拨打两地电话均按市话标准收费。

尽管广佛同城化取得了一定成果，但还存在高速交通无缝连接，两地通信资费长途费、漫游费减免，教育、医疗等资源共享，产业协作，产业链互补，产业集群化、园区化，两地错位发展等进一步同城化问题。

3. 京津冀大都市圈跨省市合作新探索

从"十一五"提出的"京津冀都市圈"，到《首都经济圈发展规划》，再到《京津冀协同发展规划》，历经多年后，国家顶层设计的京津冀区域规划即将出台，与此同时，京津冀各个地方政府在跨界公共事务的合作中也开始了初步的探索。

一是建立跨省市公共危机事件应急救援协作。鉴于跨地区公共危机事件的增多，尤其是近年来京津冀地区跨界交通事故多发，由于此类事故都具有共同特点，即涉及多个地区，受伤人员众多，地形复杂，单凭一方的救援力量是不够的，因此，京津冀三地拟以此探索形成跨地区交通事故处置的长效机制。怀柔区、平谷区、密云县司法局与天津市蓟县司法局，河北省承德市丰宁县、滦平县、兴隆县司法局共同签署《京津冀接边地区司法行政维稳安保合作协定》，建立矫正帮教和人民调解协同联动机制，协议约定，各方分别成立工作领导小组，互通情况、互助工作、互相学习，加强特殊敏感时期的密切合作，全力维护京津冀接边区域社会和谐稳定。二是跨省市交通运输网络的融合。在区域公共事务协作整体性治理的探索中，跨省市交通运输网络的建设成为京津冀区域合作的一个重要方面。京津城际铁路和京沪高铁的修建为本区域的整体性治理奠定了良好的交通基础。三是跨省市文化产业协同发展。京津冀地区同属燕赵文化,为达到文化产业发展的共同目标,各个地方政府已经认识到共同拥有市场、共同使用资源和共同承担风险的必要性。2011年9月召开的"京津冀区域协作论坛——让文化引领未来",就是京津冀区域在文化产业协同发展上的良好开端。[①]

三　南京都市圈资源共享与整合的现状及制约因素

(一) 南京都市圈资源共享发展历程

南京区域经济协调会,又称南京经济区,于1986年6月在南京成立,目前有会员城市19个,分别为江苏省的南京、镇江、扬州、泰州、淮安5市,安徽省的合肥、芜湖、淮南、马鞍山、安庆、铜陵、黄山、滁州、六安、宣城、池州11市,江西省的南昌、景德镇、九江3市,其中南京市为主席方,合肥市、南昌市为副主席方。协调会每两年召开一次市长联席会议,轮流在各成员市举行,目前已召开了十五届。

2003年开始举办"南京都市圈发展论坛",2007年接着又召开"南京都市圈市长峰会",从论坛到峰会,南京都市圈伴随区域发展格局的深刻演变,"共建、共享、同城化"成为都市圈发展的新目标,经过多年打造,增进了都市圈彼此的交流与合作,各城市达成了多项单边或多边合作框架协议,推动了都市圈区域间实质性合作。

2013年,都市圈市长峰会首次升格为党政联席会议,并在会上成立南京都市圈发展联盟,都市圈将开始打造更加务实高效的合作平台;会上还审议通过了《上报〈南京都市圈区域规划〉请示》;研究审议了《南京都市圈建设目标体系》。此外,会上还成立了南京都市圈党报联盟。南京都市圈第一届党政领导联席会议召开,为都市圈各城市的交流提供了更高的平台,也为下一步的发展铺垫了基础。

从1986年南京区域经济协调会到2013年都市圈市长峰会,南京都市圈一体化进程走过了27年,经过多年的努力,都市圈已从务虚的论坛向更加务实的方向迈进。

---

① 崔晶:《区域地方政府跨界公共事务整体性治理模式研究:以京津冀都市圈为例》,《政治学研究》2012年第2期。

（二）南京都市圈资源共享现状与制约因素

南京已与都市圈内城市开展了广泛的合作，在交通基础设施对接、医疗资源、人才信息资源共享，产业园区共建，环境工程合作治理，旅游市场共同开发等方面初见成效（见表6—1）。

表6—1　　　　　　　　　　南京都市圈资源共享情况

区域	内容
宁镇扬	交通：南京、扬州、镇江已经初步做到了公交"一卡通"。三地公交卡统一折扣为8折；南京已经开通至句容公交班车； 人才：南京、镇江、扬州等开发建设成"职位联合搜索平台"，实现各地市人才网上招聘职位在一个平台上互通查询； 医疗：在医保上，三城的异地报销已经基本实现； 旅游：三市共同发行"宁镇扬游园年卡"，每张游园年卡售价为300元，持卡人可在当年度不受次数限制游览宁、镇、扬三市23个核心景区、景点。
宁马	交通：在线网规划对接上，已经完成了马鞍山市城市轨道交通1号线与南京市8号线（S2线）、6号线与浦口1号线的S3线、博望4号线与南京S1线的线网规划对接；两市共同的收费站选在边界线上。收费站每天结算一次，蓝票的收费归南京，白票的归马鞍山；南京已经开通至马鞍山的公交班车； 人才：南京、马鞍山开发建设成"职位联合搜索平台"，实现各地市人才网上招聘职位在一个平台上互通查询。
宁滁	交通：宁滁快速通道南京段已经开工；滁宁客运班线公司化改造已全面完成，建成"宁滁公路客运联网售票系统"； 产业：宁滁合作产业园是滁州与南京两市探讨接轨合作模式的首发示范项目，产业园占地500亩，项目总投资9.65亿元； 科技：南农大在滁州合作建设滁菊产业促进中心；滁州目前共有100多家企业与南京有关高校和机构开展产学研合作； 医疗：滁州市确定江苏省人民医院、南京军区总医院、东南大学中大医院等医院为医保定点转诊医院； 环境：两市共同完成了界河滁河流域综合治理工程。
宁芜	人才：南京、芜湖开发建设成"职位联合搜索平台"，实现各地市人才网上招聘职位在一个平台上互通查询； 医疗：实现了区域内的社会保险关系正常转移接续和异地领取社会保险待遇的退休人员的资格互认。

续表

区域	内容
宁淮	产业：共建了江宁开发区淮阴工业园区、南京经济开发区涟水工业园、雨花经济开发区盱眙工业园和南京高新技术开发区洪泽工业园四家宁淮共建园区。
宁宣	交通：对接了宁宣合作的跨界通道项目6个，芜宣合作的跨界通道项目9个； 产业：开展农业发展规划合作，委托南京农业大学编制宣城市农业产业发展规划（2014—2020）； 旅游：与都市圈城市各大旅行社、西祠胡同旅游板块、龙虎网、南京电视台、金陵晚报等媒体合作，紧密推进旅游联合营销

资料来源：根据都市圈各城市媒体报道，经整理而得。

尽管南京都市圈资源共享方面取得了一定进展，但还存在一些制约南京都市圈一体化加快发展的瓶颈。

（1）南京都市圈区域规划有待上升为国家战略。在我国，国家发展战略是集聚各种要素资源的重要平台。一个城市或区域一旦进入国家发展战略层面，其发展空间相应变得更大，所获得的行政资源更丰富，也就是说国家战略给一个城市提供了更大发展平台，它可以聚集更大范围要素资源、辐射更广区域范围、拥有更高发展能级和强大经济腹地。南京都市圈毕竟是一个跨省合作的区域经济体，需要国家层面上的协调支持。实践证明，南京都市圈在很多合作协调工作上，安徽和江苏两个省级层面不可能解决，需要国家层面上给予协调和支持。（2）南京都市圈区域合作有待向共同体方向发展。南京与都市圈内其他城市均在不同层面上建立了合作关系，比如签订了《宁马两市经济社会发展全面合作框架协议》《2012年宁马一体化合作协议》《2012年度宁马一体化交通运输合作项目协议》《推进石臼湖湖口水利枢纽工程前期工作合作协议》《宁芜高速宁马段警务合作协议》《高淳—宣城地区协调发展规划》《宁镇扬同城化发展规划》等，这些协议与规划都是南京与周边城市分别签署的合作协议，是以南京为核心的双边合作框架，这就使得区域合作中出现碎片和空间分割的趋势。（3）南京都市圈有待建立一个实体运转的、常态化的组织机构，负责推动落实都市圈各项工作。从论坛到峰会、由峰会上升到党政联席会议，每年南京都市圈都签署了各种合作协议，但在具体落实上缺乏一支统一协调的工作队伍，负责各项协议的跟进与实施。（4）南京都市圈有待建立跨界公共事务治理专项资金。在都市圈合作过程中很多情况下受到资金的制约，导致了各种有利于双方的合作不能按时实施，比如交通基础设施建设、都市圈信息化平台建设等。

四　南京都市圈资源共享与整合的对策

（一）建立公正、权威性的跨区域资源共享合作组织

（1）成立跨区域合作组织，负责区域内各个地方政府跨界公共事务治理工作。合作组织的构建既要保证各个地方政府成员的自愿性和公平性，还要保证组织自身的合法性和权威性。（2）跨区域整体性合作组织一方面需要保证各个地方政府能够自愿加入和退出，另一方面还要获得中央的授权，对都市圈跨界公共事务治理专项资金拥有财政分配权和管理权。（3）跨区域整体性合作组织可以由来自都市圈地区地方政府的官员、人大代表以及专家学者组成，而来自都市圈内各个地方政府的代表应保持数量上的一致，这样才能保证跨区域整体性合作组织在利益分配上的公平性。（4）通过立法的形式保证跨区域合作组织的合法性和权威性。跨区域合作组织应是代表各方共同利益，共享各方信息，制定区域公共政策，执行区域规划的组织机构。该组织应有法律法规做支撑。例如，日本东京都市圈的发展就有国家层面的国土开发规划法，城市规划法等基本法，还有地方政府层面的都市圈规划和地方规划的法律法规作为支撑。为了保证跨区域合作组织合法性，应在都市圈层面上出台相关地方法律法规保证跨区域合作组织的权威性。

（二）实施多元化、行政有效的资源整合运行机制

（1）探索规划与建设委托制，南京都市圈内各个地方政府的行政首长授权跨区域合作组织设计并规划在环境保护、交通等公共事务治理方面的具体方案，然后合作组织将这些设计方案分别提交给区域内各个地方政府审批，之后各个地方政府将这些设计方案提交给国家相关部门核准，这样设计出来的规划方案才能够跨越区域和部门的界限，体现一个都市圈的总体发展目标和长远规划，实现区域整体利益的最大化。（2）尝试多元化治理结构。在跨区域合作组织的基础上构建一个能代

表各个地方政府共同利益的跨区域整体性合作组织网络，它需要与区域内各级地方政府，非营利组织和私营部门在环境保护、交通运输、公共卫生、水资源分配与管理等跨界公共事务治理方面，共同构建一个协作治理网络，这一协作治理网络应以政府为主导，政府对协作网络拥有管理权。(3) 建立以项目为纽带的弹性的跨区域组织管理机制。南京与周边城市签署了大量的合作协议，但在实际运作中没有一个行政主体负责，产生了轰轰烈烈地签订协议，而无实体组织抓落实。今后应以项目作为平台抓手，在合作城市间成立跨区域合作组织，这个管理组织因项目而临时抽调人员组成，成员来自两个合作城市的相关部门，主要负责项目日常管理和协助工作，等项目结束后，人员各自回归原单位。

(三) 跨行政区联合推进南京都市圈国家战略

(1) 进一步完善南京都市圈区域规划。跨行政区都市圈经济是我国"十三五"规划的重点内容之一，北京早已启动首都都市圈规划，其也是跨行政区合作规划。南京都市圈一直以来是我国唯一跨行政区的都市圈，应抓住新一轮跨行政区域规划有利时机，把已经形成初稿的南京都市圈区域规划，尽快组织国家相关部委专家进行评审完善，以此获得国家相关部委的认可和支持。(2) 把南京都市圈区域规划上报国家。国家战略是由各个省提出自己规划，上报国家后获得国家认可。南京都市圈主要涉及安徽和江苏两个省，应由江苏省政府出面联合安徽省政府，共同努力把南京都市圈区域规划向国家申报，争取获得国家认可。(3) 积极落实宁镇扬区域规划。在南京都市圈区域规划没有获得国家认可前，应在江苏省层面上组织实施宁镇扬区域规划，在交通、教育、医疗、环境、产业等方面共建共享，形成宁镇扬同城化区域经济，为南京都市圈一体化发展做示范。

(四) 加快推进南京都市圈同城化步伐

(1) 在强化与南京市及都市圈城市间交通信息共享的基础上，应尽快研究建立以南京市为换乘枢纽的区域城际公共交通体系，完善客运联网销售和公交异地刷卡机制，打造都市圈便捷交通网络。(2) 将025区号逐步统一扩大到都市圈其他城市，力争3年内探索实现跨省电信资费的一体化，特别是相邻的跨省地区，可先做成一个区间内通话。争取3年后不仅是宁镇扬，而是都市圈的8个城市共同使用025一个区号，以后市民拨打南京和其他七市的电话，等同于拨打市话。（3）医疗、社保、教育方面的同城化。争取在都市圈内实现医疗保险（放心保）异地结算、社保关系异地转接，解决在都市圈内各城市人员转换工作时社保无法衔接的问题，使都市圈人员流动更加便利。同时，都市圈城市还将率先启动跨省异地高考改革试点，探索建立中高职课程衔接、学分互认的创新机制。（4）都市圈环境同城化。为了让都市圈的天更蓝、水更绿、空气更清新，八市应逐步建立区域大气环境信息共享与发布制度，联合实施PM2.5污染源头控制，共同治理机动车污染、工地扬尘污染等，共同把南京都市圈建成惠及百姓的幸福都市圈。

第三节　长江经济带建设中南京门户城市发展战略

"长江经济带"是中国经济发展的新引擎。2014年9月12日，国务院发布了《国务院关于依托黄金水道推动长江经济带发展的指导意见》（国发〔2014〕39号，以下简称《意见》）、《长江经济带综合立体交通走廊规划（2014—2020年）》；同年12月，中央经济工作会议指出，要继续实施西部开发、东北振兴、中部崛起、东部率先的区域发展总体战略，重点实施"一带一路"、京津冀协同发展、长江经济带三大战略。2016年9月，《长江经济带发展规划纲要》正式发布。长江经济带覆盖上海、江苏、浙江、安徽、江西、湖北、湖南、重庆、四川、云南、贵州11省市，面积约205万平方公里，占全国的21%，人口和经济总量均超过全国的40%，生态地位重要、综合实力较强、发展潜力巨大（见图6—4）。长江经济带作为横跨东中西、连接南北方的重要轴带，有望发展成为"中国经济脊梁"，成为中国经济发展的新引擎。但是，长江经济带发展中也面临诸多亟待解决的困难和问题，主要是生态环境状况形势严峻、长江水道存在瓶颈制约、区域发展不平衡问题突出、产业转型升级任务艰巨、区域合作机制尚不健全等。南京是长江经济带的重要门户城市，是长江经济带的重要增长极，是长江经济带中长三角城市群的重要中心城市。在国家新战略新布局中，南京应积极融入,拓展开放空间,更好地发挥辐射带动作用,推动城市发展迈上新台阶。

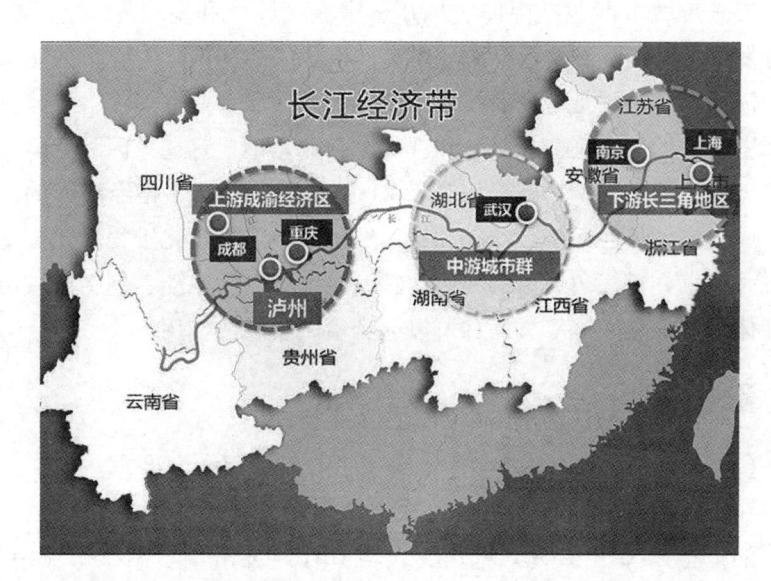

图 6—4 长江经济带范围示意图:一轴、两翼、三极、多点

一 南京在长江经济带战略中的发展定位

南京是长江经济带的重要门户城市。南京处于国家"五纵五横"综合运输大通道、京沪运输大通道和沿江运输大通道的交汇点。在《指导意见》中,南京的战略定位之一是区域性航运物流中心。《指导意见》明确提出,要优化沿江港口功能布局,加强分工合作,建设上海、重庆、武汉三大航运中心和南京区域性航运物流中心。国家长三角城市群、长江中游城市群、成渝城市群三个"板块"战略需要建立三大航运中心,南京定位为区域性航运物流中心,主要是避免南京港和上海港的同质化竞争,要互补、错位发展。

南京是长江经济带的重要增长极。上海在长江经济带中可以被定位为中心增长极和龙头城市,而杭州、武汉、成都、南京、重庆等城市是国家或区域性的中心城市,具有较强的经济实力和辐射能力,可以被列为长江经济带的重要增长极。

南京是长江经济带中长三角城市群的重要中心城市。长江经济带包括长三角城市群、长江中游城市群和成渝城市群三大城市群，长三角城市群的人均 GDP 和人口密度分别是长江经济带平均水平的 2.1 倍和 3.3 倍。长三角城市群包括上海、杭州、宁波、苏州和南京等 16 个城市，充分发挥上海国际经济、金融、贸易、航运中心和国际大都市的龙头作用，依托沪宁、沪杭甬高新技术产业带和现代服务业发展带，构建具有全球影响力的先进制造业基地和现代服务业基地，打造具国际竞争力的世界级城市群和丝绸之路经济带及 21 世纪海上丝绸之路经济带的总枢纽；成为拉动长江经济带崛起和推动经济带新型城镇化进程的龙头型城市群。南京在长三角城市群的产业转型升级、创新驱动、创新区域协调发展体制、绿色发展等方面都可以起到引领发展的作用。

二 南京在长江经济带中的综合水平比较

（一）南京与长江经济带中重要城市的经济指标比较

在长江经济带九省二市中，我们选取了 13 个重要城市进行比较，选取的指标有 GDP、GDP 增速、人均 GDP、进出口总额及产业结构，数据截至 2014 年底。

在长江经济带重要城市比较中，南京 2015 年的地区生产总值达 9720.77 亿元，在长江经济带 13 个对标城市中位列第 7；但经济增速达到 10.2%，在比较城市中排名第 3，增长态势明显。从人均 GDP 数值来看，高于南京的城市有苏州，南京位列第 2。从全年进出口总额来看，南京的进出口总额达 532.7 亿美元，在比较城市中位居第 6。从三次产业结构比重来看，南京市第三产业比重达到 57.3%，第三产业比重排名第 3，目前第三产业比重超过 50% 的城市有上海、杭州、武汉、贵阳、昆明、成都和南京。（见表 6—2）

表 6—2　2015 年南京与长江经济带中重要城市相关指标比较

城市	GDP（亿元）	增速（%）	人均 GDP（元）	进出口总额（亿美元）	产业结构
上海	24964.99	5.96	103363	4277.6	0.43：31.77：67.8
杭州	10053.58	9.2	111483	665.66	2.9：38.9：58.2

续表

城市	GDP（亿元）	增速（%）	人均GDP（元）	进出口总额（亿美元）	产业结构
宁波	8011.49	5.27	102383	1004	3.6∶49∶47.4
南京	9720.77	10.2	118029	532.7	2.4∶40.3∶57.3
苏州	14504.07	5.4	136625	3053.5	1.5∶48.6∶49.9
合肥	5660.27	9.26	72661.74	203.38	4.7∶54.7∶40.6
南昌	4000	9.6	75879	117.6	4.3∶54.5∶41.2
武汉	10955.59	8.8	10573.98	280.7	3.3∶45.7∶51
长沙	8510	9.9	115443	129.5	1.1∶50.3∶48.6
重庆	15719.72	11	52330	744.77	7.3∶45∶47.7
贵阳	2891.16	12.5	63458.3	91.22	4.5∶38.3∶57.2
昆明	3970	8	59686	123.64	4.7∶40∶50.3
成都	10800	8	74862	395.3	3.5∶43.7∶52.8
南京排名	7	3	2	6	3

资料来源：各城市公布数据，产业结构排名按第三产业比重。

（二）南京与长江经济带城市协同发展能力比较

由华东师范大学发布的"长江经济带城市协同发展能力指数（2015）"显示，长江经济带城市协同发展前10强城市分别为上海、苏州、武汉、杭州、成都、重庆、南京、宁波、无锡、长沙。上海在长江经济带协同发展中处于龙头地位；中部的武汉、长沙和南昌相对独立，有待形成合力；昆明未来有望成为继成都、重庆后西部的又一个增长极。该指数聚焦于区域内城市相互之间的影响力和对外服务能力，是对城市的组织能力、对外服务能力和联系强度的综合评价，表现为城市区域协同发展的控制力、影响力和辐射力。该指数涵盖了综合经济能力、交通信息交流能力、科技创新能力三大协同发展能力要素，共计包括12个具体指标。其中，在科技创新能力方面，上海、南京、长沙、合肥、南通等城市表现突出，得分较高。

（三）南京与长江经济带"城市流"强度比较

评价城市集聚和扩散效应最关键的指标是城市流，这一指标也是评价门户城市综合实力的最核心指标。城市流是城市与外界联系中各种社会经济要素在区域空间中的流动现象，城市流强度能较为客观地反映城市外向辐射能力和城市综合实力。在长江经济带主要城市的城市流强度比较中，上海以3657.3亿元的城市流强度遥遥领先于其他城市，是长江经济带的龙头城市，可以作为长江经济带的中心增长极。南京的城市流强度为672.28亿元，位居长三角经济带主要城市的第6位，在南京之前的城市有上海、杭州、武汉、成都和苏州。可见，在长三角经济带主要城市中，南京的城市集聚和扩散能力较强，是重要的区域性中心城市和门户城市。

三　提升南京在长江经济带建设中的门户城市战略路径

综合来看，南京市具有建设长江经济带门户城市的经济、区位、交通、资源、环境、科教、创新等方面的明显优势，面临着"一带一路"、长江经济带建设的国家战略机遇，同时也面临着国内同类城市日渐激烈的竞争压力和挑战。因此，南京建设长江经济带门户城市，在做好"系统的系统"的顶层设计的前提下，应重点从以下方面实施建设路径的新突破：

（一）加快实施城市功能体系突破，提升城市功能品质

南京要在长江经济带中起到引领作用，就要在城市功能上领先，树立以功能论地位的现代中心城市发展理念。新阶段的国家中心城市不必强求城市地域宽广，关键是城市要具备创新型、服务型、枢纽型的新功能。重要的门户城市除了具有比一般城市更优越的地理区位等条件外，更重要的是拥有强大的推进因素，既要有雄厚的经济实力、集聚力强的高端产业结构、完善的服务体系等较高的经济社会发展水平，还要有高效、舒适的城市环境和科学、合理的城市布局，更要有善于吸纳创新和政府宏观调控的能力。在国内，在经济发达、社会进步、文化繁荣等方面引领国家发展，成为一国的"首善之区"；对外，是国家和地区经济全球化过程的重要平台，起着衔接国家其他城市和地区与世界联系的桥梁、纽带作用。把发展模式转型作为长江经济带门户城市建设、全面提升科学发展实力的根本途径。南京在长三角地区的区位与波士顿在波士华大都市带所处的区位高度相似，是中国科教第三城，已被国家定位为

全国的科技创新中心、文化创意中心，理应站在国家战略层面，来探索建设创新型城市的路径，在科技创新、城市规划与空间改造、金融创新等方面，进行系统性的制度创新，加快推进产业结构调整，构建现代产业体系，整体提升城市的能级水平。

完善支撑区域发展的基础设施，全面提升城市功能品质。作为经济和社会必不可少的公共基础设施和公共服务设施建设，南京应坚持绿色、人文、智慧、集约发展的城市发展特色，提升城市品质和人居质量。利用自身优势，整合空间资源，推动区域之间基础设施共建共享，加快陆港、空港、江海港、信息港等交通、通信枢纽型基础设施建设，强化城市的文化、金融、信息、物流等枢纽地位，形成大交通、大流通格局，使各种要素流无障碍流动。以推动枢纽经济为核心，大力强化枢纽功能，推进枢纽设施加快建设、推动产业体系加快发展、推动枢纽经济区加快成长，积极培育新的经济增长极。

深化城市发展的绿色、人文内涵，增强城市内在吸引力。努力形成资源节约、环境友好、集约有效、社会和谐的区域发展格局。要按照现代化、国际性的定位，把南京未来发展放在更大范围来考量，强化辐射带动中西部地区重要门户、长三角区域中心城市、南京都市圈核心城市的地位和作用，全面提升综合承载力和辐射带动力。

(二) 彰显城市创新优势，推动长江经济带创业创新体系建设

长江沿岸是中国高校、科研院所、中央直属企业等集中的智力密集带，尤其是国家重点建设的研究型高校和国际级研究所，沿江各省市占全国一半以上，这些科研院校和企业，对于科技创新、经济发展具有巨大能量，能够使长江经济带比其他地区更早实现科技创新、产业转型，进而对国家稳增长、转方式、调结构以及转型提质、增效做出应有的贡献。"十三五"时期，是南京创新动力强力释放的阶段，科技与经济的融合将愈发紧密。南京作为国家唯一科技创新综改试点城市的政策红利将逐步得到释放和显现，科技创新地位和作用进一步凸显，科技创新和经济发展的互动模式将进一步优化。南京要想发挥好中心城市的作用，必须发挥科技创新的引领作用，把南京这一承东启西、融南汇北的区域中心城市，打造成为区域创新中心城市、国家创新基地城市，推动南京的高科技产业在产业链高端环节占有一席之地，推动南京城市创新力和

城市整体实力的快速提升,促进南京城市综合实力的提升。

推动建立创新型产业集群,积极发挥长江经济带门户城市的产业创新溢出效应。产业集群化有利于地区自主创新的成功,也有利于发挥门户城市的创新溢出效应。南京应从以下几方面入手,促进产业集群的健康发展和自主创新能力的提高:(1)要提高区域经济发展的开放程度、面向国内开放市场、提高企业的全球竞争意识。(2)改善制度环境,聚集人才等高级生产要素,减少企业合作的不确定性。(3)营造区域创新文化氛围与宽松工作环境,培育大量的企业家与科技人才资源,培养创新精神。(4)要对产业集群进行明确、科学的规划,对现有的开发区要进行科学管理,围绕重点产业促进企业间的相互合作和集聚,引导投资方向。(5)政府要加强监管,在产业集群内部营造良好的市场秩序,维护公平竞争,市里要加快对相关法规、措施的制定。(6)提供优质的公共服务。政府一方面要为产业集群的发展提供优良的基础设施,同时还要为产业集群的发展提供诸如工商、税务、产品质量等多方面的优质服务。此外,政府还要明确产业集中并不是真正意义上的产业集群,产业集群不是某一产业在地域空间上的集中,对于现有的经济开发区或工业园,要积极引进以生产性服务业为主的现代服务业的加入,促进其外部优势的产生,推动它们向真正的产业集群的方向发展。

(三)集中精力打造产业高端集聚,引领长江经济带产业转型升级

在产业优化升级方面,南京利用城市产业优势引领长江经济带产业转型升级,绝不是构建大而全、小而全的扁平型产业结构,而是建设经济高度化城市,提升城市产业体系的服务化水平。

制定积极有效的产业引导政策,增强经济可持续发展能力。一个城市要增强自身可持续发展能力并在带动周边区域可持续发展上发挥更大作用,必须加快经济结构优化升级和经济发展方式转变,调整改造和转移替代传统制造业,大力发展高新技术产业和先进制造业,加快培育现代新兴服务业,完善城市服务业体系,重点强化外向化服务功能。南京应该优先发展创新型经济和服务型经济,高标准建设长三角西北翼现代服务业中心,推进区域金融中心建设,推动产业结构的高端化,加快形成以服务经济为主体的现代产业体系。为此,要发挥产业规划的引导功能,要有直接的配套性产业引导政策,从财政、金融、土地、规划等领

域体现出产业引导政策的杠杆作用，才能避免产业规划的引导作用仅仅停留在文件上。要大力发展具有爆发力的战略性新兴产业。南京在筛选和布局战略性新兴产业门类和目录的同时，必须根据不同时期国内外经济形势，迅速制定优先发展产业的具体指导意见和实施项目方案，同时对各个园区的产业布局现状和存量空间资源，提出布局的指导计划。特别要更加专注于产业链前端，着力构建结构合理、功能齐整、共生关系良好的新兴产业集群。

大力发展现代服务业，促进城市服务功能的完善。服务功能是中心城市极为重要的功能，也是中心城市区域中心作用得以充分发挥的保障。生态为本，构建智慧型经济体系也要求南京推动产业结构的战略性调整和产业层次的战略性提升，优先发展创新型经济和服务型经济，全力促进现代服务业跨越发展。发展南京服务业，首先就要努力提高现代服务业的规模和速度。大力培育科技教育人才支撑和引领的新兴产业，大力培育能够代表江苏、代表中国先进水平的新兴产业，大力培育可能形成世界性竞争力的新兴产业，加快形成以服务型经济和创新型经济为主体的现代产业体系。加强城市流结构高级化，提升城市产业体系的服务化水平。应该加强城市流结构高级化，积极发展服务业中的生产性服务业，推进先进制造业和现代服务业融合发展。南京市服务业类型单一，缺乏技术含量高的知识型服务业，具有长积累、高增值、高带动性的现代服务产业类型数量少，而这恰是国际化城市必备的一个产业类型。南京还要为现代服务业的发展建立良好的技术平台，加快信息技术的普及和应用，大力引进国内外的服务业龙头企业，学习国内外先进企业的管理经验。

(四) 努力提升城市国际化水平，增强南京城市对外联系能力

南京市应逐步建立与国际规范接轨的经济管理和城市运行方式，加快建设特色鲜明的国际性城市。首先，优化进出口结构，加快转变外贸经济增长方式；其次，扩大技术进口，提高区域技术能级；再次，在全面提升在岸服务业的同时，突出发展离岸服务业，实施"走出去"发展战略，融入世界经济产业体系；最后，占据国际服务业产业链高端环节，提升服务业创新内涵，尽快建立与南京的城市定位相适应的国际化的城市新产业体系，使南京的经济尽快融入世界经济的高端层次，并成

为南京新产业体系和经济增长的新动力。把培育发展软件与信息服务、新型显示、未来网络、智能电网、生物技术、节能环保、航空航天等战略性新兴产业摆在突出位置，抢占国际技术、产业、人才制高点。在长三角区域，作为长三角向中西部辐射桥头堡、人口吸引集聚地，未来南京承担着传递上海作为长江流域龙头城市向长江中上游城市和区域辐射的区域性"增压"责任。南京应该充分运用自身优势资源，与上海错位发展，在国家科技体制综合改革试点城市和国家创新型城市建设等方面加快发展，共同为建设具有较强国际竞争力的长三角世界级城市群做出贡献。

第七章

南京特大城市推动供给侧结构性改革的发展探索

金融危机后,世界经济进入了低迷发展期,传统的产业结构面临转型,消费结构面临升级。在此背景下,中国提出了加强供给侧结构性改革、去产能、去库存、去杠杆、降成本、补短板的发展战略。通过供给侧结构性改革,矫正供需结构错配和要素配置扭曲,解决有效供给不适应市场需求变化的问题,使供需在更高水平实现新的平衡。

第一节 供给侧结构性改革的国际宏观背景

经济全球化和区域经济一体化发展态势下,各个国家的经济发展离不开世界经济发展的大背景。供给侧结构性改革正是在世界经济整体下行的基础上提出的。

一 全球经济整体下行且增速放缓

(一)全球经济正处于长周期的下行阶段

著名国际评级机构惠誉预计2016年的全球经济增速保持在2.5%左右。英央行将英国2016年经济增长预期由2015年11月公布的2.5%下调至2.2%,将2017年增长预期由2.7%下调至2.4%。3月7日,惠誉认为,美国2016年的经济增长是2.1%,较2015年2月下降了0.4%。国际货币基金组织关于世界经济展望2016年的标题是"下降的需求,走低的预期"。它认为现在需求严重不足，还在下降，所以全世界的预期都在走低。

（二）国际贸易和投资增速放缓

从 2011 年开始，国际贸易增长率已经持续 5 年下滑，2014 年国际贸易量增长率只有 2.8%，2012 年至 2014 年增长幅度平均只有 2.4%，低于同期世界 GDP 的增长水平。根据世界贸易组织（WTO）最新预测，2016 年预计国际贸易量将仅增长 2.8%。与 2015 年的增幅相同，全球投资增长率也在下降，尤其是新兴经济体的净资本流入大大下降。自有统计数据的 1980 年之后，新兴国家在 2015 年首次出现资本净流出，流出规模相当于各国和地区国内生产总值（GDP）的 1.2%。2015 年新兴市场国家的净资本流出规模高达 7500 亿美元，预计 2016 年净资本流出约为 5000 亿美元。中国尤为严重。

二　发达经济体复苏无法预期

（一）美国经济复苏放缓

美国 2015 年 GDP 增长仅为 2.4%，2016 年一季度，美国 GDP 在 2015 年第四季度年增长率放缓至 1.4% 后，可能再度放缓至 1% 以下。同时 2016 年 1—3 月美国商品零售额总额分别为 4499 亿美元、4473 亿美元和 4468.9 亿美元，环比逐月下降。

（二）欧元区经济艰难复苏

2015 年，欧元区 19 国 GDP 增长 1.6%，略高于 2014 年的 0.9%。2016 年一季度欧元区经济增长预期下降，CPI 和 PPI 双双低迷，经济增长前景不容乐观。

（三）日本经济回暖压力较大

2015 年日本经济增长 0.5%，2016 年日本经济增长 1%，IMF 预计 2017 年为 -0.1%。内需不振持续成为抑制日本经济增长的主要因素。据日本央行统计数据显示，日本的消费通胀年率从 12 月份的 1.3% 下滑至 1 月份的 1.1% 和 2 月份的 0。

三　新兴经济体整体受挫

2008—2014 年，新兴经济体和发展中国家对世界经济增长的贡献率都在 60% 以上，中国对世界经济增长的贡献率一度高达 50% 以上。但从 2010 年开始，新兴经济体和发展中国家增长率在不断下降，从 2010 年的 7.5% 下降至 2015 年的 4%。

随着全球经济的持续低迷，新兴经济体和发展中国家外部环境恶化，2016 年，除印度外，新兴经济体和发展中国家经济增长连续第六年放缓，整体受挫。根据 IMF 预测，与 2015 年相比，2016、2017 两年增速预计分别为 4.1% 和 4.6%，经济增速将普遍低于过去 20 年的水平。

四 资本对经济的拉动作用不断下降

全球可能步入负利率时代。目前瑞士、丹麦和瑞典、日本、匈牙利和欧元区国家已经出现负利率，表明当前全球经济增长依然缺乏内在动力。

负利率下主要国家依然深受"通缩"威胁。2015 年发达经济体 CPI 仅为 0.27%，不仅低于 2014 年底的 2%，更远远低于 1990—2013 年间全球通胀 11% 的平均水平，欧美国家的核心通胀率均偏离于通胀目标轨道。

货币流通速度减慢是"通缩"的主要原因。一方面在于货币流通速度减慢，资本的利用率和投入产出率低。另一方面，超额准备金滞留在银行体系内的部分非常大。据美联储的统计显示，美国银行体系的准备金总额相当于其 10.4 万亿美元存款的 25%，相当于美国 GDP 的 20%，相当于美联储资产负债表的 59%。

五 大宗商品价格在跌宕起伏中继续下行

据世界银行 2016 年 1 月发布的《大宗商品价格展望》显示，随着全球宏观经济的持续低迷，自 2011 年以来，包括能源、贵金属、金属、食品和原材料在内的主要大宗商品价格指数全面进入下行通道。大宗商品价格的下跌给能源生产国带来了重大影响，如巴西、南非、澳大利亚、加拿大、沙特阿拉伯、俄罗斯等经济增长受阻，而对于经济结构比较单一的以能源、原材料出口为主的资源型国家，经济增长更是受到巨大冲击，经济增速恢复缓慢，经济结构调整困难，经济增长动力弱化。

第二节 西方供给侧管理思想的发展历程

一 供给创造需求的萨伊定律

19世纪初期，萨伊①提出了"供给创造需求"的"萨伊定律"。他在其著作《政治经济学概论》一书中指出，一种产物一经产出，从那时刻起就给价值与它相等的其他产品开辟了销路，交易总是以一种货物交换另一种货物，而货币只不过是媒介而已，是转移价值的手段。因此，如果出现了产品过剩，那一定是因为它的生产太多，或因为另一种产品的生产过少，但这种现象不会永久存在，在自由竞争的影响下，局部的供需失衡可以通过价格机制得以解决。因此，萨伊认为，不可能出现生产上的过剩，即使过剩也是暂时的，供给则可以创造需求，所以应从供给侧的角度制定经济发展的相关政策。

萨伊定律提出之后，对西方的宏观经济管理产生了很大的影响，并成为其制定经济政策的主要经济理论依据。但是我们应该看到，萨伊所处的时代，社会生产力水平相对较低，经济发展总体上处于一种短缺状态，因此，萨伊会认为生产上的过剩是不会出现或永久存在的，这正是他提出从供给侧进行宏观经济管理的重要前提。

二 "需求创造供给"的凯恩斯理论

从19世纪下半叶到20世纪初期，美国凭借新工业技术、生产部件标准化、流水线和先进的企业管理水平，生产效率得到了迅速提高，铁路、钢铁、机械、汽车等产业快速成长。在供给迅速增加的同时，社会的有效需求却明显不足，农产品价格下降导致农民收入降低，工人工资增长缓慢，财产集中在少数人手中。在这样的背景下，凯恩斯经济学应运而生，凯恩斯提出了对萨伊定律的质疑，并强调从总需求的角度进行管理，通过实行货币政策、财政支出政策等刺激总需求，逐渐成为西方

---

① 萨伊：《政治经济学概论》，商务印书馆1963年版。

主要的宏观经济管理手段。

三　供给学派社会共识

在 20 世纪 70 年代，以美国为主的西方资本主义国家出现了滞涨的经济现象，人们发现如果仅仅通过需求侧的总量控制，已难以同时解决通货膨胀和失业率上升这两个问题。

在此情况下，以拉弗、万尼斯基和吉尔德等人为代表的供给学派，对凯恩斯"需求创造供给"的理论提出了质疑，他们认为当时的滞涨现象不是需求不足所导致的，而是由于供给不足才造成了经济的停滞和价格的上涨，因而需要用供给管理替代需求管理。

通过实施降低税赋、减少政府对经济的干预、缩减政府开支等一系列手段后，企业的创新热情得到激发，科学技术水平和创新能力大幅提升，有效地改善了供给相对不足的问题，促进了美国经济的再次繁荣。

第三节　中国供给侧结构性改革的实践

一　中国供给侧结构性改革的现实需求

（一）总量规模大，但增长速度在逐年下降

目前中国已经是世界第二大经济体，2015 年经济总量已占世界经济总量的 15%，对世界经济增长的贡献率达到 25%。

但中国的经济增长速度逐年下降，2012 年经济增速下降至 8% 以下，2015 年已经降低到 7% 以下，为 6.9%，2016 年第一季度增长 6.7%，全年预期在 6.5%—7%（见图 7—1），未来仍有进一步下降的空间。

而单纯从需求端的投资、消费和出口方面入手，依靠货币政策和财政政策扩大需求总量，都难以从根本上解决中国经济增长乏力的问题。

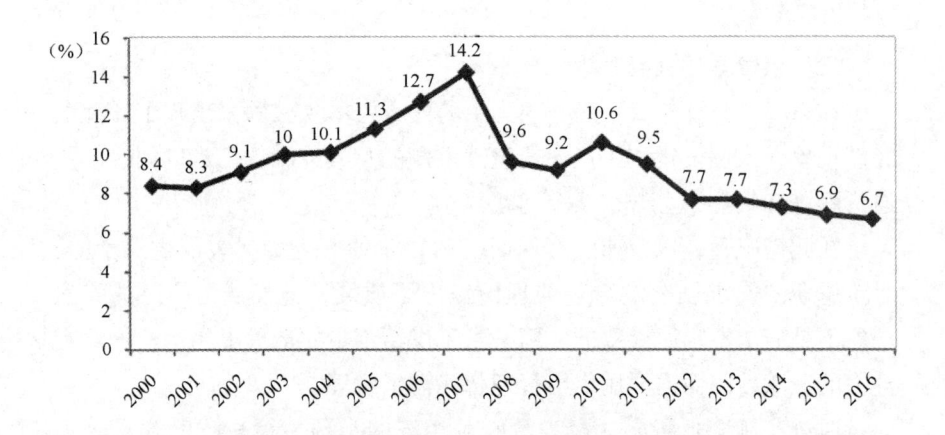

图 7—1　2000 年以来中国 GDP 增速变化情况

资料来源：《中国统计年鉴》历年数据。

（二）投资对经济增长的拉动作用降低，同时经济的杠杆率不断升高

投资的边际效益在逐渐降低，对经济增长的拉动作用不断减小，2008 年 4 万亿刺激政策的出台，其效果仅维持了 2 年，而且进一步加剧了中国经济中的失衡状况，造成了较为严重的产能（尤其是低端产能）的过剩。

中国 1949—2008 年货币投放累计 47 万亿元，而 2009—2012 年四年就投放了 50 万亿元，超过前 59 年的总和。中国债务/GDP 的比重从 2000 年 121% 缓慢上升到 2007 年的 158%，但 2008 年后却迅速上升，到 2014 年已经达到了 282%，超过了美国、德国等发达经济体的水平，其中几乎有一半的贷款流入了地产及其相关产业。而且，尤其值得注意的是，中国非金融部门借贷比例占 GDP 的比重过高，实体经济的债务负担远高于欧美国家。2014 年中国实体经济的债务负担达到 125%，而同期的美国、德国、加拿大、澳大利亚和韩国的实体经济债务负担分别为 67%、54%、60%、69% 和 105%（见图 7—2、7—3）。

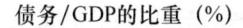

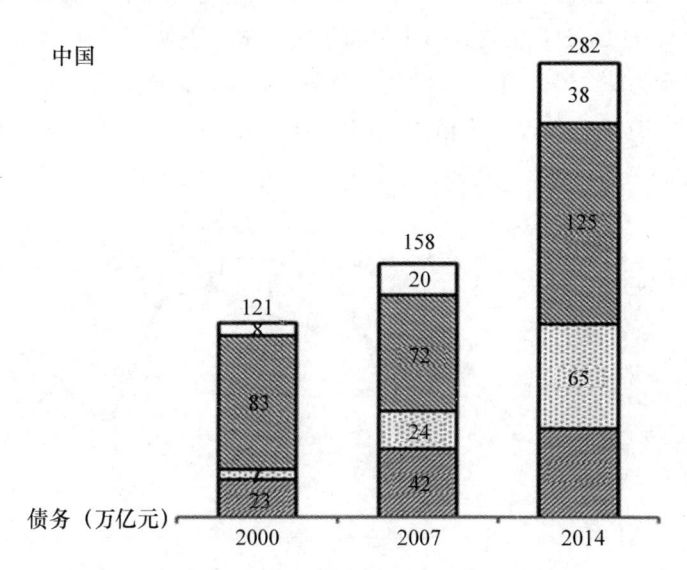

图7—2 中国2000年以来债务总量及结构变化情况

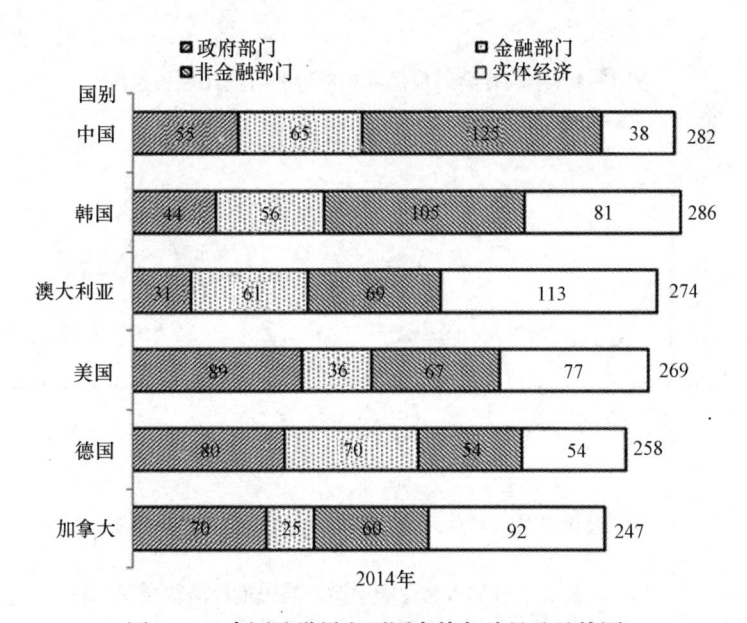

图7—3 中国及世界主要国家债务总量及结构图

(三) 居民国内消费水平持续走低，但境外消费增速不断上升

近些年我国社会消费品零售总额的增速呈现出逐年走低的情况，已由2010年的18.3%降低到2015年的10.7%，表明我国消费的增长速度在逐渐放缓。2016年4月份，社会消费品零售总额24646亿元，同比名义增长10.1%（扣除价格因素实际增长9.3%）。其中，限额以上单位消费品零售额11264亿元，增长6.7%（见图7—4）。

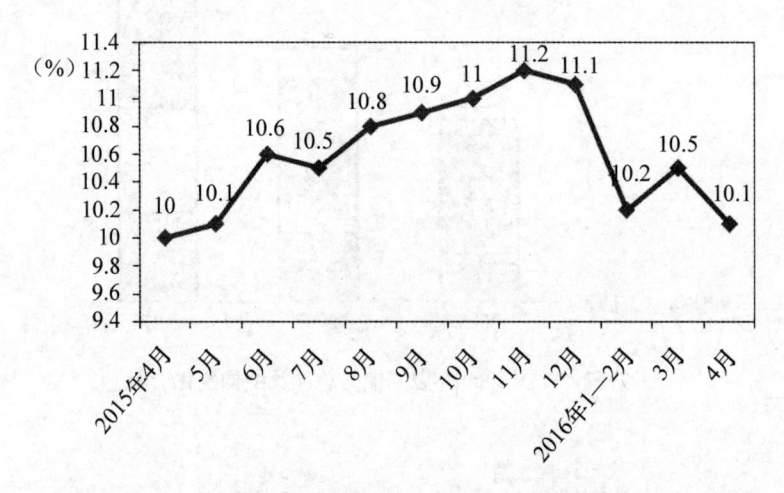

图7—4 中国社会消费品零售总额分月同比增长速度

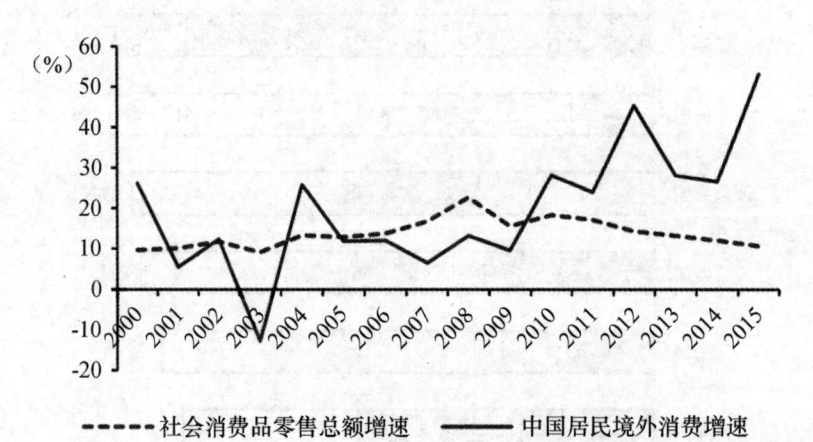

图7—5 社会消费品零售总额增速与居民境外消费增速比较

资料来源：《中国统计年鉴》历年数据、WTTC数据库。

居民的消费倾向也在不断降低，有研究表明，自1991年以来我国各省域居民的边际消费倾向均呈现下降趋势，尤其是北京、河北、福建、江苏等东、中部地区，边际消费倾向下降幅度较大。

但同时，我国在海外的消费十分火热。据世界旅游业理事会（WTTC）的调查，我国居民境外消费增速由2008年的13.2%增长到2015年的53.1%。2015年中国游客在境外消费达到1.3万多亿元。商务部的数据则显示，2015年中国奢侈品消费约合人民币7400多亿元（1168亿美元），占全球奢侈品消费的46%，其中有78%的奢侈品消费发生在境外。（见图7—5）

（四）出口竞争力不断下降，主要贸易国贸易壁垒有所升高

从出口上看，一方面，由于受到国内劳动力成本不断上升的影响，中国原有的以劳动密集型产品为主的出口产品竞争力受到较大影响，而与此同时，高新技术产品受技术水平的制约，尚未形成强大的出口竞争力。

另一方面，2008年世界金融危机之后，中国的一些主要贸易国相继提高了贸易壁垒，使国内产品的对外出口受到较大制约。在多重因素的作用下，近些年中国货物出口增速逐年降低，2015年全国货物出口额较上一年下降了1.8%（见图7—6）。进口104485亿元，下降13.2%。全年货物进出口总额245741亿元，比上年下降7.0%。

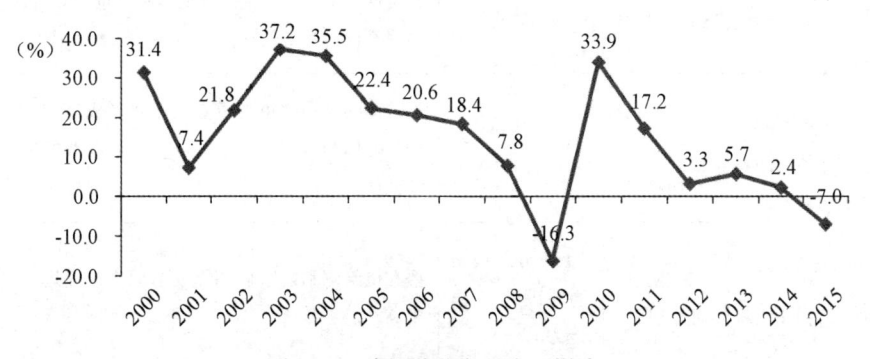

图7—6 中国货物贸易出口增速

二 中国供给侧结构性改革的主要方向

（一）中国供给侧结构性改革的提出

2015年10月10日，中财办刘鹤主任在广东调研时，提出化解过剩，淘汰落后产能，重视供给侧改革。随后中国领导在不同会议场合对供给侧结构性改革进行了论述。在中国大地开始了供给侧结构性改革的新征程（见表7—1）。

表7—1　中国供给侧结构性改革的提出过程

日期	领导人	场合	论述
2015年10月10日	中财办主任刘鹤	广东调研	要更加重视供给侧调整，加快淘汰僵尸企业，有效化解过剩产能。
2015年11月10日	国家主席习近平	中央财经领导小组第11次会议	在适度扩大总需求的同时，着力加强供给侧结构性改革，着力提高供给体系质量和效率，增强经济持续增长动力，推动我国社会生产力水平实现整体跃升。
2015年11月11日	国务院总理李克强	国务院常务会议	培育形成新供给新动力扩大内需。
2015年11月13日	发改委副主任林念修	国务院新闻办政策例行吹风会	在适度扩大总需求的同时，着力加强供给侧结构性改革，着力提高供给体系质量和效益，增强经济持续增长动力。
2015年11月14日	发改委规划司司长徐林	北大经济观察报告会	供给侧的结构改革的重点在于要形成有利于创新的体制机制，实现市场对资源配置的决定性作用。
2015年11月17日	国务院总理李克强	"十三五"规划纲要编制工作会议	要在供给侧和需求侧两端发力促进产业迈向中高端。

续表

日期	领导人	场合	论述
2015年11月18日	国家主席习近平	亚太经合组织（APEC）工商领导人峰会	要解决世界经济深层次问题，单纯靠货币刺激政策是不够的，必须下决心在推进经济结构性改革方面做更大努力，使供给体系更适应需求结构的变化。
2015年11月18日	中财办副主任杨伟民	《财经》年会	在经济发展进入新常态的背景下，推进供给侧的结构性改革是必须进行的政策和思路。

（二）中国供给侧结构性改革的内容

针对中国目前存在的问题，我国供给侧结构性改革重点聚焦五大任务：一是化解过剩产能，主要采取调整产业结构，淘汰落后产能和僵尸企业及加快"一带一路"合作等措施。二是消化过多库存，主要采取加大教育投入，提高劳动者质量，利用技术进步，提高劳动生产率等路径。三是降低杠杆率，主要采取结构性减税，行政体制改革，简政放权，利率市场化等办法。四是降低企业成本，主要通过土地制度改革，增加土地供应量等措施。五是补短板，通过金融市场化改革，增加直接融资比例（见图7—7）。

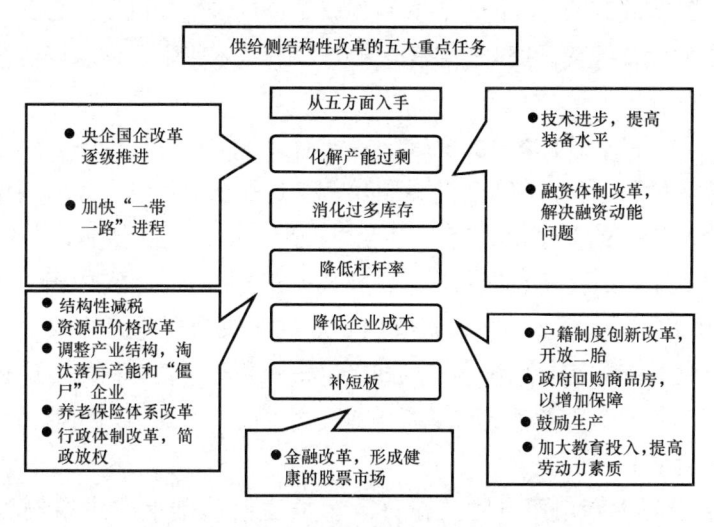

图7—7 中国供给侧结构性改革的五大任务

三　中国供给侧结构性改革的特殊性

（一）供给侧改革中国特色

此次的供给侧改革与以往实施的供给侧管理在初始条件、手段和目的上存在根本的不同。在计划经济时期和改革开放初期的供给侧管理，因当时的中国尚处于计划经济为主导的时期，加上当时中国的经济发展程度相对较低，技术水平和劳动生产率较为低下，那时的供给侧改革是在国家计划指令条件下的扩大再生产，是在国家对经济干预的情况下对供给侧实行计划性调控，其调控的手段大多是对企业的生产计划进行调整，最终达到供需之间在数量上的均衡。

目前市场经济在中国虽然还不尽完善，但正在成为资源配置的主导性力量，充分发挥市场的作用，形成有效的市场竞争是当前中国经济体制改革的重点任务之一，而目前供需之间错配所导致的结构性失衡问题，归根到底是国家对市场干预过多、自由竞争的市场环境缺失的必然结果。

当前中国所实行的供给侧结构性改革的措施和目的都与以往的供给侧管理有根本性的不同，减少政府对市场的干预，推进行政体制改革，简政放权，促进资源品、土地和金融领域的改革，完善市场体系，成为此次供给侧改革的主要措施，其目的就是进一步激发市场活力，促进生产要素的优化配置，提升企业的生产效率和技术水平，推动产业结构的调整和优化。

（二）中西方供给侧改革的差异性

中国的供给侧改革与西方的供给侧管理在前提假设、政府的作用和与需求侧管理的关系上也存在很大的不同。市场经济体制改革得不彻底，导致了市场经济在中国作用发挥得不充分。因此，在中国，政府对市场的干预依然较多，并在某些领域形成了较为严重的行政性垄断现象，致使价格的传导机制和市场的退出机制并不完善。而西方的供给侧管理是建立在自由竞争的市场假设前提之上的，这与中国当前的经济发展基础存在较大的差异。

如果简单套用西方建立在自由竞争理论基础上的供给侧管理模式，必然无法达到中国结构性改革的目的，而必须辅之以市场化的改革配套措施。要从中国市场机制不完善的角度出发考虑政策出台后的有效性，更需要政府发挥好自己在完善市场机制方面的促进作用。

中国市场机制不健全的现实，也决定了当前的供给侧结构性改革不能完全取代需求侧管理，仍然需要政府通过需求侧管理加强对宏观经济的调控作用，减少市场机制的缺位所造成的宏观经济波动，而中国区域发展的不平衡性，也需要政府能够有针对性地在不同的区域采取不同的供给侧和需求侧的政策组合。

四 中国供给侧结构性改革的制约因素与突破战略

（一）行政垄断制约市场机制正常运行

有效的市场竞争是供给侧管理目标能够顺利实现的前提和保障。它促使了资源的有效流动，提高了资源的配置效率，促进了经济效益的提高和产业结构的调整。但是在我国，由于市场体系尚不健全，政府对经济的干预较多，导致了大量行政性垄断的存在，阻碍了市场机制作用的正常发挥。在自由竞争的市场中，一些企业由于具有较为先进的技术、管理经验或规模优势，从而获得了较高的利润，并促进了市场集中度的提高，从而形成了经济性的垄断。虽然主流经济学认为经济性垄断的存在也会阻碍技术创新的推进，降低经济增长的质量和效益，但是不少的研究表明，经济性垄断的企业为了维持其在竞争性市场中的地位，往往会采取有效的技术创新推动生产效率的提高，从而有助于经济的进步和繁荣。行政性垄断与经济性垄断不同。行政性垄断本质上是一种体制现象，它是依赖政府部门的行政权力建立起来，并通过行政手段来实现的一种垄断形式，各种形式的行政垄断均具有明显的超经济强制性，它破坏了市场竞争秩序，违背了市场的自由和平等竞争原则，造成政府与企业的角色错位，进而导致了经济的低效率。

（二）行政性垄断导致了要素配置的扭曲和效率的低下

在有效竞争的市场机制作用下，企业可以根据价格信号明确消费者的需求动向以及生产的种类和数量，并根据市场所决定的要素价格对生产要素进行最优配置，有效地解决企业供给的两难冲突。因此，越是竞争激烈的市场,资源的配置效率也越高,资源的边际产出也会越大,经济增长的质量和效益也越好。当市场机制不完善,存在大量的行政性垄断时,在行政性力量的保护下,企业的行为就可以不受市场规律的影响,价格机制难以正确反映市场的供需矛盾,无法自动实现市场出清,从而使生产要素不能向经济效率更高、大众需求更多的领域集中,降低了对资源的配置效率。有学者对中国电力、电信、石油及铁路四个典型的行政垄断行业所导致的资源配置效率降低的程度的估算结果显示,无论是在微观层面,还是在产业以及宏观层面上,行政性垄断均造成了巨大的效率损失,而且这一效率损失占GDP的比重还有不断增长的趋势。

(三)行政性垄断加大了产业结构调整的难度

存在行政性干预力量的产业,企业进入和退出均具有较高壁垒。存在行政性垄断的产业可以通过设立复杂的审批手续等措施,对不同所有制和不同区域的企业采取不同的审批标准,提高企业进入的行政性门槛,使大量企业难以顺利进入。这些准入壁垒的存在实际上为企业提供了一种避免市场竞争的"保护",使企业缺乏创新的动力,从而导致了产业结构调整上的滞后。这些产业在退出上也存在较高的行政性壁垒。尤其在我国,公有制经济和国有企业更大程度上是一种体制上的象征,对这些企业的退出进行行政性保护,不仅可以提高政府对国民经济发展的控制,而且可以实现政府在提高税收、稳定就业、维持社会秩序等方面的多种目的。而且由于价格传导机制的不畅等因素,使那些原本应该通过市场机制被淘汰的企业不能自动退出市场,并逐渐演变成为市场中的"僵尸企业",阻碍了产业结构升级的步伐。

(四)行政性垄断造成了产能过剩、杠杆率及企业成本较高等一系列问题

具有行政性垄断地位的企业技术创新动力不足、经济效益较低、劳动生产率不高,不仅造成了大量的社会资源的浪费,而且由于市场供需之间信息的不对称,产生了大量的过剩产能和库存。由于存在"预算软约束",行政性垄断企业还会出现大量贷款的现象,因为企业不需承担或承担着较小的偿还责任,这也是我国企业杠杆率高企的重要原因之一。行政性垄断的企业由于受到行政力量的保护,没有竞争压力,从而

更容易出现 X—非效率的情况，这会导致企业成本上升和产品价格上涨，形成福利损失。以银行业为例，研究表明，2004—2012 年间，中国居民和企业部门因持有存款所遭受的福利损失年均约为 3891.7 亿元，年均占 GDP 的比重约为 1.43%。

五 规避中国行政性垄断的主要措施

（一）进一步减少政府对市场的干预

要加大对行政部门的权力约束，加强政府行政的透明度，减少行政审批，降低非公经济市场准入的门槛，消除各种隐性壁垒，制定公平公正开放透明的负面清单制度，让各类企业在市场竞争中享有公平的竞争机会。要加快推进产业政策的调整和理念创新，在制定产业政策的过程中，尽可能减少对经济活动直接干预的政策措施，代之以通过营造公平有序的市场竞争环境，实现产业政策引导和扶持的目的，促进产业政策和竞争政策的有效协调。

（二）推进国有经济领域混合所有制的发展

发展混合所有制是推动国有企业走向市场的重要手段，就是要促使国有企业建立起市场化的治理体制和管理机制。要在对国有企业进行科学细致的分类，分清楚哪些属于自然垄断、哪些属于竞争性质的基础上，针对不同的企业提出具体的发展政策和措施，同时探索和完善"僵尸"国企的市场退出机制，让国有企业适应和运用市场机制的行为规则和方式进行发展，加快国有企业的结构性调整。

（三）进一步完善现有的法律法规

要充分利用好现行的《反不正当竞争法》与《反垄断法》的作用，利用法律条款对垄断现象进行规制和约束。完善现有的法律制度，如对多头管理现象的解决、垄断行为的处罚、垄断纠纷的解决等，尤其是对行政性垄断行为的法律完善，如对行政权力滥用的限制、规范及其诉讼，以及如何威慑违法者等问题，需要不断完善《反垄断法》及其相关法律文件，以实现维护公平有序的市场竞争，提高市场竞争活力，促进资源有效配置的目标。

第四节 南京特大城市推动供给侧结构性改革的探索

供给侧结构性改革是我国今后一个时期经济社会转型发展的主要方向。在杭州 G20 峰会上，各国也期待着分享中国供给侧结构性改革经验和中国供给侧结构性改革对世界经济发展的贡献。南京作为国家顶层设计赋予的特大城市，在推动供给侧结构性改革方面理应做出自己的特色，为我国特大城市供给侧结构性改革探索一条创新路径。

一 特大城市供给侧结构性改革的方向

关于供给侧结构性改革的提出可以追溯到 2015 年 11 月 10 日习近平总书记主持召开的中央财经领导小组第十一次会议。习近平总书记在讲话中强调，推进经济结构性改革，是贯彻落实党的十八届五中全会精神的一个重要举措，要实行"宏观政策要稳、产业政策要准、微观政策要活、改革政策要实、社会政策要托底"的五大政策，并指出，"在适度扩大总需求的同时，着力加强供给侧结构性改革，着力提高供给体系质量和效率，增强经济持续增长动力，推动我国社会生产力水平实现整体跃升"。从这段讲话中，可以看出，供给侧结构性改革主要为了解决我国经济新常态下，增速下降、价格下跌、效益下滑等现实问题，而且这些问题的深层次根源在于供给侧、结构性、体制性矛盾所致。而对于一个特大城市，既应符合供给侧结构性改革的一般规律，也应遵循特大城市供给侧结构性改革的特色要求。

（一）政策新供给

1978 年以来的改革发端于农村，通过实施农村集体土地承包的政策调动了农民生产积极性，进而以农产品和工业品剪刀差的形式推动了城市发展，奠定了我国城市发展的基础。在新时期下，我国形成了以特大城市带动区域发展的新格局，特大城市的改革创新成为实施国家区域发展大战略的重要支点。因此，这一轮的改革与以前不同，由自下而上转为自上而下，国家通过顶层设计，赋予特大城市相应的功能定位与实施国家区域战略重任,通过这种方式能够有效地使国家区域战略在特大城市层面上顺利地落地实施。在供给侧结构性新一轮改革中,特大城市承担着体制与机制的创新,承担着推动国家供给侧结构性改革在区域层面上政策创新落地的重任。因此,如何创新性地制定与国家供给侧结构性改革政策相配套的地方政策是新时期特大城市探索改革的重点。

(二) 高端要素新供给

从世界城市发展变化的规律看,产业结构的高级化需要高端要素的供给。纽约有91所可授予学士学位的高校,147所社区院校,每四位市民中就有一位拥有大学学士学位。高素质的人才及劳工队伍创造了高生产率,推动了纽约城市的产业高级化。中国进入经济发展新常态下,引领中高端消费的需求不能被其自身中高端有效供给所满足,同时,特大城市中大量低端制造环节逐渐向周边或劳动力、土地要素资源较低的中小城市转移,特大城市面临着产业转型升级和消费结构向中高端升级的双重压力。产业的升级主要通过传统产业转型和战略性新兴产业的培育实现,这些都需要通过引入高端要素来提升产业发展竞争力,培育战略性新兴产业新优势。消费结构的转型也需要供给侧提供中高端产品,尤其是特大城市,其本身就担负着新产品展示和中高端产品生产制造的城市功能,其在国家供给侧结构性改革中更应该发挥特大城市集聚高端要素功能,在特大城市新一轮发展中实现高端要素新供给。

(三) 发展动能新供给

创新是驱动特大城市发展的主要驱动力。特大城市是连接世界城市的主要节点。在新经济时代,大量的信息获取渠道、创新发展平台、跨国公司总部及风险投资机构不断向特大城市集聚,为特大城市创新发展集聚了发展新动力。东京是研发机构最集中的地区,共有499家,占全日本的15.1%,东京圈包括东京大学、筑波大学在内的大学数量一直占日本大学总数的1/3左右,上海、广州、天津、重庆、深圳、南京、杭州、武汉、西安等城市,集聚了我国80%的高校和科研机构。这些特大或即将进入特大城市序列的城市,是我国未来实施国家创新发展战略的主要支点,也是我国创新发展战略顶层设计的具体实施者。

（四）市场开放新供给

在世界贸易体系重新建构的情况下，主要以美国为首的发达国家开始了新一轮投资与贸易新规则制定。在国内投资、外贸全面下滑的新局面下，我国要实施全方位的开放经济战略，以更加开放的市场融入全球经济发展中，获取新一轮全球化的发展红利。特大城市具有经济发展水平较高、基础设施建设水平较高和市场体系较为完善的特点。如何对接世界贸易自由化和投资便利化新规则，成为我国特大城市供给侧结构性改革的主要探索方向。上海、天津、重庆等自贸区建设就是探索怎样以更加开放的市场对接发达国家的市场新规则。服务贸易、技术贸易、知识贸易和电子商务发展已成为国家贸易的新热点，也是未来世界贸易与投资发展的重要领域，特大城市具备了发展这些领域的软件和硬件环境。

二 中国特大城市供给侧结构性改革的实践

中央提出供给侧结构性改革后，我国特大城市纷纷率先出台了相应配套政策，在地方实践层面做出了一些新探索（见表7—2）。

（一）深圳

深圳在科研制度改革和激励机制上进行了新突破，对科技人员劳务比例及劳务费中列支项目进行了制度改革，对高校和科研机构职务发明转让收益方面进行了较大改革，专利收入个人可以获得70%的收益，解决了长期困扰高校和科研机构职务发明转让收益中个人获取利益的问题，激活了科技成果转换的动力。同时，在吸引人才方面，深圳制定了很多实实在在的优惠政策，从人才公寓住房建设到人才租房补贴方面，政府都拿出了实质性的举措。

（二）杭州

杭州围绕实体经济发展出台了一系列政策，尤其是在产业链及配套体系建设上，杭州制定了具体奖励扶持措施。同时，对工业用电、工业用天然气等进行了价格下调，降低工业企业制造成本。在补实体经济发展短板的同时，突出了杭州信息产业发展的优势，强化了工业互联网的政策导向，培育了经济发展新动力。

(三) 广州

广州主要从创新发展和降低企业用工成本两个方面制定具体推进供给侧结构性改革措施。用加法的做法，制定了高新技术产业、战略性新兴产业和总部经济的发展目标，夯实经济发展新功能，同时，降低企业"五险一金"的缴存比例，制定真金白银的举措降低企业人工成本。

(四) 上海

上海站在国际大都市发展的基础上，用供给侧结构优化推动工业高端化发展。将实施千项工业精品制造计划，包括300项高端装备自主突破、300项新一代信息技术成果产业化、200项新材料首批次应用，创建10家左右国家制造业中心、工程数据中心和工业设计中心；推进信息技术和制造技术融合创新，建设100家示范性智能工厂或数字化车间，带动1000家企业实施智能化改造。

(五) 武汉

武汉主要从降低工业制造成本和优化企业经营环境两个方面制定了推进供给侧结构性改革的措施。包括高速公路收费标准降低一成、地方教育附加征收率由2%降至1.5%，企业职工基本养老保险单位缴费比例和失业保险总费率的降低，工业用电的费用降低等。

表7—2　　特大城市供给侧结构性改革的具体实践

城市	出台政策	改革方向	主要具体措施
深圳	《关于促进科技创新的若干措施》《关于支持企业提升竞争力的若干措施》和《关于促进人才优先发展的若干措施》	把创新作为提升供给能力的核心，把改革作为释放供给活力的根本途径。	科技计划项目资助资金不设置劳务费比例；允许按规定在劳务费中开支"五险一金"；提高人员绩效支出比例至50%；高校和科研机构职务发明转让收益奖励比例最高到70%以上；科研院所、高新技术企业、科技服务型企业个人持股比例上限放宽至30%；中长期内全市工业用地总规模不低于270平方公里，占城市建设用地比重不低于30%；未来5年筹集不少于1万套人才公寓房；将新引进基础性人才一次性租房和生活补贴提高至本科每人1.5万元、硕士每人2.5万元、博士每人3万元。

续表

城市	出台政策	改革方向	主要具体措施
杭州	《关于降成本、减负担、去产能全面推进实体经济健康发展的若干意见》	形成政策"组合拳",促进实体经济平稳健康发展。	顶尖人才和团队的重大项目,最高可获1亿元项目资助;对杭州市行业龙头骨干企业通过专业分工、服务外包、订单生产、产业联盟等形式,带动市内中小微企业进入产业链或配套体系,年累计配套产品采购额在1亿元及以上的,按新增采购额的0.5%给予奖励,单个企业奖励金额不超过200万元。担保机构为中小微企业贷款担保,担保费率不超过2%的,由各区、县(市)政府补贴0.5个百分点。一般工商业用电价格每度下调4.47分。市区非居民用管道天然气最高销售价格从每立方米4.64元下降为3.86元。对企业在实施"工厂物联网"和"工业互联网"项目方面的直接投入,按其实际投资额的30%给予资助,单个项目最高不超过80万元;对市政府认定为"工厂物联网"和"工业互联网"示范样板工程的,单个项目再给予不超过50万元的一次性奖励。
广州	《广州市供给侧结构性改革总体方案(2016—2018年)》及"三去一降一补"5个行动计划(以下简称"1+5"系列文件)	广州以"加减乘除"推进供给侧结构性改革。	加法:到2018年,高新技术产品产值突破1万亿元,高新企业超3000家,战略性新兴产业增加值超2800亿元,营收超百亿元的总部企业达60家以上。减法:年内为全市企业减负705亿元;创造新产业,培育经济增长的"乘数因子",推动经济实现"几何级增长"。扩大部分基金免征范围:现行按月纳税的月销售额或营业额不超过3万元的缴纳义务人,扩大到按月纳税的月销售额或营业额不超过10万元的缴纳义务人;适当降低社会保险费率:失业保险单位费率从1.5%下调至0.8%;降低住房公积金缴存比例:住房公积金缴存比例上限从20%降至12%,缴存基数上限从月平均工资的5倍降低到3倍;完善最低工资调整机制:现行最低工资标准调整由2年一调改为3年一调。

续表

城市	出台政策	改革方向	主要具体措施
上海	《上海市人民政府关于本市推进供给侧结构性改革的意见》	制度创新，提高资本、劳动、土地、技术等全要素生产力，以及降成本和补短板。	围绕着力优化供给结构，促进工业高端发展，上海将实施千项工业精品制造计划，包括300项高端装备自主突破、300项新一代信息技术成果产业化、200项新材料首批次应用，200项消费品改善供给，培育一批细分行业的隐形冠军。实施企业技术改造提速技术，每年支持100家以上重点企业开展技术改造。实施重点行业和重点区域结构调整计划，"十三五"期间将启动50个左右重点区域、约3500个项目调整。在补齐创新短板方面，上海提出，将围绕推进中国制造2025和科创中心建设，在集成电路、高端装备和生物医药等方面，推动科技成果转化、批量生产和应用。推进工业创新平台建设，创建10家左右国家制造业中心、工程数据中心和工业设计中心；推进信息技术和制造技术融合创新，建设100家示范性智能工厂或数字化车间，带动1000家企业实施智能化改造。
武汉	《武汉市推进供给侧结构性改革实施意见》	优化工业结构、优化有效供给、优化融资方式、优化企业经营环境。	高速公路收费标准降低一成、地方教育附加征收率由2%降至1.5%，从2016年5月1日起，将企业职工基本养老保险单位缴费比例由20%降至19%；将失业保险总费率由2%降至1%，其中，单位费率由1.5%降至0.7%，个人费率由0.5%降至0.3%，大工业用电价格降低2分/千瓦时以上，一般工商业用电价格降低4分/千瓦时，对信息技术、生命健康、智能制造三大产业和列入我市战略性新兴产业培育的企业分别执行每立方米降低0.3元的优惠差别水价和气价政策。

资料来源：网站查询整理而得。

从国内特大城市或即将进入特大城市的城市出台的供给侧结构性改革政策看，主要包括两个方面：一是共性政策，二是特色政策。

共性政策制定的特点是主要围绕科技创新和降低企业生产成本两个

方面推进供给侧改革,在创新领域政策制定上用于制定宏观发展战略目标的笔墨较少,而用于科技体制改革方面的措施相对较多,除深圳在科技体制上制定了几个新规定外,其他城市几乎没有涉及。在降低企业成本方面,重点从五险一金缴存比例、企业用电、用气价格降低两个方面推动供给侧改革。

特色政策制定的特点是围绕城市发展短板,制定推动供给侧结构性改革举措。而高校和科研机构数量与规模是深圳城市发展的短板,深圳重点围绕如何吸引人才来做文章,探索了许多敢为天下先的政策,创新力度较大。杭州在发展信息产业的同时,努力补齐实体经济短板,制定了打造产业链和鼓励工业互联发展相关政策。武汉在营造企业发展环境上狠下功夫。

从国内这些特大城市或准特大城市推动供给侧改革的具体措施看,可以给南京未来特大城市发展一些借鉴。南京在供给侧结构性改革制定上既要实施普惠制政策,也要制定特色化的政策。

三 南京供给侧结构性改革的现状与问题

供给侧结构性改革是新一届政府着力推动经济社会转型发展的重要举措。自中央提出供给侧结构性改革后,全国各省市先后出台了"三去一降一补"政策。南京作为目前江苏省内唯一规划的特大城市,在市委市政府着力对供给侧结构性改革的推动下,2016年上半年,南京在去产能、降成本和补短板等方面取得了一定成效。据南京市统计局初步统计,上半年全市六大规模以上高耗能行业实现产值1774.4亿元,同比下降9.1%,占全市规上工业总产值的比重由2015年同期的29.7%下降至27.5%。其中,化学原料及化学制品制造业下降6.1%;黑色金属冶炼和延压加工业下降14.7%。从产量上看,全市生铁、粗钢产量同比分别下降1.7%、0.2%,增速分别低于2015年同期7.8个、8.5个百分点。5月末,全市规上工业企业库存同比下降4.2%,回落7个百分点,增幅由高于主营业务收入增速转变为低于主营业务收入增速。在企业财务成本方面,1—5月规上工业企业财务费用同比下降8.2%。在列入统计的37个工业大类中,18个行业的财务费用同比下降。在财务费用中,下降较为明显的是利息支出,同比下降14.1%。

1—5月，规上工业企业主营业务成本4006.2亿元，同比下降0.7%；每百元主营业务收入中的成本为81.7元，较上年同期下降1.1元。

虽然，南京供给侧结构性改革取得了一定成绩，但从2016年上半年经济社会发展主要指标看，结构性改革攻坚任务还任重道远。2016年上半年，南京规上工业总产值增长0%，全社会工业投资-1.8%，进出口总额-8.8%，出口总额-6.5%，说明工业投资和出口贸易还在下滑。2016年4月份南京市出台了《中共南京市委南京市人民政府关于推进供给侧结构性改革的意见》，内容很丰富，但与特大城市未来所承担的供给侧结构性改革的方向对标后，我们发现南京在一些领域今后还需要加强。主要体现在，一是推动供给侧结构性改革具体措施需进一步明确化。二是在发挥南京特色的举措上需进一步凸显。三是高端要素集聚方面举措需进一步强化。四是强化市场活力新供给方面需进一步强化。

四 推动南京市供给侧结构性改革的对策

（一）制定普惠制和分类指导相结合的具体实施措施

第一，对国内特大城市推动供给侧结构性改革的实质性内容的条款进行梳理，选取一些共性的政策措施在南京供给侧改革上实施，尤其是在降低税负成本、电力要素成本、非居民天然气价格、企业用工成本、物流运输成本等方面，应与国内其他特大城市一样进行标配，这样可保证南京企业在供给侧结构性改革政策措施的优惠方面不落后于其他特大城市。第二，对已出台的供给侧结构性改革政策进行督查。无论供给侧结构性改革的措施制定得多么完美，如果不能落地实施，政策措施等于一纸空文。因此，南京市应强化供给侧结构性改革政策的落地督查，保证市场主体真正享受实质性的优惠。第三，对已出台的供给侧结构性改革政策进行定期评估。供给侧结构性改革的政策出台后应对其在实践中的效果进行定期评估，对实践中一些有效性不明显的政策措施，应进行及时调整和完善，保证供给侧结构性改革措施落地有声。第四，配套出台相关供给侧结构性改革"一揽子"政策措施。供给侧结构性改革涉及面较广，需要政府及相关各部门落地具体措施配套，形成既有宏观战略指导，又有具体战术的组合拳，并对不同行业和不同规模企业进行分类指导。

（二）探索南京科技创新的供给侧结构性改革的特色路径

第一，突出南京科教资源丰富优势，探索科研体制机制改革。借鉴深圳供给侧结构性改革的做法，对南京科技体制在供给侧结构性改革中制约的一些因素进行探索性改革，比如在科技人员报销制度，专利产权界定等方面，激活科技人员创新的积极性，同时，让科技人员的专利技术顺利转化为产品，科技人员得到相应的报酬。第二，打造战略性新兴产业链，培育发展新功能。南京战略新兴产业发展很快，在各个领域均出现了许多优秀的企业，但没有形成产业集聚和产业链生态，今后应向杭州学习，从供给侧结构性改革政策制定中强化战略性新兴产业链生态的培育。第三，注重基础研究政府投入供给。2014年南京独立研究与开发机构的基础研究投入45383万元，占独立研究与开发机构R&D研究总经费的7.4%，而发达国家科学研究经费投入的比重普遍在15%以上。基础研究是企业自主创新的源泉，但其本身具有长期性和不确定性，政府是基础研究最大供给者，应加强政府对基础研究的供给。第四，关注传统支柱产业，提高企业研发投入强度。传统支柱产业在南京经济社会发展中作用不可替代，政府应从产业规划供给端发力，通过产业研发基金投入的引导，充分利用传统主导产业现有资源，增加研发投入，加快企业转型升级，在产销对路和高端产品上精准发力。

（三）培育市场主体新供给

第一，注重中小企业市场主体的培育。抛弃过去形成的"只抓大不抓小"的思想，重视对中小型企业的扶持力度，推进对国有企业垄断型资源的共享，促进"共享经济"发展，搭建更多的公共服务载体和平台，同时进一步降低准入门槛的行政性垄断，促进私营和个体等市场主体的快速培育。第二，营造更加开放的市场环境，吸引更多的外资企业落户南京。探索制定外资企业在养老、医疗、教育和公共管理服务领域进入我市的相关政策，为外资服务业企业落户我市创造条件，刺激外资服务业企业市场主体的快速生长。第三，促进区域错位发展，构建特色化产业发展新模式。在"十三五"全市产业布局规划基础上，各个区域要根据自身发展特点和禀赋优势，遵循劳动地域分工理论，制定出符合地区自身发展规律的特色产业。同时，制订出相应扶持行动计划，保障特色产业在培育和发展过程中具有良好的生存环境，这样可避免区域之间产生同质化竞争。第四，发挥江北新区国家战略新优势，激活市场活力。尽管江北新区已出现市场主体集聚的态势，但是与江北国家级新区发展的要求还有一定距离，尤其是产业的培育与发展远远落后于其他事业的发展。为此，要进一步整合江北新区行政资源，实施市场主体登记注册和企业落户特殊通道，凡是符合江北新区产业和空间布局规划要求的产业一律实施先落户、后办证的流程，保证市场主体落地生根。同时，为推动江北新区产业快速发展，市委市政府应出台更大扶持力度的政策，引导市场主体向江北新区集聚，特别是在教育、医疗和公共服务等领域进一步加大对江北新区的投入。紧紧抓住新型城镇化加速推进的重大历史机遇，特别是江北新区服务贸易创新试点的新机遇，高标准建设江北新区公共基础设施，为市场主体进入提供国家级新区应有的软硬服务环境，加快以产服贸兴城、产服贸城互动的新型城镇化步伐，增强江北新区集聚辐射能力，引导市场主体快速成长，实现江北新区经济社会发展的新跨越，推动市场主体的大发展。

（四）高端要素新供给，形成发展新优势

第一，制订适合南京特大城市发展的高端人才发展计划。南京市组织部、科技局、人才办等相关部门，在原有政策基础上，针对南京特大城市发展需要，会同各个区共同制订南京高端人才发展计划，尤其是制定出敢为天下先的特殊政策。第二，走高端技术的研发之路。南京的院士数量在全国排名第三，每个院士都是各自领域的科研领头羊。南京建立起服务院士的工作室，采用南瑞继保发展模式，即从一个院士提出的理论，发展到一个技术领先于世界的产业。通过这种方式，构建起南京独有的高端技术发展路径。第三，高端发展环境新供给。借鉴北京中关村发展经验，打造南京全要素创新创业融合云服务平台，通过这个平台，可以融合集政策、技术、人才、金融、知识产权等多个服务机构于一身的多项服务平台，探索实行工商登记全流程网上办理、开放企业名称数据库等举措，简化工商注册流程，形成有利于企业发展的生态环境。第四，探索资本供给新模式。利用互联网+金融+产业等新发展业态，找出南京创新创业的"天使投资+合伙人制+股权众筹"资本新供给模式，带动天使投资、创新型孵化器向南京聚集，发挥人才、技术、资本这"新三驾马车"的作用，优化南京高端要素供给。

主要参考文献

1. The World Bank, *China 2030: Building a Modern, Harmonious, and Creative Society*, 2013.
2. 金碚：《论中国产业发展的区域态势》，《区域经济评论》2014年第4期。
3. 黄群慧、原磊：《新常态下工业增长动力机制的重塑》，《求是》2015年第3期。
4. 任保平、宋文月：《中国经济增速放缓与稳增长的路径选择》，《社会科学研究》2014年第3期。
5. 乔榛：《中国经济可持续增长的改革动力研究》，《学习与探索》2014年第5期。
6. 金碚：《现阶段我国推进产业结构调整的战略方向》，《求是》2013年第4期。
7. 沈坤荣、吕大国：《中国经济的"结构性减速"与对策》，《学习与探索》2014年第2期。
8. 刘伟：《经济"新常态"对宏观调控的新要求》，《上海行政学院学报》2014年第5期。
9. 徐永德：《新常态下转变经济发展方式的制度因素和路径研究》，《探索》2014年第5期。
10. 薄伟康：《我国经济新常态下增长潜能分析》，《东南学术》2014年第6期。
11. 余斌、吴振宇：《中国经济新常态与宏观调控政策取向》，《改革》2014年第11期。
12. 汪红驹：《防止中美两种"新常态"经济周期错配深度恶化》，《经济学动态》2014 年第 7 期。
13. 蔡昉：《人口转变、人口红利与刘易斯转折点》，《经济研究》2010 年第 4 期。
14. 蔡昉：《劳动人口负增长下的改革突围》，《经济导刊》2014 年第 2 期。
15. 林兆木：《中国经济转型升级势在必行》，《经济纵横》2014 年第 1 期。
16. 郁鸿胜：《建立长江三角洲生态环境合作机制》，《求是》2011 年第 5 期。
17. 黄南：《现代产业体系与产业结构调整研究》，东南大学出版社 2011 年版。
18. 李程骅、黄南：《新产业体系驱动中国城市转型的机制与路径》，《天津社会科学》2014 年第 2 期。
19. 刘勇：《国际金融危机背景下我国"开放型经济体系"框架构建研究》，《经济论坛》2009 年第 2 期。
20. 兰健、任锦群：《构筑层次多样的开放型经济体系》，《实践与探索》2013 年第 2 期。
21. 李轩：《中国—东盟自由贸易区建设对中国 FDI 的影响效应》，《国际贸易问题》2011 年第 11 期。
22. 曹亮、曾金玲、陈勇兵：《CAFTA 框架下的贸易流量和结构分析——基于 GTAP 模型的实证研究》，《财贸研究》2010 年第 4 期。
23. 曹宏苓：《自由贸易区拉动发展中国家国际直接投资效应的比较研究——以东盟国家与墨西哥为例》，《世界经济研究》2007 年第 6 期。
24. 徐明棋：《上海自贸区带动中国下一轮改革开放》，《社会观察》2013 年第 10 期。
25. 周振华：《伦敦、纽约、东京经济转型的经验及其借鉴》，《科学发展》2011 年第 10 期。
26. 张贤、张志伟：《基于产业结构升级的城市转型——国际经验与启示》，《现代城市研究》2008 年第 8 期。
27. 于涛方、陈修颖、吴泓：《2000 年以来北京城市功能格局与去工业化进程》,《城市规划学刊》2008 年第 3 期。

28. 刘俊杰、王述英:《全球性城市的产业转型及对我国的启示》,《太平洋学报》2007 年第 1 期。

29. 雷新军、春燕:《东京产业结构变化及产业转型对上海的启示》,《上海经济研究》2010 年第 11 期。

30. 曹晟、唐子来:《英国传统工业城市的转型:曼彻斯特的经验》,《国际城市规划》2013 年第 6 期。

31. 吴之凌、汪勰:《芝加哥的发展经验对我国中部城市的启示》,《城市规划学刊》2005 年第 4 期。

32. 韩汉君、黄恩龙:《城市转型的国际经验与上海的金融服务功能建设》,《上海经济研究》2006 年第 5 期。

33. 张俊、徐旸:《非创新环境中的内部更新——德国鲁尔区转型发展及启示》,《同济大学学报》(社会科学版) 2013 年第 2 期。

34. 胡琨:《德国鲁尔区结构转型及启示》,《国际展望》2014 年第 5 期。

35. 石崧、王林、陈琳等:《世界城市转型对中国城市发展的启示与借鉴》,中国城市规划年会,2012 年。

36. 林毅夫:《中国经济学家 2015 年度论坛专家演讲稿》,《当代财经》2016 年第 1 期。

37. 贾康、苏京春:《经济学的"新框架"与"新供给":创新中的重要联通和"集大成"境界追求》,《财政研究》2015 年第 1 期。

38. 李稻葵:《关于供给侧结构性改革》,《理论视野》2015 年第 12 期。

39. 刘世锦、刘培林、何建武:《我国未来生产率提升潜力与经济增长前景》,《管理世界》2015 年第 3 期。

40. 杨伟民:《供给侧结构性改革并不是否定扩大内需》,《中国经贸导刊》2016 年第 8 期。

41. 楼继伟:《中国经济最大潜力在于改革》,《求是》2016 年第 1 期。

42. 刘伟、蔡志洲:《经济增长新常态与供给侧结构性改革》,《求是学刊》2016 年第 1 期。

43. 张弥:《国内外供给经济学派理论研究的比较》,《财经问题研究》1999 年第 4 期。

44. 贾康：《供给侧结构性改革的核心内涵是解放生产力》，《中国经济周刊》2015 年第 12 期。
45. 刘霞辉：《供给侧的宏观经济管理——中国视角》，《经济学动态》2013 年第 10 期。
46. 罗良文、梁圣蓉：《论新常态下中国供给侧结构性动力机制的优化——基于 1994—2014 年省级面板数据的实证分析》，《新疆师范大学学报》（哲学社会科学版）2016 年第 2 期。
47. 沈坤荣：《供给侧结构性改革是经济治理思路的重大调整》，《南京社会科学》2016 年第 2 期。
48. 冯志峰：《供给侧结构性改革的理论逻辑与实践路径》，《经济问题》2016 年第 2 期。
49. 陈二厚、刘铮：《习近平提"供给侧结构性改革"的深意》，《高端瞭望》2015 年第 12 期。
50. 韩芳：《供给侧结构性改革的内在演变理路分析》，《辽宁省社会主义学院学报》2015 年第 4 期。
51. 肖林：《产业技术创新是建设全球科技创新中心的关键》，《科学发展》2015 年第 82 期。
52. 杜德斌、何舜辉：《全球科技创新中心的内涵、功能与组织结构》，《中国科技论坛》2016 年第 2 期。
53. 周师迅：《发挥企业在上海建设具有全球影响力的科技创新中心中的主体作用》，《科学发展》2015 年第 81 期。
54. 荣萍：《张江：加快向全球影响力的科技创新中心挺进》，《中国高新区》2014 年第 11 期。
55. 李耀新：《在向具有全球影响力的科技创新中心进军中加快"四新"经济发展》，《上海质量》2015 年第 2 期。
56. 长城企业战略研究所：《我国八大具有全球影响力的个性区域》，《新材料产业》2015 年第 9 期。
57. 王国平：《构建与具有全球影响力的科技创新中心相匹配的上海产业升级环境》，《科学发展》2015 年第 75 期。
58. 上海科技发展研究中心：《科创中心的他国经验》，《科技发展研究》2015 年第 2 期。

59. 盛垒等：《从资本驱动到创新驱动———纽约全球科创中心的崛起及对上海的启示》，《城市发展研究》2015 年第 10 期。
60. 国家开发银行研究院和中国金融信息中心联合课题组：《全球科创中心对标分析》，《开发性金融研究》2015 年第 1 期。
61. 韩子睿：《江苏建设产业科技创新中心的战略研究》，《中国科技信息》2016 年第 7 期。
62. 李嫒：《全球科技创新中心的内涵、特征与实现路径》，《未来与发展》2015 年第 9 期。
63. 熊鸿儒：《全球科技创新中心的形成与发展》，《学习与探索》2015 年第 9 期。
64. 叶南客、李程骅：《中国城市发展：转型与创新》，人民出版社 2011 年版。
65. 黄南：《现代产业体系构建与产业结构调整研究》，东南大学出版社 2011 年版。
66. 黄南等：《产业结构调整新论》，江苏人民出版社 2014 年版。
67. 上海市软科学研究计划项目：《基于长三角城市群发展的上海科技创新中心建设研究》（项目编号：14692110000）。
68. 汤汇浩、高平：《上海加快建设全球科技创新中心的若干思考》，《科学发展》2014 年第 71 期。
69. 朱孔来等：《国内外对创新型城市评价研究现状综述》，《技术经济与管理研究》2010 年第 6 期。
70. 钟坚：《关于深圳加快建设国家创新型城市的几点思考》，《管理世界》2009 年第 3 期。
71. Gottmann, J., "Megalpolis: Or the Urbanization of the Northeastern Seaboard", *Economic Geography*, Vol. 33, 1957.
72. Gottmann, J., "Megalpolis Revisited: Twenty - five Years Later", *College Park*, Maryland: University of Maryland, Institute for Urban Studies, 1987.
73. Andrada I. Pacheco, Timothy J. Tyrrell, "Testing Spatial Patterns and Growth Spillover Effects in Clusters of Cities", *Journal of Geographical Systems*, Vol. 4, No. 3, 2002.

74. John R. Roy., "Areas, Nodes and Networks: Some Analytical Considerations", *Papers in Regional Science*, Vol. 78, No. 2, 1999.
75. Eduardo Anselmo de Castro, Chris Jensen-Butler, "Demand for Information and Communication Technology-based Services and Regional Economic Development", *Papers in Regional Science*, Vol. 82, No. 1, 2003.
76. 姚华松：《论建设国家中心城市的五大关系》，《城市观察》2009 年第 2 期。
77. 叶南客、丰志勇：《苏南现代化示范区建设中的南京功能定位研究》，《南京社会科学》2012 年第 9 期。
78. 李程骅：《城市与区域联动转型：苏南现代化示范区的价值引领》，《江南论坛》2013 年第 8 期。
79. 李程骅：《新型城镇化战略下的城市转型路径探讨》，《南京社会科学》2013 年第 2 期。
80. 李程骅：《科学发展观指导下的新型城镇化战略》，《求是》2012 年第 14 期。
81. 陈燕：《我国门户型中心城市发展状况综合评价》，《城市问题》2012 年第 4 期。
82. 李程骅、陈燕：《我国门户型中心城市流强度及城市能级提升》，《上海经济研究》2012 年第 9 期。
83. 刘海英、何彬：《中国城市经济增长绩效的长期均衡和短期调整——基于中国 34 个中心城市的分析》，《江海学刊》2011 年第 1 期。
84. 陈晨、赵民：《中心城市与外围区域空间发展中的理性与"异化"——上海周边地区接轨上海的实证研究》，《城市规划》2010 年第 12 期。
85. 徐光平：《"十二五"时期协调推进新型城镇化与新农村建设研究》，《东岳论丛》2011 年第 8 期。
86. 孟翠莲：《城镇化促进经济发展机理及城镇化进程应注意问题研究》，《经济研究参考》2012 年第 9 期。
87. 马晓河：《城镇化是新时期中国经济增长的发动机》，《国家行政学院学报》2012 年第 4 期。

88. 约翰·弗里德曼：《中国城市化研究中的四大论点》，《城市与区域规划研究》2008 年第 2 卷第 1 期。
89. 徐泽：《对新一轮省域城镇体系规划编制的认识与思考》，《国际城市规划》2012 年第 3 期。
90. 周阳：《国家中心城市：概念特征、功能及其评价》，《城市观察》2012 年第 1 期。
91. 陈林、周圣强：《构建广佛都市圈的产业分析——区域产业协作与布局研究》，《科技管理研究》2012 年第 15 期。
92. 董雯、张小雷：《乌鲁木齐都市圈整合及其发展趋势研究》，《人文地理》2006 年第 4 期。
93. 朱媛媛、曾菊新、朱爱琴：《武汉都市圈城乡文化整合的空间结构与机理研究》，《华中师范大学学报》（自然科学版）2013 年第 6 期。
94. 陶希东：《转型期跨省都市圈政府间关系重建策略研究——组织体制与政策保障》，《城市规划》2007 年第 9 期。
95. 沈承诚：《都市圈区域生态的府际合作治理》，《苏州大学学报》2011 年第 3 期。
96. 陶希东、刘君德：《21 世纪初期长江三角洲大都市圈空间整合研究》，《江苏社会科学》2003 年第 5 期。
97. 乔均、施建军：《打造南京组合港，促进都市圈产业整合与发展》，《江淮论坛》2011 年第 3 期。
98. 卢明华、李国平、孙铁山：《东京大都市圈内各核心城市的职能分工及启示研究》，《地理科学》2003 年第 2 期。
99. 陈德智、吴迪、周斌：《都市圈产业技术跨越系统策略研究》，《科技管理研究》2013 年第 22 期。
100. 罗守贵、金芙蓉：《都市圈内部城市间的共生机制》，《系统管理学报》2012 年第 5 期。
101. 余孟、吕斌、孙建欣：《都市圈中不同级别城市的跨界整合》，《城市规划学刊》2009 年第 3 期。
102. 丰志勇等：《工业 4.0 时代：南京制造业升级研究》，南京市 2015

年重点社科咨询课题。

103. 徐晓飞、王忠杰：《未来互联网环境下的务联网》，《中国计算机学会通讯》2011 年第 6 期。
104. 黄群慧、贺俊：《"第三次工业革命"与中国经济发展战略调整》，《中国工业经济》2013 年第 1 期。
105. 黄阳华：《德国"工业 4.0"计划及其对我国产业创新的启示》，《经济社会体质比较》2015 年第 2 期。
106. 吕铁、李扬帆：《德国"工业 4.0"的战略意义与主要启示》，《中国党政干部论坛》2015 年第 3 期。
107. 胡晶：《工业互联网、工业 4.0 和"两化"深度融合的比较研究》，《学术交流》2015 年第 1 期。
108. 张婷麟、孙斌栋：《全球城市的制造业企业部门布局及其启示——纽约、伦敦、东京和上海》，《城市发展研究》2014 年第 4 期。
109. 李庚、王野霏、彭继延：《北京与世界城市发展水平比较研究》，《城市问题》1996 年第 2 期。
110. 靳璐：《南京经济结构演进与发展历程回顾》，江苏省统计局网站，2008 年。
111. 石腾超：《北京市"去工业化"产业结构升级研究——来自国际化大都市的经验借鉴》，《今日中国论坛》2012 年第 12 期。

后　　记

　　进入经济新常态阶段后，受国际经济形势动荡、国内资源、人口、环境等发展压力不断加大等多方面因素的影响，中国的城市不约而同地面临着转型发展的重任，通过创新能力的不断提升、加快产业结构的优化和调整、构建起新型的开放型经济，促进城市与周边区域的一体化发展，是城市经济实现动能转换、价值再造、提升城市综合竞争力的重要举措。这其中，大城市作为中国区域经济发展的引领者，在推动中国城市转型发展的进程中尤其具有极为重要的示范引领作用。南京是长三角地位唯一的特大城市，是中国重要的创新型城市和区域核心城市，早在21世纪初期就提出了创新驱动、转型发展的城市发展理念。在十几年的时间里，南京在推动城市转型发展方面做出了不少的探索，但也存着很多的不足和障碍，分析和研究南京作为特大城市转型发展的现实基础、目标、问题、战略和举措，对于促进中国其他城市的转型发展将具有一定的借鉴和指导作用。

　　本书是一本集成性的研究成果。在完成过程中，南京市社会科学院的多位专家学者都参与到了本书的编撰、写作过程中。叶南客院长十分关心本书的写作，曾多次召开专门会议就本书的完成给予指示。社科院的丰志勇、吴海瑾、陈燕、王聪等同志，参与了本书前期的研究工作，为此付出了很多辛勤的努力。丰志勇、陈燕、王聪还参与了本书最终的编写工作，具体分工为，第一章：王聪；第二、四章：黄南；第三、五章：陈燕；第六、七章：丰志勇。黄南负责本书最终的统稿等工作。同时，还要感谢南京市社会科学院科研处的各位同仁，在本书的框架拟定及最终完成的过程中，协助完成了很多细致的工作。在此，对在本书写作和出版过程中给予鼓励、支持和帮助的各位专家、学者和朋友们致以最衷心的谢意！

作 者

2017 年 10 月于南京